吕思勉文集

文字學四種

上海古籍出版社

圖書在版編目(CIP)數據

文字學四種／呂思勉著. 一上海：上海古籍出版社，2020.3　(2023.2重印)
(呂思勉文集)
ISBN 978-7-5325-9470-2

Ⅰ.①文…　Ⅱ.①呂…　Ⅲ.①漢字一文字學一研究
Ⅳ.①H12

中國版本圖書館 CIP 數據核字(2020)第 022406 號

呂思勉文集

文字學四種

呂思勉　著

上海古籍出版社出版發行
(上海市閔行區号景路 159 弄 1—5 号 A 座 5F　郵編：201101)
(1)網址：www.guji.com.cn
(2)E-mail：guji1@guji.com.cn
(3)易文網網址：www.ewen.co
上海顓輝印刷廠有限公司印刷
開本 890×1240　1/32　印張 8　插頁 5　字數 208,000
2020 年 3 月第 1 版　2023 年 2 月第 2 次印刷
ISBN 978-7-5325-9470-2
K·2755　定價：42.00 元
如有質量問題,請與承印公司聯繫

前　言

　　呂思勉先生，字誠之，筆名駑牛、程芸、芸等。一八八四年二月二十七日（清光緒十年二月初一日）誕生於江蘇常州十子街的呂氏祖居，一九五七年十月九日（農曆八月十六日）病逝於上海華東醫院。呂先生童年受的是舊式教育，六歲起就跟隨私塾教師讀書，三年以後，因家道中落而無力延師教授，改由父母及姐姐指導教學。此後，在父母、師友的幫助下，他開始系統地閱讀經學、史學、小學、文學等各種文史典籍。自二十三歲以後，即專意治史。呂先生夙抱大同思想，畢生關注國計民生，學習新文化，吸取新思想，與時俱進，至老彌篤。

　　呂先生長期從事文史教育和研究工作，一九〇五年起開始任教，先後在蘇州東吳大學（一九〇七年）、常州府中學堂（一九〇七年至一九〇九年）、南通國文專修科（一九一〇年至一九一一年）、上海私立甲種商業學校（一九一一年至一九一四年）等學校任教。一九一四年至一九一九年，先後在上海中華書局、上海商務印書館任編輯。其後，又在瀋陽高等師範學校（一九二〇年至一九二二年）、蘇州省立第一師範學校（一九二三年至一九二五年）、上海滬江大學（一九二五年至一九二六年）、上海光華大學和華東師範大學任教。其中，在上海光華大學任教最久，從一九二六年至一九五一年，一直在該校任教授兼歷史系系主任，并一度擔任該校代校長。一九五一年，高等學校院系調整，光華大學併入華東師範大學，呂先生遂入華東師範大學歷史系任教,被評爲歷史學一級教授。吕先生是教學與研究相互推動的模範,終生學而不厭,誨人不倦。

吕先生是二十世紀著名的歷史學家,對中國古代史的研究,做出了巨大的貢獻,取得了多方面的成就。他在中國通史、斷代史、社會史、文化史、民族史、政治制度史、思想史、學術史、史學史、歷史研究法、史籍讀法、文學史、文字學等方面寫了大量的論著,計有通史兩部:《白話本國史》(一九二三年)、《吕著中國通史》(上册一九四〇年、下册一九四四年),斷代史四部:《先秦史》(一九四一年)、《秦漢史》(一九四七年)、《兩晉南北朝史》(一九四八年)、《隋唐五代史》(一九五九年),近代史一部:《吕著中國近代史》(一九九七年),專著若干種:《經子解題》(一九二六年)、《理學綱要》(一九三一年)、《宋代文學》(一九三一年)、《先秦學術概論》(一九三三年)、《中國民族史》(一九三四年)、《中國制度史》(一九八五年)、《文字學四種》(一九八五年)、《吕著史學與史籍》(二〇〇二年),史學論文、札記及講稿的彙編三部:《吕思勉讀史札記》(包括《燕石札記》、《燕石續札》,一九八二年)、《論學集林》(一九八七年)、《吕思勉遺文集》(一九九七年),以及教材和文史通俗讀物十多種,著述總量超過一千萬字。他的這些著作,聲名廣播,影響深遠,時至今日,在港、臺地區及國外仍有多種翻印本和重印本。吕先生晚年體衰多病,計劃中的六部斷代史的最後兩部《宋遼金元史》和《明清史》,已做了史料的摘録,可惜未能完稿,是爲史學界的一大遺憾。

《文字學四種》收録了吕先生有關文字學的四種著作,它們是《章句論》、《中國文字變遷考》、《字例略説》和《説文解字文考》。

一九二三年至一九二五年間,吕思勉先生在蘇州省立第一師範學校、上海滬江大學任教,講授多種文史方面的課程,并將數種文字學的講義修訂成書。一九二六年,《章句論》和《中國文字變遷考》由上海商務印書館初版。一九二七年,《字例略説》由上海商務印書館初版。《説文解字文考》因印刷上的困難而未能刊印。《章句論》、

《中國文字變遷考》和《字例略説》出版以後，吕先生又作過較大的修訂增補。晚年，吕先生曾着手《章句論》的增補，已搜集摘録了一大包資料，可惜未能完成。一九五七年九月，吕先生又將初版《字例略説》的最後一章《中國文字之優劣》重新改寫，標題改爲《論文字之改革》。此章最後脱稿於九月二十九日。十月九日，吕先生患病逝世，此篇也就成爲作者最後完成的一篇文稿。一九八五年，上海教育出版社出版吕先生的《文字學四種》，收録了修改增補後的《章句論》、《中國文字變遷考》、《字例略説》和《説文解字文考》四種。其中《字例略説》的最後一章未刊，《説文解字文考》因排字上的困難，由先生之女吕翼仁手寫影印。《中國文字變遷考》於一九八九年收入上海書店“民國叢書”影印單行本發行，臺灣商務印書館也曾於一九七七年、一九九五年分別重印了《章句論》和《字例略説》。《論文字之改革》曾收録於《吕思勉遺文集》（華東師範大學出版社，一九九七年版），後也有少許删改。

　　此次將吕先生四種文字學的著作重新出版，除了訂正原刊誤植之外，又按吕先生改訂稿，補上了《字例略説》删去的最後一章《論文字之改革》。《説文解字文考》的序文原有三篇，分別寫於一九二五年（序一）、一九三一年（序二）和一九四〇年代初（序三），上海教育出版社版僅刊印了“序一”和“序三”，現補“序二”，上海教育出版社版刊出的“序一”有删節，現也按原稿補正。有關文字學的其他著述，還散見於吕先生的各種著作之中，它們分別收入本文集的《吕思勉讀史札記》、《吕思勉論學叢稿》及《先秦史》、《秦漢史》等幾部斷代史中。

李永圻　張耕華

二〇〇八年十一月

目　録

章　句　論

章 句 論 序

　　少時讀書，不知有所謂章句也。遇有疑義，則求之詁訓而已。昔人論詁訓，多僅及一字及一成語，或則間及句法，及於篇章者蓋罕。然予竊疑古書編次之錯亂，行款之混淆，有非加以是正，則其義不明者。遇古書此等處，後人妄爲之説；世俗論文之家，反謂古人有意爲之，可見其文字之妙。心竊非之，而未敢發也。中歲以後，用力稍深，益覺向説之不可易。并覺如畫段點句等，後世所用符號，古代實皆有之，後乃亡失。頗思專作一書，以明其説。惜乎迫於人事，讀書已不能如少日之專精。不能徧讀古書，一一蒐集證據，亦遂閣置之矣。近七八歲來，世之言新符號者日益衆。其法多取諸西籍，實亦未能盡善；淺者顧囂然以是爲吾國人所不知，心竊悼之。民國十二三四年間，講學於江蘇省立第一師範學校之專修科。爲及門諸子講小學，既舉向所得者，成《中國文字變遷考》、《字例略説》、《説文解字文考》三篇。因念古書編次之錯亂，行款之混淆，非藉章句則不明，既相傳失之，而世之言詁訓者，亦罕及此義，於讀古書亦殊窒礙也。乃就記憶所及，粗述其概，并及今後用符號者之所宜，名之曰《章句論》。疾病相迫，未能有成。是歲秋，復講小學於上海滬江大學，乃取向所論者卒成之。篇中所論，考古之詞爲多，然不名之曰考，而名之曰論者，意在兼論今後用符號者之所宜，不專於考古也。考證之事，貴於詳密，必能徧讀羣書，蒐集證據，乃可以無遺憾。此篇之作，僅憑記憶所及，翻檢得之，其不能無掛漏錯誤，固不待言。然古書之難讀，由於章句之不傳,前人及此義者頗少。是書雖不能密,而粗引其端,亦未始非讀古書者之一助也。世有殫見洽聞之士,出其所學,以正鄙說之疎謬者乎? 跂予望之已。民國十四年十月二十四日,思勉自識。

章 句 論

　　中國舊書，除便蒙之本外，大率無圈點句讀；他種符號，更無論矣。近今肄外國文者日多，乃有謂我國文字，意義不明，宜加符號，以求清晰者。其徒既自命爲新知；而守舊之徒，又深閉固拒，謂若加符號，意義轉將因之而晦。其實符號乃我國文字所固有。特當傳鈔翻刻之時，所據者未必善本，從事者又多苟簡，古書符號，遂至漸次亡失。後世用諸便蒙之本者，體例未能盡善，通人達士，訾其陋而不敢用，遂變而爲無符號。若推原其朔，則符號固我所自有也。符號維何？則古所謂章句是。

　　顧考諸古書，則古人所謂章句，似即後世之傳注。《漢書·藝文志》：《易》、《書》、《春秋》三經，除經文外，施、孟、梁丘、歐陽、大小夏侯、公羊、穀梁，皆別有章句。《夏侯勝傳》：從父子建，“自師事勝及歐陽高，左右采獲。又從五經諸儒，問與《尚書》相出入者，牽引以次章句，具文飾說。勝非之，曰：建所謂章句小儒，破碎大道。”《後漢書·章帝紀》：建初四年，以中元元年詔書，《五經》章句頗多，議欲減省。永平元年，長水校尉樊儵，又奏言先帝大業，當以時施行，遂會諸儒，講《五經》同異於白虎觀。《楊終傳》：終言“宣帝博徵諸儒，論定五經於石渠閣。方今天下少事，學者得成其業，而章句之徒，破壞大體。宜如石渠故事，永爲後世則。於是詔諸儒於白虎觀論考同異焉。”八年，詔以五經剖判，去聖彌遠。章句遺辭，乖疑難正。恐先師微言，將遂廢絕。令羣儒選高才生，受學《左氏》、《穀梁春秋》、《古文尚書》、《毛詩》。其見於列傳者：樊儵刪定

《公羊嚴氏春秋章句》，世號樊侯學。張霸以猶多繁辭，減定爲二十萬言。更名張氏學。曹褒父充，持《慶氏禮》，作《章句辨難》。於是有慶氏學。牟長少習《歐陽尚書》，著《尚書章句》，皆本之歐陽氏。俗號爲《牟氏章句》。浮辭繁多，有四十五萬餘言。張奂減爲九萬言。奏之桓帝，詔下東觀。包咸習《魯詩》、《論語》，建武中，入授皇太子《論語》，又爲其章句。伏恭父諶之弟黯，以明《齊詩》，改定章句，作《解説》九篇。景鸞作《月令章句》。薛漢世習《韓詩》，父子以章句著名。杜撫受業於漢，定《韓詩章句》。鍾興少從丁恭受《嚴氏春秋》，詔令定《春秋章句》，去其複重，以授皇太子。又使宗室諸侯，從興受章句。程曾作《孟子章句》。皆章句即傳注之徵。其僅存於今，及爲他書所徵引者，猶可考見。如王逸《楚辭章句》、薛君《韓詩章句》是。《後漢書·鄭玄傳論》曰：“自秦焚六經，聖文埃滅。漢興，諸儒頗修藝文。及東京，學者亦各名家。而守文之徒，滯固所稟，異端紛紜，互相詭激，遂令經有數家，家有數説。章句多者，或乃百餘萬言，學徒勞而少功，後生疑而莫正。鄭玄括囊大典，網羅衆家，删裁繁蕪，刊改漏失。自是學者，略知所歸。”亦以其能芟正章句許之。謂章句即今之符號，似近於鑿空也。

　　雖然，此未考章句之朔也。章句之朔，則今符號之類耳。何以言之？案《説文》，章之義爲樂竟。則章本樂曲之名。故《左氏》已有“揚水卒章”之言，《曲禮》亦有“喪復常讀樂章”之語。引而申之，則凡陳義已終，説事已具者，皆得謂之爲章。《繫辭傳》所謂“《易》六畫而成章”也。又《説文》句下云：“曲也。”鉤下云：“曲，鉤也。”亅下云：“鉤，逆者謂之亅。”乚下云：“鉤，識也。”四字音近義通；後雖殊文，始實一語。鉤識之乚，即章句之句。段氏曰：“章句之句，亦取稽留可鉤乙之意，古音總如鉤。後人句曲音鉤，章句音屢；又改句曲字爲勾：此淺俗分別，不可與道古也。”又曰：“鉤識者，用鉤表識其處也。褚先生補《滑稽傳》：東方朔上書，凡用三千奏牘。人主從上方讀之，止、輒乙其處。二月乃盡。此非甲乙字，乃正乚字也。今人讀書有所鉤勒，即

此。《内則》魚去乙。鄭曰：乙，魚體中害人者名也。今東海鮧魚，有
骨名乙，在目，狀如篆乙，食之鯁人，不可出。此亦非甲乙字，乃狀如
篆乚也。"予案《説文》、下云："有所絶止而乙之也。""尺"下云："从
尸从乙。乙所識也。"此乙亦鉤識字，非甲乙之乙。"鉤識也"三字，當如王
氏句讀之例，以鉤字爲一讀。謂爲表識之曲形也。爲表識之曲形，以乚象之。書寫形狀小
異，即成乙。然則、與乚，並古斷句之符號矣。章句二字，本義如此。
知古所謂章句者，實後世畫段點句之類。故《論衡》謂"文字有意以
立句，句有數以連章，章有體以成篇"也。《正説篇》。

　　去古漸遠，語法漸變；經籍之義，非復僅加符號所能明，乃不得不
益之以説。類乎傳注之章句，由是而興。此可取譬於漢代之法令以
明之。漢代法令沿革，見於漢、晉二書《刑法志》。《漢志》曰："高祖
初入關，約法三章，曰：殺人者死，傷人及盜抵罪。蠲削煩苛，兆民大
説。其後四夷未附，兵革未息，三章之法，不足以禦姦。於是相國蕭
何攈摭秦法，取其宜於時者，作律九章。據《晉志》，則此章字當作篇字。孝
武即位，外事四夷之功，内盛耳目之好；徵發煩數，百姓貧耗。窮民犯
法，酷吏擊斷，姦軌不勝。於是招進張湯、趙禹之屬，條定法令，作見
知、故縱、監臨、部主之法；緩深故之罪，急縱出之誅。其後姦猾巧法，
轉相比況，禁網寖密。律、令凡三百五十九章。大辟四百九條，千八
百八十二事。死罪決事比，萬三千四百七十二事。"《晉志》曰："秦漢
舊律，其文起自魏文侯師李悝。悝撰次諸國法，著《法經》。以爲王者
之政，莫急於盜賊，故其律始於盜賊。盜賊須劾捕，故著網、捕二篇。
其輕狡、越城、博戲、借假、不廉、淫侈、踰制，以爲雜律一篇。又以其
律具其加減，是故所著六篇而已，然皆罪名之制也。商君受之以相
秦。漢承秦制，蕭何定律，除參夷、連坐之罪，增部主、見知之條。案
《漢志》以部主、見知，爲張湯、趙禹之屬所作，而此云蕭何所增。蓋湯等條定法令，固有新
增，而於舊法倫次，亦有改易。所謂"世有增損"者，固包篇章之改易言之也。益事律
興、廄、户三篇，合爲九篇。叔孫通益律所不及傍章爲十八篇。張湯
越宮律二十七篇。趙禹朝律六篇。合六十篇。又漢時決事，集爲令

甲以下三百餘篇。及司徒鮑公嫁娶辭訟決為法比，都目凡九百六卷。世有增損，集類為篇，結事為章。一章之中，或事過數十。事類雖同，輕重乖異，而通條聯句，上下相蒙。雖大體異篇，實相采入。盜律有賊傷之例，賊律有盜章之文，興律有上獄之法，廄律有逮逋之事。若此之比，錯糅無常。後人生意，各為章句。叔孫宣、郭令卿、馬融、鄭玄諸儒，章句十有餘家，家數十萬言。凡斷罪所當由用者，合二萬六千二百七十二條，七百七十三萬二千二百餘言。言數既繁，覽者益難。天子於是下詔，但用《鄭氏章句》，不得雜用餘家。"　"集類為篇，結事為章"八字，實能使後人曉然於篇章二字之義。《漢志》所謂三百五十九章者，即《晉志》所謂六十篇。均計之，篇當得六十章弱也。觀此，知《高祖本紀》"與父老約法三章耳"實當於約字句絕，法字又一讀。謂於《秦法》六篇中，祇取此三章也。下文云："餘悉除去秦法。"餘字即指六篇之法，在三章以外者言。故《漢志》稱其"蠲削煩苛"，世因漢人常用"約法三章"語，遂多以八字作一句讀，一若此為漢高新立之法者，則餘字何指；傷人及盜，所抵何罪邪？觀《晉志》之說，則知章句之興，實由文字之蕪穢。使其時法令本簡，或雖繁而未甚錯糅，固不必為之章句。然則儒家之事，亦可借鏡而明矣。章句之初，蓋僅如今之符號，其後加之以說，實由經義之難明。正猶法令蕪穢，而為之章句者遂十餘家也。然此事當漢初似尚未有。故徐防謂"漢承秦亂，經典廢絕，本文略存，或無章句"。《漢志》謂"古之學者耕且養，三年而通一經，存其大體，玩經文而已"也。然去古既遠，經義既晦，符號之外，更加解說，亦出於勢不得已。故夏侯勝斥夏侯建為"章句小儒，破碎大道"；而建亦非勝"為學疏略，難以應敵"。應敵者，辯論求勝之謂，正《漢志》所謂"碎義逃難，便辭巧說，破壞形體"者也。破壞形體，對上存大體言。其極，遂至"說五字之文，至於二三萬言"。使天下之士，舉以章句為苦。石渠、虎觀，以人主下侵司業之權，實當時之儒生，有以啟之。馴至《左氏》、《穀梁》、《古文尚書》、《毛詩》，由是建立，為異家之所乘，豈不哀哉！

然當時爲學，究以博士所傳爲正宗，故凡見於《後書》，不守章句者，皆好治古學之徒，如桓譚、班固、王充、荀淑、盧植之類是也。《譚傳》云："博學多通，徧習五經。皆詁訓大義，不爲章句。"《固傳》云："所學無常師。不爲章句，舉大義而已。"《充傳》云："師事扶風班彪，好博覽而不守章句。"《淑傳》云："博學而不好章句，多爲俗儒所非。"《植傳》云："少與鄭玄俱事馬融。能通古今，學好研精而不守章句。"否則本非承學之士，不求甚解者流，如馬援是也。《援傳》云："嘗受齊詩，意不能守章句。乃辭況，欲就邊郡田牧。況曰：汝大才，當晚成。良工不示人以樸，且從所好。"前者乃不信博士所傳之說，後者則不能遵循爲學途轍者耳。《吳志·呂蒙傳注》引《江表傳》："初權謂蒙及蔣欽曰：卿今並當塗掌事，宜學問以自開益。蒙曰：在軍中常苦多務，恐不容復讀書。權曰：孤豈欲卿治經爲博士邪。但當令涉獵，見往事耳。"此即馬援之類。猶今主於事功者，其讀書但隨意流覽，不必恪循途轍也。夫開卷有益，此等讀書，原未嘗不足益人神智。然事功學問，究屬殊途。謂爲學方法，即當如是，則不然也。《儒林傳》以本初以後，章句漸疏，致慨於儒者之風益衰。則精研章句，實承學之士所當務。猶考證之學，每爲流俗所厭。然學問實離不開考據。後世顧以"不守章句"爲美談，誤矣。《鄭興傳》云："晚善《左氏傳》，遂積精深思，通達其旨，同學者皆師之。天鳳中，將門人從劉歆講正大義。歆美興才，使撰《條例》、《章句》、《訓詁》。"則知古學家亦未嘗不撰章句。然章句之名，卒爲博士之學所專有。《儒林傳》孔僖："自安國以下，世傳《古文尚書》、《毛詩》。"二子，"長彥，好章句學。季彥，守其家業"。此以博士所傳爲章句學，與其世傳古文之學對舉也。甚至以章句二字，爲其人之稱謂。《公孫述傳》謂隗囂"欲爲西伯之事，尊師章句，賓友處士"。此章句即指博士之流。則知顛倒五經之徒，究不足與學有淵源之士相比。而當時所謂章句之學者，雖以繁蕪爲世詬病，究自有其傳授之真，亦可見矣。

《徐防傳》云："防以五經久遠，聖意難明，宜爲章句，以悟後學。上疏曰：臣聞《詩》、《書》、《禮》、《樂》，定自孔子；發明章句，始於子夏。其後諸家分析，各有異說。漢承亂秦，經典廢絕。本文略存，或無章句。收拾缺遺，建立明經。博徵儒術，開置大學。孔聖既遠，微旨將絕，故立博士十有四家，設甲乙之科，以勉勸學者，所以示人好惡，改徹就善者也。伏見大學試博士弟子，皆以意說，不修家法。私相容隱，開生姦路。每有策試，輒興諍訟。論議紛錯，互相是非。孔子稱述而不作，又曰：吾猶及史之闕文，疾史有所不知而不肯闕也。今不依章句，妄生穿鑿，以尊師爲非義，意說爲得理，輕侮道術，寖以成俗，誠非詔書實選本意。改薄從忠，三世常道。專精務本，儒學所先。臣以爲博士及甲乙策試，宜從其家章句，開五十難以試之。解釋多者爲上第，引文明者爲高說。若不依先師，義有相伐，皆正以爲非。《五經》各取上第六人，《論語》不宜對策，雖所失或久，差可矯革。”觀此，可知當時學者，背棄師說，以意穿鑿之風。蓋去聖既遠，疑滯自多；疑滯既多，勢須考證；既云考證，勢不免炫博矜奇。末流馳逐，遂至於此！夫仲尼沒而微言絕，七十子喪而大義乖，今文之學，誠亦不能無所闕失。然就其書之存者，若韓太傅之《詩外傳》，伏生之《書大傳》，董子之《春秋繁露》，何君之《公羊解詁》，皆陳義深美，足饜人心。《白虎通義》一編，尤爲末繫本明之作。斷非費直之《易》，竟無章句；毛公之《詩》，徒傳訓詁者比也。經之所貴者義。自今日言之，固非通訓詁，無以求經義矣。然自漢時言之，徒傳訓詁，豈得謂之傳經邪。學必有師，正以貴其口說。《十翼》解經，目治之學，其誰不能。徒以“章句小儒，破碎大道”，遂致爲異家所乘，可哀也夫！然今人或謂古學家能求真，今學家失之武斷，則不知當時之今學，所以爲人厭苦者，正以其煩碎太甚；而破壞家法，偏重古學之鄭君，所以能爲一世所宗仰者，正以其能以意去取，刪繁就簡也。

　　典午喪亂，經籍淪亡。今學家浩瀚煩碎之章句，既一不可復覩。況於遐稽其朔，更欲考其類乎今之符號之章句邪？雖然，固猶有可徵者。

　　《晉志》謂漢時法令，“集類爲篇，結事爲章”，則一篇之中，事必相類。然考之古籍，十九不然。蓋由煨燼之餘，佚亡之後，隨其所得，即纂爲篇。故有一篇之中，事類錯雜者，如今《禮記》之《郊特牲》是也。又有前後舛錯者，則如《玉藻》是也。若論倫次之義，固當離析篇章，重行編纂。然古人於此，多病未能。不過各就成篇，爲之章句而已，或亦傳疑不敢輒定之意也。

古書凡篇皆有標題，即所謂篇名也。篇名例居全篇文字之前。古書標題，皆小題在上，大題在下，小題即篇名也。篇名多無所取義，即緣篇必有之之故。章則或有標題，或無標題。有標題者，例居全章文字之後。《禮記·文王世子疏》曰：“此篇之內，凡有五節。從文王之爲世子，下終文王之爲世子也，爲第一節。從凡學世子至周公踐阼，爲第二節。”云云。案義疏之分節，實即古書之分章。今此篇第一節末句“文王之爲世子也”下，注曰：“顯上事。”第二節中“教世子”句，及節末“周公踐阼”句下，皆注曰：“亦題上事。”則此《疏》分節，實與古人分章不合。古蓋以《疏》所謂第二節者爲兩章，或尚不止兩章。自“教世子”以上爲一章；“周公踐阼”以上，又爲一章也。《樂記》一篇，據《疏》實包含十一篇。今舊篇名，仍有存於其中者，如篇末之《子貢問樂》是。皆題於每事之後。蓋既合十一篇爲一篇，仍依舊篇分爲十一章也。合十一篇爲一篇，所謂“集類爲篇”；仍分爲十一章，所謂“結事爲章”也。此等章名，古書強半奪落。其幸存於今者，惟《吕氏春秋》，最爲整齊。此書分《八覽》、《六論》、《十二紀》，凡二十六篇。每篇之下，又各有分目。蓋《覽》、《論》、《紀》其篇名，以下之分目，則其章名也。參看篇末附錄。此爲章之有標題者。其無標題者，以今提行之法別之，古人謂之跳出。《左》襄二十六年之前，別有“會於夷儀之歲”一節。《注》曰：“《傳》爲後年修成起本，當繼前年之末，而特跳此者，傳寫失之。”《疏》曰：“魏晉儀注，寫章表別起行頭者，謂之跳出，故杜以跳言之。”所謂別起行，即今之提行也。此等區別，後世亦多泯滅。今各史書志，大都逐段接寫，提行另寫者甚稀。然日本《影唐寫漢書食貨志》。“漢興”，“宣帝即位”，“元帝即位”，“成帝時”，“哀帝即位”，“王莽因漢承平之業”俱提行。惟“文帝即位”，“至武帝之初”，二處又不一律。《古逸叢書》。王先謙謂“後人轉寫改之”。又謂據“唐本，猶可想見當日《班志》面目，各卷不異。刊本改爲首尾相銜，非復舊式。《禮樂志》今海內更始，官本提行，猶其痕迹之未盡泯者也”。見《漢書補注》。予案中國刻書之業，始於隋、唐，而盛於五代、宋之際。當時雖有官本及私家刻本較精善者，然流傳散布，究以坊本爲多。坊刻但圖節省工料，可以牟利，他事皆所弗問，古書格式，爲所淆亂遺落者甚多。提行改爲接寫，特其一端耳。予故曰：章句爲吾國所固有，因傳鈔翻刻，漸次亡失也。

又有提行之別雖存，然實以意爲之，絕非舊式者。此觀於今之《左氏》而可知。俞氏樾《左傳古本分年考》曰："凡作傳之例，每年必冠以年，每月必冠以月，此紀事之定例也。然事有緣起，不能一例冠以年月。如陳及鄭平，十二月，陳五父如鄭涖盟。五父如鄭，雖在十二月，而其事不始於十二月，故於十二月之前，先書陳及鄭平也。又如鄭伯請釋泰山之祀而祀周公，以泰山之祊易許田，三月，鄭伯使宛來歸祊。宛之來雖在三月，而其事不始於三月，故於三月之前，先書鄭伯請釋泰山之祀而祀周公，以泰山之祊易許田也。如此之類，學者皆以爲當然，未嘗謂每篇必當從某月起，而某月之前，不容著一字也。夫年之與月亦等耳。乃月之前不礙有文，而年之前不容有字。每年必以某年建首；而某年之前，所有文字，必截附上年之末。於是文義之不通者多矣，此編次之失也。"案此特其顯而易見者耳。其類此而較難知者，蓋不知凡幾矣。

篇以類從，章以事別，蓋羣書之通例，惟《詩》獨不然。夫如羣書之例，則《詩》當以《風》、《雅》、《頌》分篇，以一詩爲一章。然古書皆稱《詩》三百篇，是即以一詩爲一篇也。《詩疏》論《詩》之章曰：或重章共述一事，或一事疊爲數章，或事訖而更申，或章重而事別。則與結事爲章者，分法亦異。蓋《詩》本歌辭，分章當應樂節，故與他書不同也。然凡篇名例居全篇文字之前，而《詩》之篇名，獨題於全詩之後。則以文字格式論，實不啻以風、雅、頌分篇，以一詩爲一章矣。《漢書·禮樂志·郊祀歌》"馮馮翼翼"之上，衍"桂華"二字。"磑磑即即"之上，衍"美芳"二字。劉奉世曰："美芳乃美若之誤。皆前章之名，後人誤書於後章之首也。"此亦詩篇之名，在全詩之後之一證。又漢時閭里書師合《倉頡》、《爰歷》、《博學》三篇爲一，斷六十字爲一章。則分章多少，專計字數。蓋由字書惟取記字，非以述事也。外此則皆循結事爲章之例，分章之法，觀趙邠卿之《孟子注》，最可見之。邠卿此《注》，分七篇爲二百六十一章，又每章各述其旨，亦可見古人之重視分章矣。

句亦稱讀。《公羊》定元年："主人習其讀而問其傳。"何君《解詁》曰："讀謂經，傳謂訓詁。"此讀即章句之句，二者爲疊韻字也。何君《自序》："援引他經，失其句讀。"則合兩字爲複音詞，其意亦與獨稱讀或獨稱句者同。非如後世，以語意已完者爲句，口中誦之當停頓而意尚未完者爲讀也。《詩疏》論《詩》之句曰：句者，聯字以爲言，則一字不制也。故詩之見句，少不減二，即"祈父"、"肇禋"之類也。三字者，"綏萬邦"、"屢豐年"之類也。四字者，"關關雎鳩"、"窈窕淑女"之類也。五字者，"誰謂雀無角"、"何以穿我屋"之類也。六字者，"昔者先王受命"、"有如召公之臣"之類也。七字者，"如彼築室於道謀"、"尚之以瓊華乎而"之類也。八字者，"十月蟋蟀入我牀下"、"我不敢效我友自逸"是也。其外更不見九字、十字者。摯虞《流別論》云：《詩》有九言者，洞酌彼行潦挹彼注茲是也。"徧檢諸本，皆云洞酌三章章五句，則以爲二句也。顏延之云："詩本無九言者，將由聲度闡緩，不協金石。仲洽之言，未可據也。"案如摯仲洽説，則必語意已完，乃謂之句；如孔穎達説，則在所勿論。諸本無同仲洽者，可知古無後世所謂句讀之別矣。句亦謂之絕，《周官·宮正》"春秋以木鐸脩火禁"注謂"鄭司農讀火絕之"是也。

以上所述，爲章句二字之本義，蓋即今之畫段點句。引而申之，則凡今所謂符號者，亦皆謂之章句，蓋以偏名爲全名。豈以章句二者，在符號中關係最大，故舉以概其餘，抑章句最先有，其餘皆後起，故遂蒙其名邪？未可定也。然古所謂章句，必不僅指分章斷句二者，則可斷言。今就記憶所及，略舉如下。

古書原式，爲後人淆亂最甚者，莫如正文與注語之別。此例隨處可見，如《史記·李將軍列傳》："孝景崩，武帝立。左右以爲廣名將也，於是廣以上郡太守爲未央衛尉。而程不識亦爲長樂衛尉。程不識,故與李廣俱以邊太守將軍屯。及出擊胡,而廣行無部伍行陳。就善水草屯,舍止人人自便,不擊刁斗以自衛,莫府省約文書籍事,然亦遠斥堠,未嘗遇害。程不識正部曲行伍營陳,擊刁斗,士吏治軍簿,至明,軍不得休息,然亦未嘗遇害。不識曰:李將軍極簡易,然虜卒犯之,無以禁也。而其士卒亦佚樂,咸樂爲之死。我軍雖煩擾,然虜亦不得犯我。是時漢邊郡,李廣、程不識皆爲名將。然匈奴畏李廣之略,士卒亦多樂從李廣而苦程不識。程不識,孝景時,以數直諫,爲大中大夫。爲人廉,謹於文法。"自"而苦程不識"以上,以李廣與程不識相比較,爲《廣傳》正文。此下二十二字,專述不識事,與廣無關,蓋注語也。以此推之,《檀弓》:"仲尼之畜狗死,使子貢埋之,曰:吾聞之也,敝帷不棄,爲埋馬也。敝蓋不棄,爲埋狗也。丘也貧,無蓋,於其封也,亦予之席,毋使其首陷焉。路馬死,埋之以帷。"末七字可謂之類記,亦可謂之注語矣。此等處今皆混淆不別,然此尚無大礙。而如《淮南子・精神訓》:"人大怒破陰,大喜墜陽,大憂内崩,大怖生狂。除穢去累,莫若未始出其宗,乃爲大通。清目而不以視,靜耳而不以聽,鉗口而不以言,委心而不以慮。棄聰明而反太素,休精神而棄知故。覺而若昧,以生而若死,以字疑衍。終則反本。未生之時,而與化爲一體。死之與生一體也。""未生之時"四字,"死之與生一體也"七字,於義殊爲冗贅。此處意義明白,後人未必加注。蓋作者言之不足,故更申言之。亦自注也。今亦誤入正文,則語氣殊覺不貫;即以意義論,亦轉以滋疑矣。此例舉不勝舉。世多謂自注始於《漢志》。其實凡古書皆有之,特其別未泯者,惟《漢志》耳。參看俞氏樾《古書疑義舉例・兩義傳疑而並存例》。

後人注語,混入正文者,其例亦多。《史記・殷本紀》:"湯歸至於泰卷陶。"《集解》:"徐廣曰:一無此陶字。"《索隱》:"鄒誕生卷作坰,又作泂,則卷當爲坰,與《尚書》同。解《尚書》者以大坰今定陶是也。舊本或旁記其地名,後人轉寫,遂衍斯字也。"今世童蒙讀本,有所謂旁訓者,音義皆注於正文之旁,蓋即所謂旁記。《漢書・食貨志》：“天下大抵無慮皆鑄金錢矣。”大抵無慮，複重不可通。蓋亦後人以“大抵”釋“無慮”，旁記之，而遂誤入正文者也。《古書疑義舉例》有《以旁記字入正文例》，可參看。又其《兩字義同而衍例》及《兩字形似而衍例》，實亦以旁記字入正文之類。義同而衍，乃旁記其義；形似而衍，則旁記異字者也。

　　又古人之於成書，往往續有纂輯。其中孰爲新增，孰爲故有，初亦有以爲別。傳之久而其別遂亡；則古語今言，合居一簡，後人讀之，復滋眩惑矣。《顏氏家訓》：“或問《山海經》夏禹及益所記，而有長沙、零陵、桂陽、諸暨，如此郡縣不少，以爲何也？答曰：史之闕文，爲日久矣。復加秦人滅學，董卓焚書，典籍錯亂，非止於此。譬猶《本草》神農所述，而有豫章、朱崖、趙國、常山、奉高、真定、臨淄、馮翊等郡縣名，出諸藥物。《爾雅》周公所作，而云張仲孝友。仲尼脩《春秋》，而《經》書孔丘卒。《世本》左丘明所書，而有燕王喜、漢高祖。《汲冢瑣語》，乃載《秦望碑》。《倉頡篇》李斯所造，而云漢兼天下，海內并廁，豨黥韓覆，畔討滅殘。《列仙傳》劉向所造，而贊云七十四人出佛經。《列女傳》亦向所造，其子歆又作《頌》。終於趙悼后，而《傳》有更始韓夫人、明德馬后及梁夫人嫕，皆由後人所羼，非本文也。”案古書如此者，十而八九，顏氏所舉，猶未一二耳。後世於此等，大抵指爲僞書。殊不知作僞者必多方彌縫，以揜其迹，安肯留此罅隙，授人攻駁。蓋皆初固有別，後乃亡之者也。即如《本草》，爲新舊淆亂最甚之書。然陶弘景修輯此書，固嘗以朱字墨字爲別。《神農本經》用朱字。後人所增用墨字。開寶《重定序》所謂“朱墨雜書，時謂明白”者也。然據此序所言，則當時既以“朱字墨字，無本得同”爲苦。重定之後，改用黑白文爲別。唐慎微《證類本草》，猶沿其例。而幾經傳刻，又復混淆。清《四庫》著錄此書，謂當時所得，凡有二本：一與陳振孫《書錄解題》所著錄之本同，黑白文之別猶存。一與晁公武《郡齋讀書志》所著錄之本同，則其別不可復睹矣。蓋章句之易譌如此。顏氏所舉諸書，安知其始不亦有此等區別，而後乃亡之哉？吾故曰：中國舊有之符號，多經傳鈔翻刻而失之也。凡備檢查之書，其遭後人竄亂最易。

非必有意竄亂,蓋皆續輯以備用也。《本草》、《説文》,即其明證。清儒於校勘輯佚,用力最勤。獨於《神農本經》,幾於束手無策。用力最劬,用心最苦者,當推孫星衍、顧尚之二家,然二家輯本,大相逕庭。莫能定其孰是也。《説文解字》一書,尤爲清儒心力所萃。究之本來面目,不知尚存幾分之幾,亦治是書者所共詘也。

新符號中,最有用者,莫如引號及删節號,二者似古亦有之。《禮記·禮器》:"孔子曰:我戰則克,祭則受福,蓋得其道矣。"《注》曰:"我,我知禮者也。"鄭以此八字爲傳語,而孔子引之。其所以知,疑亦必有所據。案古書曰字,脱漏者極多。如《左》哀七年:"魯德如邾,而以衆加之,可乎。"上無曰字。服虔并上文亦以爲孟孫之言。杜預則以上文爲魯大夫之言,此十一字爲孟孫忿答大夫之語。涵詠文義,杜説爲長,蓋上漏曰字也。《正義》曰:"《傳》於異人之言,更應加曰,今無曰者,作《傳》略之。"説殊未安,此直是傳鈔脱落耳。引用異人之言,而漏其記號,正猶敍述異人之言,而脱去曰字。蓋古人讀當時文字,非如後世之難明。究爲異人之辭,抑爲一人之語,究系引用成説,抑或自述所懷,即無符號,亦不虞其淆混。故曰字等每多略去。此則古有引號,可以推想而得者也。《史記·汲黯列傳》:"上曰:吾欲云云。"此云云二字,後人皆謂以代所言之語。其實史公之意,乃表武帝語未及竟,而汲黯先已攙言。正猶今新符號於語未及竟者,連作密點。故云云二字,每有用諸句中者。《三傳疏》敍會盟征伐之事,此例最多。此亦古人已有删節號之證也。_{參看《古書疑義舉例·一人之辭而加曰字》、《兩人之辭而省曰字》兩例。}

古書符號,有傳之千年,仍未失墜者,則誤書之字,加點於上是已。《爾雅·釋器》:"滅謂之點。"注曰:"以筆滅字爲點。"《疏》曰:"今猶然。"案今亦猶然也。蓋他種符號,可以略去,誤書加點,則必不容已,故相沿弗失也。

趙氏翼《陔餘叢考》曰:"一字數音者,漢時但借他字比其音,鄭康成所謂倉卒無字,以音類比方假借者也。至魏孫炎始作反音,則今反切之學也。張守節云:初音者皆爲正字,不須點發。字或數音,觀義點發,皆依平上去入。若發平聲,每從左起。然則非本音而假借從他音者,古人皆用點也。顏師古《匡繆正俗》,謂副本音劈。後人誤以爲副貳之副,係其本音;而於《詩》坼副讀爲劈者,轉以朱點發,失其本矣。此亦用點別他音之據。今人於字之讀作別音者,各於平上去入方位,或用點,或用圈,本古法也。"予案《九經三傳沿革例》曰:"監蜀諸本,皆無句讀。惟建監本始仿館閣校書式,從旁加圈點,開卷瞭然,於學者爲便。"《增韻》曰:"今祕省校書式,凡句讀則點於字之旁,分讀則微點於字之中間。"此即今者句讀之分,非古所有,説已見前。然其所用之圈點,則圈即點之變,點即説文"所有絶止而乙之"之丶,則其所由來者舊矣。

　　《陔餘叢考》又云:"《天禄識餘》云:今人書某爲厶,皆以爲俗從簡便,其實即古某字也。《穀梁》桓公二年:蔡侯鄭伯會於鄧。范《注》云:鄧,厶地。陸德明《釋文》曰:不知其國,故云厶地,本又作某。"案以六書之例論之,則厶爲本字,某爲借字。然以厶形爲今某字之義,於造字之例不可通。故知厶實非字,亦符號之類也。《古書疑義舉例·闕字作空圍而致誤例》云:"校書遇有缺字,不敢臆補,乃作囗以識之,亦闕疑之意也。乃傳寫有因此致誤者。《大戴記·武王踐阼篇》:《機之銘》曰:皇皇惟敬,口生㖞,口戕口。盧《注》曰:㖞,恥也。言爲君子榮辱之主,可不慎乎? 㖞,㖞詈也。孔氏廣森《補注》曰:㖞有兩訓,疑《記》文本作㖞生㖞,故盧意謂君有㖞恥之言,則致人之㖞詈也。按此説是也。惟其由㖞生㖞,故謂之口戕口,今作口生㖞者,蓋傳寫奪㖞字,校者作空圍以記之,則爲囗生㖞,遂誤作口生㖞矣。"又有本無闕文,而誤加空圍例。案以空圍代闕字,今日猶然,與口字極易相誤。又有實作方形以代闕字者,似較此爲優。囗與厶形甚近,厶豈囗之變邪? 或曰:俞氏《寓名例》曰:"《史記·萬石君傳》:長子建,次子甲,次子乙,次子慶。甲乙非名也,失其名而假以名之也。《漢書·魏相傳》:中謁者趙堯舉春,李舜舉夏,兒湯舉秋,貢禹舉冬。不應一時四人,同以堯、舜、禹、湯爲名,皆假以名之也。"然則古人行文,遇空闕處,皆假名以實之,不作厶也。不知此爲數名并闕者,若皆作某,慮其混淆,故假字以相代。若其獨闕一名,或雖并闕數名,而不須立別者,則皆代以某字。獨闕一名,即范《注》之"鄧厶地"是。并闕數名,而不須立別者,如《論語》之"某在斯某在斯"是也。

　　又云:"凡奏事遇至尊,必高其字於衆行之上,蓋自古已然。《魏志》:景元元年,詔尊崇燕王之禮。凡奏事上書稱燕王者皆上平。可見古時凡稱君上,高出本文之上。今曰上平,蓋另行起,而與本文相平,以殺於天子之式耳。"案此條可與前所引跳出一條參看。另行起而與本文相平,即後世所謂平擡也。後世又有所謂單擡、雙擡、三擡者,不知古已有之否? 而平擡爲古所已有,則可徵矣。此亦古書格式,傳之久而未變者。

　　或謂:子之所云,焉知非後世格式,適與古合,而斷爲古代之遺邪? 不知文字之作,本求共喻,格式亦然。既求共喻,則循故最便,創新實難。苟無必不得已之端,決無舍而更作之理。日用行習之間,積世流傳之事,實爲不少,特人莫之察耳。苟加察焉,固不以文字格式,千載相沿,爲足怪矣。

　　以上論古書章句,僅據記憶所及者言之。若能專事搜羅,所得必尚不止此。然以予所見,古書因章句失傳,而致詞義晦昧,或生誤解,其數已不少矣。亦就記憶所及,略舉數事如左。《古書疑義舉例》亦有《分章錯誤》、《分句錯誤》兩例,然未及十一。

　　〔《尚書·金縢》〕:

　　既克商二年,王有疾,弗豫。二公曰:"我其爲王穆卜。"周公曰:"未可以戚我先王。"公乃自以爲功,爲三壇同墠,爲壇於南方北面,周公立焉,植璧秉珪,乃告大王、王季、文王。史乃册祝曰:"惟爾元孫某,遘厲虐疾。若爾三王,是有丕子之責於天,以旦代某之身。予仁若考,能多材多藝,能事鬼神。乃元孫不若旦多材多藝,不能事鬼神。乃命於帝廷,敷佑四方。用能定爾子孫於下地,四方之民罔不祗畏。嗚呼! 無墜天之降寶命,我先王亦永有依歸。今我即命於元龜。爾之許我,我其以璧與珪,歸俟爾命。爾不許我,我乃屏璧與珪。"乃卜三龜,一習吉。啓籥見書,乃并是吉。公曰:"體,王其罔害。予小子,新命於三王,惟永終是圖,兹攸俟能念予一人。"公歸,乃納册於金縢之匱中。王翼日乃瘳。武王既喪,管叔及其羣弟,乃流言於國,曰:

“公將不利於孺子。”周公乃告二公曰：“我之弗辟，我無以告我先王。”周公居東二年，則罪人斯得。於後，公乃爲詩以貽王，名之曰《鴟鴞》。王亦未敢誚公。秋，大熟，未穫。天大雷電以風。禾盡偃，大木斯拔，邦人大恐。王與大夫盡弁，以啓金縢之書。乃得周公所自以爲功，代武王之說。二公及王，乃問諸史與百執事。對曰：“信。噫！公命我勿敢言。”王執書以泣曰：“其勿穆卜。昔公勤勞王家，惟予沖人弗及知。今天動威，以彰周公之德。惟朕小子其新迎，我國家禮亦宜之。”王出郊，天乃雨，反風。禾則盡起。二公命邦人，凡大木所偃，盡起而築之，歲則大熟。

　　案此篇今古文異說。古文家之說，即因不知章句致誤者也。《論衡·感類篇》曰：“《金縢》曰：秋，大熟，未穫。天大雷電以風，禾盡偃，大木斯拔，邦人大恐。當此之時，周公死。儒者說之，以爲成王狐疑於周公。欲以天子禮葬公，公人臣也；欲以人臣禮葬公，公有王功。狐疑於葬周公之間，天大雷雨，動怒示變，以彰聖功。古文家以武王崩，周公居攝，管、蔡流言，王意狐疑周公，周公奔楚，故天雷雨以悟成王。”案《史記·魯周公世家》云：武王既崩。成王少，在襁褓之中。周公恐天下聞武王崩而畔。周公乃踐阼，代成王，攝行政當國。管叔及其羣弟流言於國曰：“周公將不利於成王。”周公乃告太公望、召公奭曰：“我之所以弗辟而攝行政者，恐天下畔周，無以告我先王太王、王季、文王。三王之憂勞天下久矣，於今而後成。武王蚤終，成王少，將以成周。我所以爲之若此。”於是卒相成王，而使其子伯禽代就封於魯。管、蔡、武庚等果率淮夷而反。周公乃奉成王命，興師東伐，二年而畢定。周公歸報成王，乃爲詩貽王，命之曰《鴟鴞》。王亦未敢訓周公。成王七年，二月，乙未，王朝步自周，至豐。使太保召公先之雒相土。其三月，周公往營成周雒邑。卜居焉，曰吉，遂國之。成王長，能聽政，於是周公乃還政於成王。初成王少時，病。周公乃自揃其蚤，沈之河，以祝於神，曰：“王少，未有識，奸神命者乃旦也。”亦藏其策於府。成王病有瘳。及成王用事，人或譖周公，周公奔楚。成王發府，見周公禱書。乃泣，反周公。周公在豐，病，將歿，曰："必葬我成周。以明吾不敢離成王。"周公既卒，成王亦讓，葬周公於畢，從文王，以明予小子不敢臣周公也。周公卒後，秋，未穫，暴風雷，禾盡偃，大木盡拔，周國大恐。成王與大夫朝服，以開金縢書。王乃得周公所自以爲功代武王之説。二公及王，乃問史、百執事。史、百執事曰："信有。昔周公命我勿敢言。"成王執書以泣，曰："自今後其無繆卜乎？昔周公勤勞王家，惟予幼人弗及知。今天動威，以彰周公之德，惟朕小子其迎，我國家禮亦宜之。"云云。據此，則周公之禱求身代，凡有兩次。成王之得其册書，亦有兩次。今經文實奪周公求代成王，奔楚復歸，卒於豐，及成王謀葬周公之事。居東自指興師東伐；罪人斯得，自指管、蔡、武庚；惟朕小子其迎，自謂迎天威；我國家禮亦宜之，自指以王禮葬周公。此今文家説也。鄭注《尚書》，則大異於是。其釋"我之弗辟，我無以告我先王"，"讀辟爲避，以居東爲避居"。《詩·鴟鴞序疏》。謂"我今不避孺子而去，我先王以謙謙爲德，我反有欲位之謗，無告於我先王；言愧無辭也。居東者，出處東國，待罪以須君之察己"。《七月序疏》。釋"罪人斯得"曰："罪人，周公之屬黨，與知居攝者。周公出，皆奔。今二年，盡爲成王所得。周公傷其屬黨無罪將死，恐其刑濫，又破其家，而不敢正言，故作《鴟鴞》之詩以貽王。"釋"王亦未敢誚公"曰："成王非周公意未解。今又爲罪人言，欲讓之，推其恩親，故未敢。"皆《鴟鴞序疏》。釋"秋大熟未穫"曰："秋，謂周公出二年之後明年秋也。"《豳譜疏》。釋"惟朕小子其新迎"曰："新迎，改先時之心，更自新，以迎周公於東，與之歸，尊任之。"《東山序疏》。以爲"明年迎周公而反，反則居攝之元年"。《禮記·明堂位疏》。是不以今經文之敍事爲不備。此古文家説也。夫功高震主，古今所同。處身係安危之地，進退不能自由，良以所關者大，所謂騎虎之勢不得下，非無欲位之心，遂可脱屣而去也。古今人不甚相遠。今所傳堯、舜禪讓，伊、周攝位，證以後世之事，皆爲情理所無。良由古人述作，輕事重言。《史通·疑古篇》之説。四代之事，本無信史。孔子欲明禮讓爲國之義，因如舊説傳之，非事實也。周公之於成王，視宇文護之於武帝，事頗相類。還政之後，被讒出奔，理所可有？昔人説楚，皆以爲受封之初，即在江陵。宋氏翔鳳始明其實在丹、淅之間，所謂丹陽也。《過庭録·楚鬻熊居丹陽》《武王徙郢考》。其地逼近武關，爲自周東出之要道。韓嬰説周南，謂在南陽、南郡間。《水經注》三十五。文王所以能三分天下有其二者，實以化行江、漢故，則楚之從爲之也。知楚之初封在丹、淅，則知昭王時漢正楚境。南征不復，蓋伐楚而敗。周室威靈之失墜，實自兹始，則楚之叛爲之也。驪山之役，申侯實召犬戎。中國在南陽，距楚初封之地甚邇。觀此，知丹、淅之間，形勢所系甚重。周公奔楚，亦事勢宜然。《左》昭七年，公將適楚，“夢襄公祖。梓慎曰：襄公之適楚也。夢周公祖而行。子服惠伯曰：先君未嘗適楚，故周公祖以道之，襄公適楚矣，而祖以道君。”俞正燮《癸巳類稿》，引以證周公之實嘗適楚，其説極確。《史記·蒙恬列傳》載恬對二世使者語，述周公奔楚事，亦與《魯世家》大同。恬，秦人，梓慎、子服惠伯皆周人，其説周公事，不應反不如漢人之晰。可見周公奔楚，事極確鑿。不應以經典無文，疑爲後人妄造也。譙周説，見《史記索隱》。然此事必在還政之後，乃合情理。若如《論衡》所謂古文家言，一聞流言，遽爾奔避，其説已不近情。如鄭玄説，棄宗周可恃之資，東寄於傾危之地，尤與事勢不合。且成王既能執周公之屬黨，又能感雷風而自新，而猶不自爲政，必有待於周公之居攝，於理亦不可通也。故知鄭所云出處待罪，屬黨見執，皆周公奔楚時事。古文家不知經文有闕，“秋大熟”以下，當別爲一章，不能相連釋之，遂以居東與奔楚，并爲一談。鄭玄更因經無奔楚之文，遂將奔楚時事，悉係之於居東時，失之遠矣。然推原其故，不過因不知分章之義致之。此可見章句之要，亦可見今文家章句之學，傳授自有其真矣。

〔《詩序》〕：

《關雎》，后妃之德也，風之始也，所以風天下而正夫婦也。故用之鄉人焉，用之邦國焉。風，風也，教也。風以動之，教以化之。詩者,志之所之也。在心爲志,發言爲詩。情動於中,而形於言。言之不足,故嗟歎之;嗟歎之不足,故永歌之;永歌之不足,不知手之舞之,足之蹈之也。情發於聲,聲成文,謂之音。治世之音,安以樂,其政和。亂世之音,怨以怒,其政乖。亡國之音,哀以思,其民困。故正得失,動天地,感鬼神,莫近於詩。先王以是經夫婦,成孝敬,厚人倫,美教化,移風俗。故詩有六義焉:一曰風,二曰賦,三曰比,四曰興,五曰雅,六曰頌。上以風化下,下以風刺上。主文而譎諫,言之者無罪,聞之者足以戒,故曰風。至於王道衰,禮義廢,政教失,國異政,家殊俗,而變風變雅作矣。國史明乎得失之迹,傷人倫之廢,哀刑政之苛,吟詠情性,以風其上,達於事變,而懷其舊俗者也。故變風,發乎情,止乎禮義。發乎情,民之性也;止乎禮義,先王之澤也。是以一國之事,繫一人之本,謂之風。言天下之事,形四方之風,謂之雅。雅者,正也。言王政之所由廢興也。政有小大,故有小雅焉,有大雅焉。頌者,美盛德之形容,以其成功,告於神明者也。是謂四始,詩之至也。然則《關雎》、《麟趾》之化,王者之風,故繫之周公。南,言化自北而南也。《鵲巢》、《騶虞》之德,諸侯之風也;先王之所以教,故繫之《召公》。《周南》、《召南》,正始之道,王化之基。是以《關雎》樂得淑女以配君子。憂在進賢,不淫其色。哀窈窕,思賢才,而無傷善之心焉。是《關雎》之義也。

此篇之可疑者三:舊説云,起至"用之邦國焉",名《關雎序》,謂之《小序》。"風,風也"訖末,名爲《大序》。或謂此序止是《關雎》之序,總論《詩》之綱領,無大小之異。見《釋文》。後之論者,各有所主。主有大小之分者,分法亦各不同,一也。《序》稱《詩》有六義,而詩止風、雅、頌三體。因有賦、比、興究爲文辭之異,抑篇卷之別之疑。詳見《正義》。謂其篇卷有別,則説苦無徵;謂止文辭之異,則序不應以六者並列,二也。四始之説,三家以風、小雅、大雅、頌之首篇當之。此序乃即以風、小雅、大雅、頌爲四始。夫此四體,總包全《詩》。以此爲始,其末安在? 三也。此三義也,説者甚多,然能愜心者蓋寡。予謂此亦但知古人章句之法，將全篇分作若干章讀之，即無可疑矣。蓋古人著書，大抵稽譔衆説，非必其所自爲。而其稽撰衆説，又多各如其辭録之，並不加以改削，使之如出一手。故其文往往前後不相蒙，或且自相矛盾。觀予論《説文解字序》，已可見之。見《中國文字變遷考》。此篇亦猶是也，此篇自起至"用之邦國焉"，專論《關雎》一詩。自"然則《關雎》、《麟趾》之化"以下，論二南。自"《周南》、《召南》，正始之道"以下，又因二南而及《關雎》。其餘皆論《詩》之綱領。而"風，風也"十三字，承上專論《關雎》之"風之始也"句，順遞而及全《詩》之義，實爲文字轉捩。其所論義有廣狹，而文氣一線相承。謂當分爲大小序可；謂實止一序，兼論《關雎》一詩之義，及全《詩》綱領，亦無不可也。何則？一就意義言，一就文字言，其説皆可通也。其六義之説，與論風、雅、頌之説，則各有所本，絶不相蒙。蓋此《序》中專論全《詩》綱領者，亦當分爲數章。自"詩者，志之所之也"至"聲成文謂之音"，論詩樂之原。自"治世之音"至"移風俗"，論聲音之道與政通，大抵取諸《樂記》。"故《詩》有六義焉"至"六曰頌"，取諸《周官》。"上以風化下"至"告於神明者也"，蓋取諸三家。魏源説，見《詩古微》。二者各不相蒙，故上言六義，下止申風、雅、頌也。"是謂四始"以上，蓋有奪文。《序》論風雅頌之義，既取諸三家，其論四始，不當有異。且以《關雎》爲風之始，固已同乎三家矣。故知其論雅、頌之始，亦必同也。"憂在進賢，不淫其色"，亦三家義。三家以此爲刺康王晏起之詩也。主古文者，必以序意異於三家，章太炎乃以哀窈窕附會九侯之女，可謂善於鑿險矣。然則不知古人章句之例，則如《許序》之忽以篆書爲李斯造，忽以爲程邈造，及《詩序》四始、六義之説，皆足滋疑。苟其知之，則此等疑竇，皆不煩言而解。讀書之必審章句，誠不誣矣。

〔《史記·五帝本紀》〕：

軒轅之時，神農氏世衰。諸侯相侵伐，暴虐百姓，而神農氏弗能征。於是軒轅乃習用干戈，以征不享。諸侯咸來賓從。而蚩尤最爲暴，莫能伐。炎帝欲侵陵諸侯，諸侯咸歸軒轅。軒轅乃修德振兵，治五氣,藝五種,撫萬民,度四方,教熊、羆、貔貅、貙、虎,以與炎帝戰於阪泉之野,三戰然後得其志。蚩尤作亂,不用帝命。於是黃帝乃徵師諸侯,與蚩尤戰於涿鹿之野。遂禽殺蚩尤,而諸侯咸尊軒轅爲天子,代神農氏。

案上云“諸侯相侵伐,暴虐百姓,神農氏弗能征”,下云“炎帝欲侵陵諸侯”,數行之間,立說矛盾,未有若斯之甚者也。炎帝姜姓,蚩尤者九黎之君。《呂刑》、僞《孔傳》,又《釋文》引馬說,《秦策》高誘《注》皆同。《禮記‧緇衣正義》引《呂刑》鄭注曰:“苗民”,謂九黎之君。《書‧堯典釋文》引馬、王曰:“三苗,縉雲氏之後。”《呂刑正義》引韋昭曰:“三苗炎帝之後。”《五帝本紀集解》引賈逵曰:“縉雲氏,姜姓也,炎帝之苗裔。”然則蚩尤亦姜姓。近人崔觶甫,謂《易繫辭》之“黃帝垂衣裳”,《風俗通聲音》引作“皇帝”。《繁露‧三代改制質文篇》,以軒轅爲皇帝。可徵皇、黃二字,古可通假。《呂刑》之“皇帝哀矜庶戮之不辜,遏絕苗民,無世在下”,即黃帝戰炎帝於阪泉之事。今案《五帝本紀》,多同《大戴記》。今檢《大戴記》,止有與赤帝戰於阪泉之說,更無與蚩尤戰於涿鹿之文。而涿鹿阪泉,注家又皆以爲同地。然則蚩尤、炎帝,即是一人;涿鹿、阪泉,即是一役。《史記》此文,蓋亦並存兩說。頗疑“蚩尤作亂”,當接“莫能伐”之下,後人疑既代神農,不應復與炎帝戰而移之。今若將“炎帝欲侵陵諸侯”以下五十六字,移至“代神農氏”之下,而加“一曰”二字於其上,則明白無疑矣。曰字亦符號之類,說見前。曰字可奪,一曰二字,亦可奪也。參看《古書疑義舉例‧兩義傳疑而並存例》。

〔又《老子韓非列傳》〕:

老子者,楚苦縣厲鄉曲仁里人也。姓李氏,名耳,字伯陽,謚曰聃,周守藏室之史也。孔子適周,將問禮於老子。老子曰:“子所言者,其人與骨,皆已朽矣;獨其言在耳。且君子得其時則駕;不得其時,則蓬累而行。吾聞之:良賈深藏若虛;君子盛德,容貌若愚。去子之驕氣與多欲,態色與淫志,是皆無益於子之身。吾所以告子,若是而已。"孔子去,謂弟子曰:"鳥,吾知其能飛;魚,吾知其能游;獸,吾知其能走。走者可以爲網,游者可以爲綸,飛者可以爲矰。至於龍,吾不能知,其乘風雲而上天? 吾今日見老子,其猶龍邪!"老子修道德,其學以自隱無名爲務。居周久之,見周之衰,迺遂去。至關,關令尹喜曰:"子將隱矣! 彊爲我著書。"於是老子迺著書上下篇,言道德之意五千餘言而去,莫知其所終。或曰:老萊子亦楚人也,著書十五篇,言道家之用,與孔子同時云。蓋老子百有六十餘歲,或言二百餘歲,以其修道而養壽也。自孔子死之後百二十九年,而史記周太史儋見秦獻公,曰:"始秦與周合,合五百歲而離。離七十歲,而霸王者出焉。"或曰:儋即老子;或曰:非也,世莫知其然否。老子,隱君子也。老子之子名宗,宗爲魏將,封於段干。宗子注。注子宮。宮玄孫假,假仕於漢孝文帝。而假之子解,爲膠西王卬太傅,因家於齊焉。世之學老子者,則絀儒學;儒學亦絀老子。道不同,不相爲謀,豈謂是邪? 李耳無爲自化,清靜自正。

　　此後人識語,混入本文,以致不可解者也。此傳惟"莫知其所終"以上,及"老子之子"至"因家於齊焉"一段爲原文。其中"字伯陽謐曰聃"六字,亦後人所改,原文當作"字聃",觀《索隱》自明。惟此傳有意改易,與失其符號,以致混淆者不同。餘悉後人記識之語。老萊子與老子,毫無干涉,史公不應牽合。若謂附之《老子傳》中,則上不當加"或曰"二字。或曰與一曰同,皆存異説之辭。全書之例,可覆按也。史公傳老子,並無荒怪之語,安得有百六十餘歲,或二百餘歲之説。古書爲魏、晉後言神仙者所竄亂甚多。《太史公自序》載其父談論六家要旨,至"光耀天下,復反無名",意已具矣。下忽接"凡人所生者神也"一段,全係貪生怯死之談,與上文絶不類。亦爲神仙家言者所竄也。太史儋事,《周秦紀》皆載之,絶未疑爲老子,此傳何得忽作兩岐之談?"世莫知其然否"六字,豈西漢人文義邪?"老子隱君子也","世之學老子者則絀儒學"云云,及"李耳無爲自化,清靜自正",皆評論之語。此等評論之語,夾入敍事中,《史記》時有之。蓋皆全録舊文,不加删削。然必與敍事之文相連;既不删削其文,亦不移易其次也。觀下所引

《扁鵲列傳》可見。安得敍老子事時不之及，逮敍其後世之事既竟，乃忽焉錯出邪？此數節爲後人之辭，蓋無疑義矣。然必謂其有意竄亂，則亦非是。蓋皆記識之語混入者也。"或曰老萊子"云云，蓋一人所記。因老萊子與老子同爲楚人，故附識之。"蓋老子百有六十餘歲"云云，又一人所記。此人蓋信神仙家之説者，疑老子即太史儋者亦然。"老子隱君子也"六字，與"李耳無爲自化"十字，爲稱美老子之言。"世之學老子者"云云，則慨歎之辭也。古人讀書，多用丹黃，此等記識之語，疑亦如陶隱居之修《本草》，有朱字墨字等區別，而後乃亡之者也。

〔又《扁鵲倉公列傳》〕：

扁鵲者，渤海郡鄭人也，姓秦氏，名越人。少時爲人舍長。舍客長桑君過，扁鵲獨奇之，常謹遇之，長桑君亦知扁鵲非常人也。出入十餘年，乃呼扁鵲私坐，間與語，曰："我有禁方，年老，欲傳與公，公毋泄。"扁鵲曰："敬諾。"乃出其懷中藥予扁鵲，"飲是以上池之水，三十日，當知物矣。"乃悉取其禁方書，盡與扁鵲。忽然不見，殆非人也。扁鵲以其言飲藥。三十日，視見垣一方人，以此視病，盡見五藏癥結，特以診脈爲名耳。爲醫或在齊，或在趙。在趙者名扁鵲。當晉昭公時，諸大夫彊而公族弱，趙簡子爲大夫，專國事。簡子疾，五日不知人，大夫皆懼。於是召扁鵲。扁鵲入視病，出。董安于問扁鵲，扁鵲曰："血脈治也，而何怪。昔秦穆公嘗如此，七日而寤。寤之日，告公孫支與子輿曰：'我之帝所，甚樂。吾所以久者，適有所學也。帝告我："晉國且大亂，五世不安，其後將霸，未老而死。霸者之子，且令而國男女無別。"'公孫支書而藏之。《秦策》於是出。夫獻公之亂，文公之霸，而襄公敗秦師於殽而歸縱淫，此子之所聞。今主君之病與之同，不出三日必間，間必有言也。"居二日半，簡子寤，語諸大夫曰："我之帝所，甚樂。與百神遊於鈞天，廣樂九奏萬舞，不類三代之樂，其聲動心。有一熊欲援我，帝命我射之，中熊，熊死。有羆來，我又射之，中羆，羆死。帝甚喜。賜我二笥，皆有副。吾見兒在帝側。帝屬我一翟犬，曰：'及而子之壯也，以賜之。'帝告我：'晉國且世衰，七世而亡。嬴姓將大敗周人於范魁之西，而亦不能有也。'"董安于受言，書而藏之。以扁鵲言告簡子，簡子賜扁鵲田四萬畝。其後扁鵲過虢，虢太子死。扁鵲至虢宮門下，問中庶子喜方者，曰："太子何病？國中治穰，過於眾事。"中庶子曰："太子病血氣不時，交錯而不得泄，暴發於外，則爲中害。精神不能止邪氣，邪氣積畜而不得泄。是以陽緩而陰急，故暴蹶而死。"扁鵲曰："其死何如時？"曰："鷄鳴至今。"曰："收乎？"曰："未也，其死未能半日也。"言"臣齊勃海秦越人也，家在於鄭，未嘗得望精光，侍謁於前也。聞太子不幸而死，臣能生之"。中庶子曰："先生得毋誕之乎？何以言太子可生也。臣聞上古之時，醫有俞跗。治病不以湯液醴灑。鑱石撟引，案扤毒熨，一撥見病之應，因五藏之輸，乃割皮、解肌、訣脈、結筋、搦髓腦、揲荒爪幕、湔浣腸胃、漱滌五藏、練精易形。先生之方能若是，則太子可生也。不能若是，而欲生之，曾不可以告咳嬰之兒。"終日，扁鵲仰天歎曰："夫子之爲方也，若以管窺天，以郄視文。越人之爲方也，不待切脈、望色、聽聲、寫形，言病之所在。聞病之陽，論得其陰；聞病之陰，論得其陽。病應見於大表，不出千里，決者至眾，不可曲止也。子以吾言爲不誠，試入診太子，當聞其耳鳴而鼻張，循其兩股以至於陰，當尚溫也。"中庶子聞扁鵲言，目眩然而不瞚，舌撟然而不下。乃以扁鵲言入報虢君。虢君聞之，大驚，出見扁鵲於中闕。曰："竊聞高義之日久矣，然未嘗得拜謁於前也。先生過小國，幸而舉之。偏國寡臣幸甚。有先生則活，無先生，則棄捐填溝壑，長終而不得反。"言未卒，因噓唏服臆，魂精泄橫，流涕長潸，忽忽承睫，悲不能自止，容貌變更。扁鵲曰："若太子病，所謂尸蹶者也。夫以陽入陰中，動胃，繵緣，中經維絡，別下於三焦膀胱。是以陽脈下遂，陰脈上爭，會氣閉而不通，陰上而陽內行，下內鼓而不起，上外絕而不爲使。上有絕陽之絡，下有破陰之紐，破陰絕陽之色已廢，脈亂，故形靜如死狀。太子未死也。夫以陽入陰支蘭藏者生，以陰入陽支蘭藏者死。凡此數事，皆五藏蹶中之時暴作也。

良工取之，拙者疑殆。”扁鵲乃使弟子子陽，厲鍼砥石，以取外三陽五會。有間，太子蘇。乃使子豹爲五分之熨，以八減之齊和煮之，以更熨兩脅下。太子起坐，更適陰陽，但服湯二旬而復故。故天下盡以扁鵲爲能生死人。扁鵲曰：“越人非能生死人。此自當生者，越人能使之起耳。”扁鵲過齊，齊桓侯客之。入朝，見曰：“君有疾在腠理，不治將深。”桓侯曰：“寡人無疾。”扁鵲出，桓侯謂左右曰：“醫之好利也，欲以不疾者爲功。”後五日，扁鵲復見，曰：“君有疾在血脈，不治恐深。”桓侯曰：“寡人無疾。”扁鵲出，桓侯不悅。後五日，扁鵲復見，曰：“君有疾在腸胃間，不治將深。”桓侯不應。扁鵲出，桓侯不悅。後五日，扁鵲復見，望見桓侯而退走，桓侯使人問其故。扁鵲曰：“疾之居腠理也，湯熨之所及也。在血脈，鍼石之所及也。其在腸胃，酒醪之所及也。其在骨髓，雖司命無奈之何。今在骨髓，臣是以無請也。”後五日，桓侯體病，使人召扁鵲。扁鵲已逃去，桓侯遂死。使聖人預知微，能使良醫得蚤從事，則疾可已，身可活也。人之所病，病疾多；而醫之所病，病道少。故病有六不治：驕恣不論於理，一不治也。輕身重財，二不治也。衣食不能適，三不治也。陰陽并，藏氣不定，四不治也。形羸不能服藥，五不治也。信巫不信醫，六不治也。有此一者，則重難治也。扁鵲名聞天下。過邯鄲，聞貴婦人，即爲帶下醫；過雒陽，聞周人愛老人，即爲耳目痺醫；來入咸陽，聞秦人愛小兒，即爲小兒醫：隨俗爲變。秦太醫令李醯，自知伎不如扁鵲也，使人刺殺之。至今天下言脈者由扁鵲也。

此篇似係自注之辭，混入正文，以致不可解者。此篇可疑之處有三：趙簡子不在晉昭公時，一也。虢之亡，先於趙簡子百二十餘年，二也。當趙簡子時，齊無桓侯，三也。或云：“史公既云‘爲醫或在齊或在趙’，則扁鵲明非一人。蓋扁鵲爲治是術者之公稱，秦越人特其中之一耳。如是，治趙簡子、虢太子之疾，與客齊桓侯者，無妨各爲一人；則全篇惟一晉昭公之昭爲誤字，此事亦貝《趙世家》，故知趙簡子非誤。餘皆無可疑矣。”此說誠爲有見，然猶有未盡者。則史公於“扁鵲過虢”

之上，加以"其後"二字，明承視趙簡子疾之事言之，然虢決不能至趙
簡子時猶存也。予謂扁鵲視趙簡子疾及客齊桓侯事，實爲文中之夾
注。此篇當分五章：自起至"或在趙"爲一章，述扁鵲受術之由，及其
術後此之流布。自"在趙者名扁鵲"至"簡子賜扁鵲田四萬畮"爲一
章，述扁鵲視簡子疾。自"其後扁鵲過虢"至"越人能使之起耳"爲一
章，述扁鵲起虢太子。自"扁鵲過齊"至"則重難治也"爲一章，述齊
桓侯不聽扁鵲，因論病有六不治。自"扁鵲名聞天下"至末爲一章，述
有一扁鵲，嘗過邯鄲洛陽入咸陽，爲李醯所殺也。第二章及第四章，
蓋承"爲醫或在齊或在趙"言之，即此八字之注語。第三章實承第一
章，全篇述扁鵲事，惟此二章稱越人，其明證也。古人著書，其辭多非
己出，不過采舊文而排比之。故太史公作《史記》，自稱"論次舊聞"。
論，類也；次，序也。論次，猶今言類纂矣。類纂舊文，其例有二：一如
後世之輯書者然，一一著其所自來，而不易其辭。一則當改其辭，使
之如自己出。二者必居其一，否則足以滋疑。然古人則皆不然。此
非其條理之疏，乃當時有章句與之相輔而行，而後世亡之，故覺其不
可通也。然則章句誠讀書所不可少矣。此篇如後世例，第二章及第四章，當并
入第一章下爲夾注。否則并第二章亦當類次於後，既皆不然，而又未嘗自言之，豈有胡塗
至是者。故知當時必有一種符號以明之也。

以上所舉五事，皆因章之別亡，以致昧其意義者。後人注語混入正
文，自別爲一事。然章之爲別，所以表明上下之不相蒙也。後人注語混入正文，亦不過
誤連其所不當連者耳。其致誤之由不同，其所致之誤則一也。故并論之。句讀之誤，
似不若是之易。然習慣相沿，誤者亦復不少。試就記憶所及略舉之：
如《洪範》："身其康強，子孫其逢，吉。"逢字當絶，與強爲韻。今皆連
吉字讀，則失古書之韻矣。《孟子》："使弈秋誨二人弈。其一人專心
致志，惟弈秋之爲聽。一人雖聽之，一心以爲有鴻鵠將至，思援弓繳
而射之。雖與之俱，學弗若之矣。"昔人引用，皆於俱字爲句。今人乃
連學字讀。"晉人有馮婦者，善搏虎。卒爲善，士則之。野有衆逐虎，
虎負嵎，莫之敢攖。望見馮婦，趨而迎之。馮婦攘臂下車，衆皆悦之。

其爲士者笑之。""卒爲善"句絕,"士則之"與"其爲士者笑之"相應。今讀乃以"卒爲善士"爲句,則昧古書之語法矣。甚有眼前虛字,亦誤讀者。如後世夫字,用於句首者,大都爲拓開口氣,虛無所指。古書則不然,大抵可代彼字用。司馬子長《報任少卿書》:"而事乃有大謬不然者夫! 僕與李陵,俱居門下"云云。夫字當上屬,《選注》不誤。今人乃多讀屬下句,則義不可解。此類誤讀尚多。《論語》:"唐棣之華。偏其翻而。豈不爾思,室是遠而。子曰:未之思也夫,何遠之有。"《孟子》:"王說曰,詩云:他人有心,予忖度之,夫子之謂也夫,我乃行之,反而求之,不得吾心。""孔子曰:仁不可爲衆也夫,國君好仁,天下無敵。"夫字皆當上屬,今皆誤屬下。甚至如歐公《釋祕演詩集序》:"嗟夫,二人者,予乃見其盛衰,則予亦將老矣夫。"亦將夫字屬下句,作"夫曼卿詩辭清絕,尤稱《祕演》之作,以爲雅健有詩人之意。"不特全失神理,而如此用夫字,下文必有相應之辭,今乃無之,則文義直不通矣。或曰:《論語》:"子貢方人。子曰:賜也賢乎哉,夫我則不暇。"亦以夫我二字連用。安見《孟子》"夫我乃行之"之夫字,必當上屬邪? 不知《論語》此文,當於夫字一逗,即指方人之事言之,言彼方人之事,我則有所不暇也。用諸《孟子》此處,神理全然不合。又如焉字,古人用之,多作"於是"解;有在句末,亦有在句首者。《孟子》:"聖人既竭目力,焉繼之以規矩準繩,以爲方圓平直,不可勝用也。既竭耳力,焉繼之以六律正五音,不可勝用也。既竭心思,焉繼之以不忍人之政,而仁覆天下矣。"焉字皆當下屬,與《禮記・三年問》"故先王焉爲之立中制節"之焉字同。今誤屬上句,焉字亦遂虛無所指。焉字作於是解,屬下句讀,則所謂是者,即指"竭目力"、"竭耳力"、"竭心思"言之,焉字與既字相呼應也。屬上句讀,則上文更無可指爲是之事,即虛無所麗矣。《莊子・則陽篇》:"長梧封人問子牢曰:君爲政焉,勿鹵莽,治民焉,勿滅裂。"焉字上屬,亦作於是解。即指子牢所治之地。文中不明子牢所治之地者,長梧封人謂子牢爲政於是,治民於是,則子牢所治,自即長梧,不待言也。若作虛字,即漏敍子牢所治之地矣。又如《說文》:"余,語之舒也。"《左》僖九年,王使宰孔賜齊侯胙。曰:"以伯舅耋老,加勞賜一級,無下拜。對曰:天威不違顏咫尺;小白,余,敢貪天子之命,無下拜。"此余即《說文》所謂語之舒。蓋齊桓年老,語時氣竭,故自名之後,繼之余以舒之;非既稱名,又自稱余也。《杜注》誤訓爲身,今人遂皆連下六字爲句,則全失其旨矣。以上所引,多前人成説,不能一一記其所出矣。要之古人語簡,後世語繁。惟語簡,故句短。惟語繁，故句長。後人每以當時語法讀古書，故時失其句。觀王氏筠所發明《說文句讀》之例而可知也。斷句當否，於意義之合否，大有關係。如《檀弓》"喪，三年以爲極，亡，則弗之忘矣"，鄭以"極亡"二字連讀。王本極亡之亡亦作忘，以極字爲句，遠勝於鄭。

古書有既經斷句，則上下文絕不相蒙者。《史記·周本紀》："封棄於邰，號曰后稷，別姓姬氏。后稷之興，在陶唐、虞、夏之際，皆有令德。后稷卒，子不窋立。"此三十字中，后稷二字，凡有三解："號曰后稷"之后稷指棄。"后稷之興"之后稷，指棄以後，不窋以前居稷官者。"后稷卒"之后稷，則不窋之父也。此本無甚難解，然後人誤解者頗多，戴東原已辨之。近人猶有據此疑周之世數不合者，亦可見章句一失，貽誤之大也。

《莊子·養生主篇》"指窮於爲。薪，火傳也，不知其盡也"，當以爲字絕句。爲通譌，變化之意。指者，向方之謂。《淮南·齊俗訓》："江南河北，不能易其指。"《氾論訓》："此見隅曲之一指，而不知八極之廣大也。故東面而望，不見西牆；南面而視，不覩北方；惟無所嚮者，則無所不通。"兩用指字，義最明顯。《莊子·齊物論篇》："天地一指也，猶言天地亦一隅曲。萬物一馬也。"《天下篇》"指不至，至不絕"，暨此篇"指窮於爲"之指字，義皆與《淮南》所用同。"指窮於爲"，言向方迷於變化，意謂天下事變化無窮，轉瞬即失其原形，欲即一事而究其終極，卒不可得也。《釋文》引崔氏，訓"薪火"爲"爝火"，則崔氏本以爲字斷句。自《郭注》訓"爲薪"爲"前薪"，世遂皆以薪字爲句，雖指字之義，明見《莊子》他篇，亦不知參考矣。此又可見章句失傳，詒誤之大也。

因句之失傳，以致不可解者，莫如《北史·鐵勒傳》。《傳》曰："鐵勒之先，匈奴之苗裔也，種類最多。自西海之東，依山據谷，往往不絕。獨洛河北，有僕骨、同羅、韋紇、拔也古、覆，並號俟斤。蒙陳吐如紇斯結、渾、斛薛等諸姓，勝兵可二萬。伊吾之西，焉耆之北，傍白山，則有契弊，薄落職乙咥蘇婆那曷烏護紇骨也咥於尼護等，勝兵可二萬。金山西南,有薛延陀咥勒兒十槃達契等,一萬餘兵。康國北,傍阿得水,則有訶咥曷截撥忽比干具海曷比悉何嵯蘇拔也末謁達等,有三萬許兵。得嶷海東西,有蘇路羯三素咽篋促薩忽等諸姓,八千餘。拂林東則有恩屈阿蘭北褥九離伏嗢昏等,近二萬人。北海南則都波等。雖姓氏各別,總謂爲鐵勒。"此中諸部落之名,多無義可解。故除僕骨、同羅、韋紇、拔也古、斯結、渾、斛薛、契弊、薛延陀、都波等,名號又見他書者,皆不能得其句讀,即無從知其分部。使作史時本有章句,傳之至今,又何至是哉? 亦足見章句關係之大矣。

《禮記·曾子問》:"昔者史佚有子而死,下殤也,墓遠。召公謂之曰:何以不棺斂於宮中? 史佚曰:吾敢乎哉? 召公言於周公。周公曰:豈,不可。史佚行之。"鄭於"豈不可"下注曰:"言是豈,句於禮不可。"於"史佚行之"下注曰:"失指;以爲許也,遂用召公之言。"《疏》曰:"豈者,怪拒之辭。先怪拒之,又云不可。不可是不許之辭。召公述周公曰豈不可之辭,以語史佚。史佚不達其指,猶言周公豈不可是許之之辭,故行棺衣宮中之禮也。"然則周公之言,本於豈字句絕;史佚誤以豈不可三字爲一句,遂致有此誤會。蓋人之言語,本來不甚完全,故有此等誤會也。及其筆之於書,欲盡袪此等誤會,勢非盡改爲完全之語不可。然既失神理,又病繁重,勢亦有不可行者。則斷句之符號,不可少矣。

古代之章句,既已失傳,後人欲讀古書,非將已失者恢復不可。從事於此者,莫如宋儒之勤。朱子爲宋學大宗。其注《大學》,即以己意分別經傳,顛倒次序。注《中庸》,雖未顛倒次序。亦不依《鄭注》分章。故朱子注《四書》、《論語》、《孟子》,皆稱集注;《大學》、《中庸》,則稱章句。明其注此二書,在章句上亦曾用過一番功力也。此猶僅就一篇之內,改正其章也。其注《易》,用呂祖謙本,別《彖》、《象》、《繫辭》、《文言》、《説卦》、《序卦》、《雜卦》於上下經,欲以復十二篇之舊,《十翼》爲後出之説。《漢志》載諸家《易傳》及施、孟、梁丘章句,各廿二篇。可見今通行之本,實爲古本。諸家別《十翼》於經,轉失之也。則并篇次亦加改定矣,然猶在一書之中也。其於《儀禮》，則病經不分章，記不隨經；欲以《儀禮》爲經，而取《禮記》及諸經史雜書，附載其下，見《乞修三禮劄子》。劄不果上，晚乃本此意，修《儀禮經傳通解》，後此之修禮書者，悉沿其制焉。則并欲合古代羣書，重行編纂矣。自宋迄明，此風皆盛。吳澄作《易》、《書》、《詩》、《禮記》、《春秋纂言》。於經文皆有顛倒離合；以爲有闕文處，且皆補以空圍。此風傳入醫家，而《傷寒六經》之編次，且與《周官》、《冬官》之補亡，同爲一聚訟之公案焉。此外改定古書之篇章者，難可枚舉。雖其所定未必皆是，然其法則不能謂之不合也。世人每訾宋儒憑臆見以正古書，殊不知所正當否是一事，古書之當正與否又是一事；況乎宋儒之所正，未必無可采邪？皮氏錫瑞《三禮通論》引《困學紀聞》云："《魏徵傳》曰：以《小戴禮》綜彙不倫，更作《類禮》二十篇，數年而成。太宗美其書，錄置內府。《藝文志》云：次《禮記》二十卷，舊史謂採先儒訓注，擇善從之。《諫錄》載詔曰：以類相從，別爲篇第。並更注解，文義粲然。《會要》云：爲五十篇，合二十卷。《元行沖傳》：開元中，魏光乘請用《類禮》列於經，命行沖與諸儒集議作疏，將立之學。乃采獲刊綴，爲五十篇。張說言：戴聖所錄，向已千載。與經並立，不可罷。魏孫炎始因舊書，擿類相比，有如鈔綴，諸儒共非之。至徵更加整次，乃爲訓注，恐不可用。帝然之，書留中不出。行沖著《釋疑》曰：鄭學有孫炎，雖扶鄭義，乃易前編。條例支分，箋石閒起。馬伷增革，向踰百篇。葉遵刪修，僅全十二。魏氏采衆説之精簡，刊正芟礱。朱文公惜徵書之不復見。此張説文人不通經之過也。行沖謂章句之士，疑於知新，果於仍故。比及百年，當有明哲君子，恨不與吾同世者。觀文公之書，則行沖之論信矣。"皮氏錫瑞又曰："案《戴記》不廢，張説有存古之功；《類禮》不傳，説亦有泥古之失。當時若新舊並行，未爲不可。朱子惜《類禮》不復見，是以有《儀禮經傳通解》之作。吳澄作《禮記纂言》，更易次序，各以類從。近人懲於宋儒之割裂聖經，痛詆吳澄，並疑《通解》之雜合《經》、《傳》。平心而論，《禮記》非聖人手定，與《易》、《書》、

《詩》、《春秋》不同。且《禮經》十七篇，已有附記。《禮記》文多不次，初學苦其難通。若加分別部居，自可事半功倍。據《隋志》‘《禮記》三十卷，魏孫炎注’，則其書唐初尚存。炎學出鄭門，必有依據。魏徵因之，更加整比。若書尚在，當遠勝於《經傳通解》、《禮記纂言》，而大有益於初學矣。"原注："陳澧云：《孔疏》每篇引鄭目錄云：此於《別錄》屬某某，《禮記》之分類，不始於孫炎、魏徵矣。今讀《禮記》，當略放《別錄》之法，分類讀之，則用志不紛，易得其門徑。"觀此，可知統合古籍，更定篇章，實不始於宋儒。類聚羣分，承學者固人同此心也。惜乎數千年來，殫心疏注者多，用力於此者殊少耳。古書即不作注，但能正其章句，已足有益初學，如姚鼐之《老子章義》是也。

今之所謂新符號者，以引用及刪節二號爲最有用，前已言之。句讀之別，我所固有。近人於文字總冒下文，或總結上文處；又一語已完，而全意未竟者，亦皆爲之號以別之。其分別固較前人爲細，然於用尚不甚亟。且文之美者，變化無方。往往有以一語而總冒全篇，總結全篇，或以中間數語爲全篇關鍵者；又有似連非連，似斷非斷者。總冒總結之號，實不易施。欲詳別句讀，使之毫髮無憾，事亦不易。深於文者自知之。若謂此等文字，不合論理，則文貴變化，不貴板滯；下喬入幽之論，實非所敢聞。若謂符號之施，本限講學論事之作，變化無方之美文，非其所及，則不施之難明之籍，而轉用之易解之書，揆以愚衷，亦非所喻。故冒號、總結號及於句讀二者之外，更施細別之號，究竟有用與否，尚屬可疑。若引用及刪節二號，則爲用甚大，顯而易見。昔日以無引用號故，文中引成說，即入本人口氣者，固苦難知；即其明言徵引者，原文起訖之處，亦不易辨。此凡讀舊籍者，所同覺其不便者也。刪節之號，非徒曰以存其真，亦可以減少差誤。蓋引書雖不加增改，但施刪節，已足使意義不同。若直錄原文，則此弊較少。有刪節號，則書中引用成說處，是否須核對原書，較爲易知。而輾轉引用時，不致誤以既經刪節之文爲原作，尤其小焉者也。引用號及刪節號，於輯佚書關係尤大。輯佚書所最苦者，即在孰爲原書，孰爲引用者之辭不易辨，及所引用是否曾經刪節不可知。即明知之，亦不知其如何删節。若向來有此兩符號，則此二弊皆免矣。

　　昔人行文，以無符號故，艱困實甚。至不得已處，乃以文字代之。《周官·司刑注》："夏刑大辟二百，臏辟三百，宫辟五百，劓墨各千，周刑變焉。所謂刑罰世輕世重者也。"《正義》："世輕世重者，《吕刑》文，故云所謂。"此"所謂"二字，即具引用號之用者也。韓退之《張中丞傳後序》："愈嘗從事於汴、徐二府，屢道於兩府間，親祭於其所謂雙廟者。"此"所謂"二字，明雙廟爲汴、徐人之稱，亦具引用號之用。義疏之體，於所疏之語，上加曰字，下加者字，不論文義合否，必施之，亦具引用號之用，然此等皆有時而窮。至必不得已，乃於其下更加注曰："以上皆某書之文。"或曰："某書之文止此。"則未免拙笨矣。删節之處，舊以云云二字表之。大抵用諸句末。句中用者甚罕，句首則絕無矣，此亦未免有闕。故此二號在今日，實相需最亟者也。後世習於不用符號，故其行文，往往較古人爲密。如前所引《北史·鐵勒傳》，使更後之人爲之，必於各部名之上，皆冠以曰字矣，然總不如有符號之爲便也。

　　疑問一號，在現今文字中，用處甚少，在古代則不然。蓋人之言語，本來不甚完全。疑問之語，與決定之語，往往出諸口者相同，特以其聲氣及神色別之耳。後世不用符號，凡此等處，在文中皆改爲完全之句，在古代則不然也。《古書疑義舉例》謂《書·西伯戡黎》"我生不有命在天"，《史記》句末有乎字。《吕刑》"何擇非人，何敬非刑，何度非及"，《史記》作"何擇非其人，何敬非其刑，何居非其宜乎"。《老子》第五章："天地之間，其猶橐籥乎。"易州唐景龍二年刻本無乎字。第十章"載營魄抱一，能無離乎"六句，河上公本並無乎字。蓋無乎字者古本，有乎字者，後人以意加之也。七十七章："是以聖人爲而不恃，功成而不處，其不欲見賢。"當云"其不欲見賢乎"，各本皆未增加，猶《老子》之舊也。予案此等處甚多，俞氏特就校勘有據者言之耳。如前所引《老子韓非列傳》："至於龍，吾不能知，其乘風雲而上天。""上天"下可補耶字。《莊子·齊物論》："吾誰與爲親？汝皆説之乎？其有私焉？如是皆有爲臣妾乎？其臣妾不足以相治乎？其遞相爲君臣乎？其有真君存焉？"兩焉字下，亦皆可補乎字也。此等處與其臆改古書，自不如加一符號之爲得矣。

　　文中有一種反語，與疑問相似而實不同。如《檀弓》"子游曰知禮"是也。若求完善，當爲作一專號。

　　又有當補作者，韻號是也。協韻之句，與尋常之句不同，古人亦已言及。《爾雅》"爰粵于那都繇於也"，《郭注》謂之"韻絕"是也。後世文字用韻者少，而古代則極多。今韻易知，古韻難曉。然讀古書而不知其韻，不徒不能領略其文字之美，并有不能明其義者。且古書校勘，資於韻者極多。故此號斷宜補作也。

　　夾注之法：近人於兩端加一直，或加括弧。或於有注之處，加"注一"、"注二"等字，而注則并寫於後。實不如舊式雙行書寫，即寫在加注之處爲得。以兩直及括弧易奪；雙行與大字難譌。夾注及正文相隨，讀書不勞翻檢；另書於後者則不然。若欲先讀正文，後讀注語，雙行大字，眉目亦極清晰；括弧兩直及旁注小字，均較難尋覓也。

　　圈點之法，昔日通人，已訾其陋。今日而稱揚其美，益將見笑於時賢，然此實一偏之見也。曾國藩《經史百家簡編序》曰："自六籍燔於秦火，漢世掇拾殘遺，徵諸儒能通其讀者，支分節解，於是有章句之學。劉向父子，勘書祕閣，刊正脫誤，稽合同異，於是有校讎之學。梁世劉勰、鍾嶸之徒，品藻詩文，褒貶前哲。其後或以丹黃識別高下，於是有評點之學。三者皆文人所有事也。前明以四書經義取士，我朝因之。科場有句股點句之例，蓋猶古者章句之遺意。試官評定甲乙，用朱墨旌別其旁，名曰圈點。後人不察，輒放其法，以塗抹古書。大圈密點，狼藉行間。故章句者，古人治經之盛業也，而今專以施之時文；圈點者，科場時文之陋習也，而今反以施之古書。末流之遷變，何可勝道？"曾氏知句股點句，爲古代章句之遺，可謂卓識。然謂圈點不宜施之古書，則尚未免知二五而不知十。圈點之用，所以抉出書中緊要之處，俾人一望而知。足補章句所不備，實亦可爲章句之一種。徒以章句爲古人所用而尊之，圈點起於近世而訾之，實未免蓬之心也。

即以圈點評隲文字，亦實足以顯出精彩，開示後學，遠非濫加評語者所及。故曾氏雖訾圈點爲科場陋習，而其評隲詩文，仍沿用之。姚氏《古文辭類籑》，初刻，即康刻本，有圈點，而其定本，即吳刻本去之。然其初刻之圈點，實津逮後學不少，治斯業者之公言也。至世俗所用圈點，誠十九妄陋可笑，然此乃用之者不善，非圈點之咎也。

古人評隲，雜用丹黃。至於刻板術行，複印數次不易。故朱墨本、五色本等，用者甚希。必須立別者，乃變爲黑白文。套板之法，以工料太大故，除圖畫之書，誠不能用。然黑白文之別，則斷宜存之。此法用諸輯佚最便。昔人引用古書，大抵不仍其語，而以己意爲之刪易。故欲別其孰爲原書之語，孰爲引用者之詞甚難。即能別之，而古書既經刪節，有非并引用者之語觀之則不明者。清儒於輯佚，用力最勤，然誤定處仍不少。今後若能廣黑白文之用，凡輯佚者，并援據之書悉錄之；而於吾意以爲佚書者，別之以白文，則於事尤審慎，而於讀者亦尤便也。前所論《書古微》誤輯《援神契》，即誤輯之一例，見《字例略説》。

注語兩端加括弧，不如雙行夾注之善。然古書注語與正文相混者，卻可以此別之。其疑爲後人僞竄者，可於四周界以墨線。王氏筠《説文句讀》，即用此法。

大小字間刊之法，昔人惟於標題等處用之，此亦未盡其用。人之言語，本有高下疾徐；至變爲文字，則皆無之。大小字間刊，即所以彌此闕憾也。此法不宜施之古書；精簡而須細讀之文，亦可不必。而施之報章雜誌等，怱促閲看之物，則甚宜。最好將緊要之語句字眼，悉行摘出，用較大之字刊刻。此等較大之字，讀之亦可成文。則事務繁冗者，不必徧讀全文，但一覽其大字，已可得其大略矣。此實於節省時間，大有裨益者也。

附錄　讀《呂氏春秋》

《呂氏春秋》二十六篇：凡爲《紀》者十二，爲《覽》者八，爲《論》者六。其編次，實當以《覽》居首，《論》次之，《紀》居末。《史記·本傳》稱此書爲《吕氏春秋》,《漢志》同,蓋此書之本名。《史公自序》及《報任少卿書》,又稱此書爲《吕覽》。蓋以《覽》居全書之首,故有是簡稱,一也。古書自序,率居全書之末,今此書《序意》;實在《十二紀》後,二也。《有始覽》從天地開闢說起,宜冠全書之首,三也。畢氏沅泥《禮運注疏》,謂以《十二紀》居首,爲《春秋》所由名;說本王應麟,見《玉海》。梁氏玉繩,初本謂《覽》當居首,後乃變其說,自同於畢氏。非也。《禮運》鄭《注》,並無以《春秋》名書,由首《十二紀》之意。古人著書,以春秋名者多矣,豈皆有十二紀以冠其首邪?

　　此書二十六篇,《漢志》以下皆同。庾仲容子鈔陳振孫《書録解題》作三十六,三蓋誤字。《文獻通考》作二十,則又奪六字也。今本諸《覽》、《論》、《紀》之下,又各有其所屬之篇,都數凡百六十,與《玉海》引王應麟之說相符。盧氏文弨曰:"《序意》舊不入數,則尚少一篇。此書分篇極爲整齊,《十二紀》紀各五篇,《六論》論各六篇,《八覽》覽當各八篇。今第一覽止七篇,正少一。考《序意》本明《十二紀》之義,乃末忽載豫讓一事,與《序意》不類。且舊校云一作《廉孝》,與此篇更無涉。即豫讓亦難專有其名。竊疑《序意》之後半篇俄空焉;別有所謂《廉孝》者,其前半篇亦簡脱;後人遂强相附合,并《序意》爲一篇,以補總數之闕。《序意》篇首無'六曰'二字,後人于目中專輒加之,以求合其數。"案盧說是也。古書之存於今者,大率掇拾於叢殘煨燼之餘,編次錯亂,略無法紀。此書獨不然。即就此一端論,已爲藝林之瑰寶矣。

　　《八覽》、《六論》、《十二紀》之分,必此書所固有。其下各篇細目,不知其爲固有,抑爲後人所爲;然要得古人分章之意。《四庫提要》謂惟夏令多言樂,秋令多言兵,似乎有意,其餘絕不可曉。繆矣。今試略論之:《八覽》爲全書之首,《有始覽》又居《八覽》之首,故從天地開闢說起。其下《應同》,言禎祥感應之理,因天以及人也。《去宥》、《聽言》、《謹聽》三篇,論人君馭下之道。《務本》言人臣事君之理。《諭大》言大小交相恃,猶言君臣交相資。此篇蓋總論君若臣治國之道,而本之於天者也。《孝行覽》言天下國家之本在身,身之本在孝。其下各篇，多論功名所由成。蓋從創業時說起，故追念及於始祖也。《愼大覽》言居安思危之義。所屬各篇，言人君用賢，人臣事君及治國之道，皆守成之義。《先識覽》專從識微觀變立論。《審分覽》明君臣之分職。《審應覽》言人君聽說之道。《離俗覽》言用人之方。《恃君覽》言人之樂羣，由羣之能利人；羣之能利人，由君道之立。因論人君不當以位爲利；及能利民者當立，不利民者當替之道，并博論國家之所謂禍福，凡八《覽》。蓋本之於天，論國家社會成立之由，及其治之之術者也。《六論》：《開春論》言用人之術。《愼行論》明利害之辨。《貴直論》言人君當求直臣。《不苟論》言當去不肖。《似順論》言百官之職，無可不愼，因及謹小愼微之義。《士容論》首二篇言人臣之道，下四篇言氓庶之事。六論蓋博言君臣氓庶之所當務者也。《十二紀》者，古明堂行政之典。《禮記·月令》，《管子·幼官》，《淮南·時則》，皆是物也。後人以呂氏書有之，疑爲秦制，非也。古代政事，統於明堂。明堂出令，必順時月。故舉十二紀，則一國之政，靡不該焉。所屬諸篇：《孟春紀》言治身之道。春爲生長之始，故本之於身也。《仲春》、《季春》二紀，論知人任人之術，因身以及人也。《孟夏紀》言尊師、取友、教學之法。夏主長大，人之爲學，亦所以廣大其身也。《禮記·文王世子》：“況于其身以善其君乎。”鄭注：“于讀爲迂。迂猶廣也，大也。”《仲夏》、《季夏》，皆論樂。樂盈而進，率神而從天，故於盛陽之時論之也。《孟秋》、《仲秋》二紀皆言兵，其理顯而易見。《季秋》所屬《順民》、《知士》二篇，乃用兵之本；《審己》者，愼戰之道；《精通》者，不戰屈人之意也。《孟冬紀》皆論喪葬。葬者藏，冬閉藏物也。《仲冬》、《季冬》二紀，論求知及知人。人能多所畜藏則知。所謂“多識前言往行以畜其德”，抑知莫大於知人也。《覽》始於天地開闢，而《紀》終之以一國之政，先理而後事也。《序意》一篇，當兼該全書，而但及《十二紀》者，以有缺脫也。始乎理，終乎事，同條共貫，綱舉目張。古書之編次，信無如此書之整齊者已。

中國文字變遷考

一、論文字變遷之理

文字遷變，其途甚多。今音、古音，截然不同，此音之變也；今義、古義，釐然各別，此義之變也。至於同一字也，而其構造不同，如奇字之元，篆文之靐，構造絕不相蒙也。或筆畫體勢有異，如篆取圓筆，隸取方筆；又如今人作正書，筆畫或圓或方，結體或長或扁，初無一定；而作刻板書之宋體字者，則筆畫無不平直，結構率皆正方是。此則形體之變。音義皆無迹可見，今音既出，古音遂亡；今義既行，古義旋晦。不知文字之學者，每執今音、今義，謂古音、古義即係如此。夫且不知古今音義之異，自無從知其有變遷矣。惟字形則有迹可徵，稍一搜考，今古之異，即可立見。此世之言文字變遷者，所以不數音義，而專舉字形之變以當之也。

一事之成與變，皆有其所以然之故。其成也，大抵因眾所共須，無形之中，合力創造，積累而成；其變也，則出於事勢之遷流，雖有大力，莫之能遏。夫其變也，如日之西，如水之東，無一息之停，而人莫之覺，及其久而回顧焉，則判然若二物矣。王國維《史籀篇疏證序》云："不知自其變者觀之，則文字殆無往而不變。故有一卷之書而前後異文；一人之作而器蓋殊字。自其不變者而觀之，則文字之形與勢，皆以漸變。凡既有文字之國，未有能以一人之力創造一體者。許君謂史籀大篆與古文或異，則固有不異者；且所謂異者，亦由後人觀之；在作書時，亦祇用當世通行之字，有所取舍，而無所謂創作及增省也。""所謂異者，由後人觀之"一語，最爲通論。至謂"既有文字之國，未有能以一人之力，創造一體者"，則尚有所未盡。即無文字之國，亦未有能以一人之力，創造一體者。契丹字之因漢文，滿洲字之因藏文，皆實有所承，非真創作也。固非有一人焉，能憑空創造；亦非有一人焉，能獨力改革也。顧知識簡陋之世，其論積累而成，逐漸而變之事，亦必以歸諸一人。一部《世本‧作篇》，皆可作如是觀。倉頡造書，程邈立隸，皆是物矣。倉頡作書，説出《世本》；顧《世本》之不足信，昔人久已言之。《詩‧何人斯正義》："《世本》云：暴辛公作塤，蘇成公作簛。譙周《古史考》云：古有塤簛，尚矣。周幽王時，暴辛公善塤，蘇成公善簛，記者因以爲作，謬矣。《世本》之謬，信如周言。"夫此特其有可考者耳，其他無可考者，何一非此類邪？

　　欲考文字變遷之理，必合形、音、義三者觀之。一字也，博考其古今構造之不同，音、義之各異；以及舊字之廢、新字之增者；此中包含兩事：一、有所增、無所廢者，此言語逐漸增加，文字之所以孳乳寖多也。一、有所增、即有所廢者，此則同一義也，古今人謂之之音不同、因而表其音之形亦異，可謂形音皆變，而義未變。及因筆畫形狀之不同，積久而成爲兩體者，如篆、隸、行、草之變遷是。乃得謂之該備。專論形體，未足盡文字變遷之理也。顧繆説不去，則真理不明。向之論文字變遷者，既皆執形體一端當之，而又有種種附會繆誤之説；不能廓而清之，真相固無從而見。茲篇所論，亦但見舊時文字創造變遷之説，有所未當耳。至於自立條例，足以説明文字變遷之理，則固有所未能也。

二、論文字之始

　　欲論文字之變遷,必先及文字之創造;顧文字之創造,不可説也。豈惟文字,凡事皆然。許慎《説文解字序》曰:"黄帝之史倉頡,見鳥獸蹏迹之迹,知分理之可相別異也,初造書契。"夫其鑿言倉頡造書非;其言分理之可相別異,爲文字之原則是也。然則必欲鑿言文字之所自始,亦曰與人之知分理之可相別異,同時並起耳。夫人之知分理之可相別異,孰能鑿指其所自始乎? 顧習俗相沿,既皆以文字爲有一創造之人,固不得不即其説而一考之。

　　言中國文字原起者,莫古於《易》。《易・繫辭傳》曰:"上古結繩而治,後世聖人易之以書契,百官以治,萬民以察,蓋取諸《夬》。"此但渾言後世聖人,而未嘗鑿指爲何人者也。《漢書・藝文志》全祖此説。《漢志》曰:"《易》曰:'上古結繩以治,後世聖人易之以書契,百官以治,萬品以察,蓋取諸《夬》。''夬,揚於王庭',言宜揚於王者朝廷,其用最大也。""揚於王庭",《易・夬》卦辭。

　　其以爲倉頡造書者,説亦出自先秦:《荀子・解蔽篇》:"故好書者衆矣,而倉頡獨傳者,壹也。"《韓非子・五蠹篇》:"倉頡之作書也,自環者謂之私,背私者謂之公。"《吕氏春秋・君守篇》:"倉頡作畫。"是也。

　　以倉頡爲黄帝史,説出《説文解字序》。《序》曰:"古者庖犧氏之王天下也,仰則觀象於天,俯則觀法於地,觀鳥獸之文,與地之宜,近取諸身,遠取諸物,於是始作《易》八卦,以垂憲象。及神農氏,結繩爲治,而統其事。庶業其繁,飾僞萌生。黃帝之史倉頡,見鳥獸蹏迒之迹,知分理之可相別異也,初造書契。百工以乂,萬品以察。蓋取諸《夬》。夬"揚於王廷,言王者宣教明化於王者朝廷,君子所以施禄及下,居德則忌也"。此説亦出《易·繫辭傳》,特連引伏犧、神農,又鑿言造字者爲倉頡,與《漢志》異。《莊子·胠篋篇》:"昔者容成氏、大庭氏、伯皇氏、中央氏、栗陸氏、驪畜氏、軒轅氏、赫胥氏、尊盧氏、祝融氏、伏羲氏、神農氏,常是時也,民結繩而用之。"此以結繩在神農時之説所由來也。《盜跖篇》曰:"神農之世,卧則居居,起則于于。民知其母,不知其父。與麋鹿共處。耕而食,織而衣。無有相害之心。此至德之隆也。然而黃帝不能致德,與蚩尤戰於涿鹿之野,流血百里。"《商君書·畫策篇》曰:"神農之世,男耕而食,婦織而衣,刑政不用而治,甲兵不起而王。神農既殁,以彊勝弱,以衆暴寡,故黃帝内行刀鋸,外用甲兵。"《戰國策·趙策》曰:"宓羲、神農教而不誅;黃帝、堯、舜誅而不怒。"《春秋繁露·堯舜不擅移湯武不專殺篇》曰:"今足下以湯、武爲不義,然則足下之所謂義者,何世之王也。""則答之以神農"。蓋舊説相傳,以炎、黃之際爲世運之一大變,故謂易結繩以造字,亦在此時,亦推理爲説耳,非真有史實爲據也。

《尚書》僞《孔安國傳序》特創異説,以伏犧爲造字之人。其説曰:"古者伏犧氏之王天下也,始畫八卦,造書契,以代結繩之政,由是文籍生焉。伏犧、神農、黃帝之書,謂之三墳,言大道也。少昊、顓頊、高辛、唐、虞之書,謂之五典,言常道也。"與諸家説皆不同。

伏犧造字之説,前無所承。或謂實出許《序》;顧許意特以見"庶業其繁",其來有漸,伏犧垂憲,僅資畫卦,其治較結繩更簡耳,非以作八卦爲造書契張本也。然《僞孔》之説,亦有由來。彼其意蓋欲以三墳、五典爲三皇、五帝之書,又欲以伏犧、神農、黃帝爲三皇,少昊、顓頊、高辛、唐、虞爲五帝。其説實遠本賈、鄭,特賈、鄭雖以三墳、五典爲三皇、五帝之書,而未鑿言三皇時有文字,雖於五帝之中增一少昊,而未去三皇中之燧人,升五帝中之黃帝耳。《左氏》昭公十二年:"是能讀三墳、五典、八索、九丘。"杜《注》但云:"皆古書名。"《疏》引《僞孔序》外,又曰:"《周禮》外史掌三皇、五帝之書。鄭玄云:楚靈王所謂三墳、五典是也。賈逵云:三墳,三皇之書;《文選·閒居賦注》引多"墳大也"三字。五典,五帝之典;八索,八王之法;《選注》作"素王之法"。九丘,九州亡國之戒。《選注》無"九州"二字，蓋奪。延篤言：張平子説，三墳，三禮，禮爲大防。《爾雅》曰：墳，大防也。《書》曰：誰能典朕三禮。三禮，天、地、人之禮也。五典，五帝之常道也。八索，《周禮》八議之刑。索，空，空設之。九丘，《周禮》之九刑。丘，空也，亦空設之。馬融説：三墳，三氣，陰陽始生，天、地、人之氣也。五典，五行也。八索，八卦。九丘，九州之數也。"據此，《僞孔序》説八索、九丘同馬融；《僞孔序》曰："八卦之説，謂之八索，求其義也。九州之志，謂之九丘。丘，聚也。言九州所有，土地所生，風氣所宜，皆聚此書也。"其説三墳、五典，則同賈逵。延篤説五典亦同，而説三墳則異。《周官疏》云："延叔堅、馬季長等所説不同，惟孔安國《尚書序》解三墳、五典與鄭同"，是《僞孔》三墳、五典之説，實本賈、鄭也。三皇之説，《尚書大傳》、《含文嘉》、《風俗通》引。《甄耀度》宋均注《援神契》引之，見《曲禮正義》。皆以爲燧人、伏羲、神農，《白虎通》亦同。惟又列或説，以爲伏羲、神農、祝融。《元命苞》、《運斗樞》則以爲伏羲、女媧、神農。《元命苞》見《文選·東都賦注》引。《運斗樞》則鄭玄注《中候敕省圖》引之，見《曲禮正義》。按司馬貞《補三皇本紀》言"共工氏與祝融戰，頭觸不周山崩，天柱折，地維缺。女媧乃鍊五色石以補天，斷鼇足以立四極"云云。上言祝融，下言女媧，則祝融、女媧一人。《白虎通》或説，與《元命苞》、《運斗樞》同。其五帝，則《大戴記》、《世本》、《史記》皆以爲黃帝、顓頊、帝嚳、唐堯、虞舜，蓋今文家之説如此。緯書多用今文説。鄭玄注《中候敕省圖》引《運斗樞》，其三皇之説，亦同今文，而五帝加一金天氏，遂成六帝。按《後漢書·賈逵傳》，逵奏《左氏》大義長於《二傳》者曰："五經家皆言顓頊代黃帝，而堯不得爲火德。《左氏》以爲少昊代黃帝，即圖讖所謂帝宣也。如令堯不得爲火，則漢不得爲赤。"此爲古文家於黃帝、顓頊之間，增一少昊之由。然"實六人而爲五"，於理殊不可通。雖《曲禮正義》曲爲之説曰："以其俱合五帝座星。"亦終不免牽強。至《僞孔》説出，乃去三皇中之燧人，而升一黃帝，以足其數。於是黃帝、顓頊之間，雖增一少昊，而五帝仍爲五人矣，此實其説之彌縫而益工者也。然《周官疏》云："文字起於黃帝。今云三皇之書者,以有文字之後,仰録三皇時事。"則賈、鄭雖以三墳、五典爲三皇、五帝之書,猶未言三皇時有文字;而伏犧造字之説,實出《僞孔》矣。

伏犧造字之説,鑿空附會如此,故後人多不之信;而信文字始於黃帝時,倉頡爲黃帝史官之説。然夷考其實,則其鑿空附會,亦與伏犧造字之説同。夫漢儒所以主文字始於黃帝時者,以緯書云"三皇無文",而黃帝爲五帝之首耳。《周官·保氏疏》:"按《孝經緯·援神契》,三皇無文,則五帝以下始有文字,故説者多以倉頡爲黃帝史,而造文字起在黃帝。"既以文字爲始於黃帝,因以黃帝釋《易》之後世聖人,《周易集解》:"虞翻曰:後世聖人,謂黃帝、堯、舜也。"孔《疏》於"黃帝、堯、舜垂衣裳而天下治"下亦曰:"自此已下,凡有九事,皆黃帝、堯、舜取《易》卦以制象。連云堯、舜者,謂此九事,黃帝制其初,堯、舜成其末。皇甫謐《帝王世紀》載此九事,亦皆爲黃帝之功。"并以倉頡爲黃帝史官。皆以意言之,非有所據也。《周官·外史疏》引《孝經緯》云:"三皇無文,五帝畫象,三王肉刑。"《公羊》襄公二十九年《解詁》引《孝經説》云:"孔子曰:三皇設言民不違,五帝畫象世順機,三王肉刑揆漸加,應世黠巧姦僞多。"皆指文法而言,非謂文字。漢儒據此,謂文字始於五帝,殊爲附會。因此釋《易》之"後世聖人"爲黃帝,則尤爲武斷矣。《書序疏》駁之曰:"《繫辭》先歷説伏犧、神農蓋取,下乃云黃帝、堯、舜垂衣裳而天下治,蓋取諸乾坤,是黃帝、堯、舜之事也。又舟楫取涣,服牛取隨,重門取豫,臼杵取小過,弧矢取睽,此五者時無所繫,在黃帝、堯、舜時以否,皆可以通也。至於宮室、葬與書契,皆先言上古。古者,乃言後世聖人易之,則別起事之端,不指黃帝、堯、舜時。"其説允矣。《義疏》强申《僞序》不足論,然其言自有平允處,不得抹殺也。《序疏》云:"班固、馬融、鄭玄、王肅諸儒,皆以爲文籍初自五帝。"又云:"司馬遷、班固、韋誕、宋衷、傅玄皆云:倉頡黃帝之史官。"一似主其説者甚多,且其説甚舊。然《路史》辨之曰:"《管氏》、《韓子》、《國語》、《史記》,俱無史官之説。《世本》云'史皇、倉頡同階',又云'沮誦、倉頡作書',亦未嘗言爲史官也。及韋誕、傅玄、皇甫謐等,遂以爲黃帝史官,蓋肇繆於宋衷。衷之《世本注》云：倉頡、沮誦，黃帝史官。抑不知衷何所據而云？末代儒流，更望望交引，以爲《世本》之言。《世本》曷嘗有是哉？"則以倉頡爲黃帝史官，特東漢後人附會之說，西漢固無是矣。今據《路史》所引：《春秋演孔圖》及《春秋元命苞》敍帝王之相云："倉頡四目，是謂并明。"與顓帝、帝佶、堯、舜、禹、湯、文、武並舉。《河圖玉版》云："倉頡爲帝，南巡狩，登陽虛之山，臨於玄扈、洛汭之水，靈龜負書，丹甲青文以授。"《河圖説徵》云："倉帝起，天雨粟，青雲扶日。"亦見《洛書説河》。《春秋河圖·揆命篇》云："倉、義、農、黃，三陽翊天德聖明。"皆不以爲人臣。緯候之作，僞起哀、平，猶且如是，則知黃帝史官之說，其出甚晚。先漢人著述，如《淮南子·本經訓》云："昔者倉頡作書，而天雨粟，鬼夜哭。"與《河圖説徵》同。《修務訓》云："史皇產而能書。"亦見《隨巢子》，見《路史》及《北堂書鈔》七。皆無史官之說也。熹平六年所立倉頡碑云："天生德於大聖，四目重光，爲百王作憲。"尚與《演孔圖》、《元命苞》同。《書序疏》云："崔瑗、曹植、蔡邕、索靖皆云：古之王也。徐整云：在神農、黃帝之間。譙周云：在炎帝之世。衞氏云：當在庖犧、倉帝之世。慎到云：在庖犧之前。張揖云：倉頡爲帝王，生於禪通之紀。"則東漢、魏、晉人沿襲舊說者尚多。知許《序》所詆俗儒鄙夫，見《倉頡篇》而以爲古帝作者，其說亦有由來也。然則文字始於黃帝時，倉頡爲黃帝史官之說，亦一伏犧造字之說而已矣。

　　然則倉頡爲古帝王之說，其可信歟？曰：實不足信也。緯候之說，多涉荒怪，何足置信？試觀《荀》、《韓》、《吕覽》，皆不言倉頡爲何如人，亦不言爲何時人可知也。且觀荀子之說，則造書者不獨一倉頡，固已明矣。

　　然則如《易傳》之渾言後世聖人者，其最得乎？曰：《易傳》非説造字也。李鼎祚《周易集解》引《九家易》曰："古者無文字。其有約誓之事，事大大其繩，事小小其繩，此語古書多引之，惟《易·繫辭疏》作"事大大結其繩，事小小結其繩"，最完全。其他蓋略辭也。結之多少，隨物衆寡，各執以

相考，亦足以相治也。夬者，決也。取百官以書治職，萬民以契明其
事。”明爲既有書契，乃從而用之，而非造爲書契。《墨子·公孟篇》：
“是數人之齒而以爲富。”俞氏樾《諸子平議》曰：“齒者，契之齒也。
古者刻竹木以記數，其刻處如齒，故謂之齒。《易林》所謂符左、契右，
相與合齒是也。”《列子·説符篇》：“宋人有遊於道，得人遺契者，歸
而藏之，密數其齒，曰：吾富可待矣。此正數人之齒以爲富者。”觀此，
知契之初興，止有刻齒而無文字。《書序疏》曰：“言書契者，鄭云：書
之於木，刻其側爲契，各持其一，後以相考合。”乃後來之事也。《周
官·小宰》：“以官府之八成經邦治”，“四曰聽稱責以傅別”，“六曰聽
取予以書契，七曰聽賣買以質劑。”鄭司農曰：“傅別，謂券書也。傅，
傅著約束於文書；別，別爲兩，兩家各得一也。”“書契，符書也。質劑，
謂市中平價，今時月平是也。”康成曰：“傅別，謂爲大手書於一札，中
字別之。書契，謂出予受入之凡要。凡簿書之最目，獄訟之要辭，皆
曰契。”“質劑，謂兩書一札，同而別之，長曰質，短曰劑。傅別、質劑，
皆今之券書也，事異，異其名耳。”後鄭所謂質劑，殆即先鄭所謂傅別；
而其所謂傅別，則先鄭所謂符書。蓋漢時券書，有此二者，而兩家各
據爲説。《地官·質人》曰：“凡賣儥者質劑焉，大市以質，小市以
劑。”質劑明人民所爲，非月平，後鄭之説殆是。而其説傅別、質劑爲
券書，不及書契，尤爲精審。《管子·輕重甲篇》：桓公欲賞死事之後，
問於管子。管子教以：“朝功臣世家，遷封食邑。及積餘藏羨跱蓄之
家曰：子大夫有五穀菽粟者，勿敢左右，請以平賈取之子。與之定其
券契之齒，釜鏂之數，不得爲侈弇焉。困窮之民，聞而糴之。釜鏂無
止，遠通不推。國粟之粟，坐長而四十倍。君出四十倍之粟，以振孤
寡，牧貧病，視獨老，窮而無子者，靡得相鬻而養之，勿使赴於溝澮之
中。若此，則士爭前戰爲顏行，不偷而爲用。輿死扶傷，死者過半。
此何故也？士非好戰而輕死，輕重之分使然也。”此文有難解處，其大
意自可知。蓋謂官定糴粟之價，及其出糴之數，而十乃如其價以糴
之。觀此，知契爲官民相與之約，非如傅別、質劑，徒人民之所爲，故

鄭言券書不之及。質人職云“掌稽市之書契,同其度量,壹其淳制”,固皆公家之事。士師職云“凡以財獄訟者,正之傅別、約劑”。約劑蓋即質劑,亦不及書契也。鄭注《質人》云:“書契,取予市物之券也。其券之象,書兩札,刻其側。”此蓋公家所用。書而刻其側,蓋後來之事,其初則但刻爲齒耳。古書、契皆分言,後契多用書,説者乃昧其爲兩物,如《路史》引《帝王世紀》云“黃帝史官倉頡,取象鳥迹,始作文字,記其言動,象而藏之,名曰書契”是也,謬矣。《後書・烏桓傳》:大人“有所召呼,刻木爲信”。《遼史・儀衛志》:“自大賀氏,八部用兵,則合契而動,不過刻木爲牉合,太祖受命,易以金魚。”此亦古所謂契,皆無文字也。

　　然則字爲誰造,竟不可知乎?曰:不可知也。文字者,藉符號以達意,此盡人之所能,固不待誰爲之,亦不得云誰爲之也。斯理也,先民有言之者矣。《書序疏》云:“《陰陽書》稱天老對黃帝云:鳳皇首文曰德,背文曰義,翼文曰順,膺文曰仁,腹文曰信。又《易・繫辭》云:河出圖,洛出書,聖人則之,是文字與天地並興焉。”張懷瓘《書斷》曰:“萬事皆始自微漸,至於昭著。道之昭興,自然玄應,前聖、後聖,合矩同規。雖千萬年,至理斯會,必然而出,豈在考其甲之與乙邪?道家相傳,則有天皇、地皇、人皇之書,各數百言,其文猶在。象如符印,而不傳其音指。且戎狄異音各邈,會於文字,其指不殊。禽獸之情,悉應若是。觀其趣向,不遠於人。則知凡庶之流,有如草木、鳥獸之類,或蘊文章。又霹靂之下,乃時有字;或錫貺之瑞,往往銘題,以古書考之,皆可識也。又豈學之於人乎?又詳釋典,或沙劫以前,或他方怪俗,云爲事況,與即意無殊。是知天之妙道,施於萬類一也,但感有淺深耳,豈必在乎羲、軒、周、孔將釋、老之教乎?”《陰陽書》等自不足據,道家所傳天皇、地皇、人皇之字,尤必爲僞造無疑。然此二説,論文字出於自然,爲人心之所同,非必聖哲乃能創造,則於理極合,理不誤而所引證之事不足據。“霹靂之下,乃時有字;錫貺之瑞,往往銘題,考以古書皆可識”者,非無知之物,能與人造之字相符;乃

人造之字，不得不有取於自然之文耳。夫自然之文，則所謂分理之可
相別異者也。故文字之興，必欲鑿言之，則祇可云與圖畫同科。古者
書籍通稱爲志。"孔子曰：大道之行也，與三代之英，丘未之逮也，而
有志焉。"《禮記·禮運》，鄭《注》："志，謂識古文。"《莊子》曰"《春秋》經世，先
王之志"是也。"志"、"識"二字古通，"識"、"幟"實爲一字。《檀
弓》："孔子之喪，公西赤爲志焉。""子張之喪，公明儀爲志焉。"《注》
皆曰："志爲章幟。"《史記·叔孫通傳》"張旗志"，《集解》徐廣曰："一作幟"，《漢書》
同，師古亦曰："志與幟同。"《左》宣十二年"百官象物而動"。《疏》曰："百
官尊卑不同，所建各有其物，象其所建之物而行動。"夫幟各有所畫之
物以爲識，此一姓之興，所以必"殊徽號"也。《大傳》："立權度量，考文章，改
正朔，易服色，殊徽號，異器械，別衣服，此其所得與民變革者也。"《注》："徽號，旌旗之名
也。"刻石記識，理亦同此。《書序疏》云："依《易緯·通卦驗》，燧人在
伏羲前。表計寘其刻曰：蒼牙通靈昌之成，孔演命，明道經。鄭玄
《注》云：刻，謂刻石而記識之。又《韓詩外傳》稱：古封太山、禪梁甫
者萬餘人，仲尼觀焉，不能盡識。又《管子》書稱管仲對齊桓公曰：
"古之封太山者七十二家，夷吾所識，十二而已。"夫此七十二家者，孰
能辨其所刻者爲文字，抑即旗幟所畫之物乎？然則文字圖畫之興，皆
不外取象自然之文以爲識，二者孰能別其先後？然見物而知象其形；
與雖欲象其形，而知少簡略之，僅存其意，固當略有早晚，則以圖畫爲
兄、文字爲弟可也。

三、文字變遷舊説

　　論中國文字之變遷者，莫早於《漢書·藝文志》。《説文解字序》與《漢志》大同小異，而其説尤詳。今以許《序》爲本，加以辨證焉。許《序》曰："倉頡之初作書，蓋依類象形，故謂之文。其後形聲相益，即謂之字。文者，物象之本。六字段玉裁《注》依《左》宣十五年《正義》補，按此語《書序疏》亦引之，段氏補之是也。字者，言孳乳而寖多也。箸于竹帛謂之書，書者，如也。以迄五帝、三王之世，改易殊體，封于泰山者七十有二代，靡有同焉。《周禮》：八歲入小學，保氏教國子，先以六書。一曰指事，指事者，視而可識，察而見意，上、下是也。二曰象形，象形者，畫成其物，隨體詰詘，日、月是也。三曰形聲，形聲者，以事爲名，取譬相成，江、河是也。四曰會意，會意者，比類合誼，以見指撝，武、信是也。五曰轉注，轉注者，建類一首，同意相受，考、老是也。六曰假借，假借者，本無其字，依聲託事，令、長是也。及宣王太史籀，箸大篆十五篇，與古文或異。至孔子書六經，左丘明述《春秋傳》，皆以古文，厥意可得而説。其後諸侯力政，不統于王，惡禮樂之害己，而皆去其典籍。分爲七國，田疇異畝，車塗異軌，律令異法，衣冠異制，言語異聲，文字異形。秦始皇帝初兼天下，丞相李斯乃奏同之，罷其不與秦文合者。斯作《倉頡篇》，中車府令趙高作《爰歷篇》，大史令胡母敬作《博學篇》，皆取史籀大篆，或頗省改，所謂小篆者也。是時秦燒滅經書，滌除舊典；大發隸卒，興役戍，官獄職務繁，初有隸書，以趣約易，而古文由此絶矣。自爾秦書有八體：一曰大篆，二曰小篆，三曰刻符，四曰蟲書，五曰摹印，六曰署書，七曰殳書，八曰隸書。漢興有草書。《尉律》：學僮十七已上始試，諷籀書九千字，乃得爲吏。又以八體試之。郡移大史并課，最者以爲尚書史。書或不正，輒舉劾之。今雖有《尉律》不課，小學不修，莫達其説久矣。孝宣皇帝時，召通《倉頡》讀者，張敞從受之。涼州刺史杜業、沛人爰禮、講學大夫秦近，亦能言之。孝平皇帝時，徵禮等百餘人，令説文字未央廷中。以禮爲小學元士。黃門侍郎揚雄采以作《訓纂篇》：凡《倉頡》已下十四篇，凡五千三百四十字。羣書所載，略存之矣。及亡新居攝，使大司空甄豐等校文書之部。自以爲應制作，頗改定古文。時有六書：一曰古文，孔子壁中書也。二曰奇字，即古文而異者也。三曰篆書，即小篆，秦始皇帝使下杜人程邈所作也。四曰左書，即秦隸書。五曰繆篆，所以摹印也。六曰鳥蟲書，所以書幡信也。壁中書者，魯恭王壞孔子宅，而得《禮》、《記》、《尚書》、《春秋》、《論語》、《孝經》。又北平侯張蒼獻《春秋左氏傳》。郡國亦往往于山川得鼎彝，其銘即前代之古文，皆自相似。雖叵復見遠流，其詳可得略而説也。而世人大共非訾，以爲好奇者也。故詭更正文，鄉壁虛造，不可知之書，變亂常行，以燿於世。諸生競逐，説字解經誼。稱秦之隸書爲倉頡時書，云：父子相傳，何得改易？乃猥曰：馬頭人爲長，人持十爲斗，蟲者屈中也。廷尉説律，至以字斷法，苛人受錢，苛之字，止句也。若此者甚衆。皆不合孔氏古文，謬於史籀。俗儒鄙夫，翫其所習，蔽所希聞；不見通學，未嘗覩字例之條。怪舊埶而善野言，以其所知爲祕妙，究洞聖人之微恉。又見《倉頡篇》中幼子承詔，因曰：古帝之所作也，其辭有神僊之術焉。其迷誤不諭，豈不悖哉？《書》曰：'予欲觀古人之象，言必遵修舊文而不穿鑿。'孔子曰：'吾猶及史之闕文，今亡矣夫！'蓋非其不知而不問。人用己私，是非無正。巧説衺辭，使天下學者疑。蓋文字者，經埶之本，王政之始；前人所以垂後，後人所以識古。故曰：本立而道生，知天下之至嘖而不可亂也。今敍篆文，合以古籀。博采通人，至于小大，信而有證。稽譔其説，將以理羣類，解謬誤，曉學者，達神恉。分別部居，不相雜廁，萬物咸覩，靡不兼載。厥誼不昭，爰明以諭。其偁《易》孟氏、《書》孔氏、《詩》毛氏、《禮周官》、《春秋左氏》、《論語》、《孝經》，皆古文也。"云云。許氏之說如此。據其說，則自皇古以迄後漢，中國文字，變遷凡七：始有文字以後，形聲相益，孳乳寖多；而五帝、三王之世，又有改易，凡此許統謂之古文。一也。史籀著大篆十五篇，與古文或異，二也。六國之世，言語異聲，文字異形，三也。秦有天下，李斯奏同之，罷其不與秦文合者，又頗省改大篆，以爲小篆，四也。因官獄職務之繁，初有隸書，以趨約易，五也。漢興而有草書，六也。史籀大篆，雖與古文或異，然孔子書六經，左丘明述《春秋傳》，皆以古文，則古文初未嘗廢，至秦而絕，賴有壁中書及張蒼所獻《左氏傳》，乃得復見，至王莽好古，而其所謂六書中乃復有古文、奇字，七也。其中可疑之處甚多，今一一辨之。

四、論古文籀篆

封於泰山者七十二代，説見《管子》及《韓詩外傳》，已見前。《路史》引《河圖真紀鉤》亦曰："王者封泰山，禪梁父，易姓奉度，繼典崇功者，七十有二君。"管仲所識十二家：曰無懷氏、曰虙羲、曰神農、曰炎帝、曰黃帝、曰顓頊、曰帝俈、曰堯、曰舜、曰禹、曰湯、曰周成王。然則七十二代，多在五帝三王之前。倉頡爲黃帝史官，黃帝乃特五帝之首耳。許以此語系"五帝三王之世，改易殊體"之下，一似此七十二代，皆在五帝三王之世者，未免滋疑。蓋古人文字，往往鈔撮衆説而成，許所謂稽譔其説。非必自作。此説與前黃帝之史倉頡云云，蓋各爲一説。前説以倉頡爲黃帝史，此説自謂倉頡遠在無懷、伏羲之前，説本不可相通，而許並存之，故不免矛盾也。然許書爲後人竄亂極多，即《序》亦非故物。觀下文自見。《魏書·江式傳》，式上表請修古今文字，其語多本許《序》。此處作"迄於三代，厥體頗異，雖依類取制，未能悉殊倉氏矣"，語意與"以迄五帝三王之世，改易殊體"相反，則許《序》此處，或遭後人改竄邪。然"孳乳寖多，改易殊體"八字，説文字變遷之理，固確不可易。斯語也，姑存而勿論可也。

六書之説，爲許氏全書經緯，此蓋許氏所謂"字例之條"者也。然六書實非古説，《周官》之六書、亦未必許氏所言之六書，別詳拙撰《字例略説》，今亦姑措勿論。

許氏謂史籀大篆與古文或異；又謂《倉頡》、《博學》、《爰歷》三篇，皆取史籀大篆，或頗省改。夫"或異"者，不盡異之辭；小徐本作"與古文或同或異",《江式傳》同,疑大徐本奪二字。"或頗省改"者,不皆省改之謂,則謂古文、大小篆,截然不同,原非許意。然許既以大小篆並列爲秦書八體之二,又謂古文絕於秦時,則亦謂三者自有其不可混者在也。然謂史籀有意改變字體,上異古文;而李斯等又改變字體,不同史籀,恐亦子虛烏有之談也。

今試先就字數及字體論之。按史籀以後,《説文》以前之字書,《漢志》備列其名,則有漢閭里書師合《倉頡》、《爰歷》、《博學》所成之《倉頡篇》;有司馬相如之《凡將篇》;有史游之《急就篇》;有李長之《元尚篇》;有揚雄之《訓纂篇》;有班固之《十三章》。《漢志》云:"閭里書師合《倉頡》、《爰歷》、《博學》三篇,斷六十四字以爲一章,凡五十五章,并爲《倉頡篇》。"是《倉頡》、《爰歷》、《博學》三書,合三千三百字也。且有複字。又云:《凡將篇》"無複字",《急就篇》、《元尚篇》"皆《倉頡》中正字","《凡將》則頗有出矣",《訓纂篇》"順續《倉頡》,又易《倉頡》中重複之字,凡八十九章;臣復續揚雄作十三章,凡一百二章,無複字"。是雄所作《訓纂》凡三十四章,二千四十字。合五十五章,三千三百字,正八十九章、五千三百四十字。與許氏所謂"凡《倉頡》以下十四篇,凡五千三百四十字"者,字數相合。惟許未列舉書名;且《倉頡》、《爰歷》、《博學》、《凡將》、《急就》、《元尚》、《訓纂》,共止七書,而又析之爲十四,未知何故耳。按未舉書目,而言都凡,所謂凡者,知其何指? 此亦許《序》奪誤之一證也。許書則九千三百五十三文。蓋五千三百四十字之外,他采者又三千有十三字。以上本段氏説。字數之以漸而增如此,則因許《序》"諷籀書九千字"句,誤謂籀文字有九千者固非。然今籀文見於《説文》者,祇二百二十餘字,謂其數止如此,亦決不可通。故段氏謂許所列小篆,不云古文作某、籀文作某者,古籀皆同小篆也。王國維《史籀篇疏證序》曰:"《史篇》文字,就其見於許書者觀之,固有與殷、周間古文同者。然其作法,大抵左右均一,稍涉繁複,象形象事之意少,而規旋矩折之意多。推其體勢,實上承《石鼓文》,下啓秦刻石,與篆文極近。考戰國時秦之文字,如傳世秦大良造鞅銅量,乃孝公十六年作,其文字全同篆文。《詛楚文》摹本,文字亦多同篆文。而秦、殴、㐬、劓、辜五字,則同籀文。則李斯以前,秦之文字,謂之用篆文可也,謂之用籀文亦可也。"此尤足證籀篆字體,不能分立矣。

　　更就字書體例言之。段氏云:"漢初蓋《倉頡》、《爰歷》、《博學》爲《三倉》。班於《倉頡》一篇自注云上七章,則《爰歷》爲中,《博學》爲下,可知也。自揚雄作《訓纂》以後,班固作《十三章》;和帝永元中,郎中賈魴又作《滂喜篇》。梁庾元威云:《倉頡》五十五章爲上卷,揚雄作《訓纂》記《滂喜》爲中卷,賈升郎更續記《彥均》爲下卷,人稱爲《三倉》。江式亦云是爲《三倉》。揚雄《訓纂》,終於"滂熹"二字,賈魴用此二字爲篇目,而終於"彥均"二字。故庾氏云揚記《滂喜》,賈記《彥均》;《隋志》則云揚作《訓纂》,賈作《滂喜》,其實一也。自《倉頡》至《彥均》,章皆六十字,凡十五句,句皆四言;《凡將》七言;《急就》前多三言,後多七言;惟《元尚》無考耳。"以上皆段說。又《倉頡》三篇,皆四字爲句,二句一韻,近世敦煌所出隸書殘簡,足以證之。見姬覺彌《重輯倉頡篇敍錄》。蓋古之字書,《說文》、《玉篇》等說字形者爲一類;《急就》與南北朝之《千字文》等便諷誦者又爲一類。羅迦陵《重輯倉頡篇序》。以字形分別部居,實始於許。《籀篇》在字書中最古,其體例不應與後來之三倉等有殊。故羅振玉《殷商貞卜文字考》謂"予意《史籀》十五篇,亦由《倉頡》、《爰歷》、《凡將》、《急就》等,取當世用字,編纂章句,以便誦習,實非書體之異名"。王國維則更疑史籀非人名。其說曰:"籀、讀二字,同音同義。又古者讀書皆史事。昔人作字書者,其首句蓋云大史籀書,以目下文,後人因取句中史籀二字名其篇;大史籀書,猶言大史讀書。劉、班諸氏不審,乃以史籀爲著此書之人,其官爲大史,其生當宣王之世。不知大史籀書,乃周世之成語;以首句名篇,又古書之通例。然則《史籀》一書,殆秦人作之以教學童。""《倉頡》文字既取諸史篇,文體亦當仿之。"云云。按《漢志》明言《史籀篇》爲周時史官教學童之書,王氏鑿空疑爲秦人所作,似非。然謂《籀篇》爲書名、非字體,《史籀》亦書名、非人名,則其說允矣。《漢志》可

以爲證也。《漢志》曰："古者八歲入小學，故《周官》保氏掌養國子，教之六書，謂象形、象事、象意、象聲、轉注、假借，造字之本也。漢興，蕭何草律，亦著其法。曰：太史試學童，能諷書九千字以上，乃得爲史。又以六體試之，課最者以爲尚書、御史史書令史。吏民上書，字或不正，輒舉劾。案許《序》此處，亦有奪文。江式表云："吏民上書，省字不正，輒舉劾焉。許《序》無"吏民上書"四字，則義不可通。六體者：古文、奇字、篆書、隸書、繆篆、蟲書，皆所以通知古今文字，摹印章，書幡信也。古制，書必同文，不知則闕，問諸故老。至於衰世，是非無正，人用其私。故孔子曰：吾猶及史之闕文也，今亡矣夫！蓋傷其寖不正。《史籀篇》者，周時史官教學童書也，與孔氏壁中古文異體。《倉頡》七章者，秦丞相李斯所作也；《爰歷》六章者，車府令趙高所作也；《博學》七章者，太史令胡母敬所作也。文字多取《史籀篇》，而篆體復頗異，所謂秦篆者也。是時始造隸書矣，起於官獄多事，苟趣省易，施之於徒隸也。""謂象形、象事、象意、象聲、轉注、假借，造字之本也"十八字，"與孔氏壁中古文異體"九字，蓋皆後人竄入。此節文意，一綫相承，"教之六書"之六書，"又以六體試之"之六體，事蓋相類，故云："亦著其法。"夾入"謂象形"云云十八字，則六書、六體，絶不相蒙，不可云亦矣。以六書爲造字之本，其說實不可通，故許《序》尚無此説。又事、意、聲皆不可云象，竄此十八字者，於小學蓋實無所知；然後人認爲班書原文，於"造字之本也"五字，亦不敢疑，而説文字遂又添一重繆轕矣，詳見《字例略説》。"皆所以通知古今文字"，指古文、奇字、篆書、隸書；"摹印章"指繆篆；"書幡信"指蟲書，所以總結上文。下文"古制書必同文"至"蓋傷其寖不正"，説古文、奇字。《史籀篇》者，周時史官教學童書也"，及"《倉頡》七章者"，至"所謂秦篆者也"，釋篆書；"是時始造隸書矣"以下釋隸書。夾入"與孔氏壁中古文異體"一語，前無所承，後亦不及，成何文體？又《史籀》十五篇下自注"周宣王大史作《大篆》十五篇"十一字，恐亦後人竄入。下文但言爲周時史官教學童書，此處何由知其作者？此處已言其作者，下文何須再言？王氏謂《籀篇》本以首句名篇，漢人誤以爲著書之人。所疑如確，則其致誤之由，

正以其爲周時史官教學童書故也。此亦可見王氏以《史籀篇》爲秦人所作之誤。下文但稱李斯等所作爲秦篆，《漢志》亦無八體之名，此處何由忽出大篆二字？十五篇之數，正文已有，注中何待複舉哉？漢律皆沿自秦，見《晉書·刑法志》，漢之六體，蓋亦承秦之舊。即王莽之六體，實亦沿襲漢制。莽之所以異於漢者，則自以爲應運制作，頗改定古文耳。然則安有秦書八體之名？而古文、奇字，當秦時亦何嘗絶哉？參看後論科斗文字處。

許氏謂七國之時，"諸侯力政，不統于王。惡禮樂之害己，而皆去其典籍"，以致"言語異聲，文字異形"，其說亦不足信。夫惡禮樂之害己而去其籍者，以其害己故也。田疇異畝，車塗異軌，以其或有利於戎事，或則便於土宜，如《左氏》載鞌之戰，晉人欲使齊之封内盡東其畝，國子駁以"惟吾子戎車是利，無顧土宜"是也。律令異法，衣冠異制，則所謂"脩其教不易其俗，齊其政不易其宜"，此并不得指爲不統於王之證。至於言語、文字，則我以是喻諸人，人亦以是喻諸我；我以是喻諸人，固求人之能共喻；人以是喻諸我，我亦惟求其易喻。今世界各國，言語、文字，異聲、異形，不能相喻者，皆出於事之無可如何，而豈有矯同立異，自求隔閡者耶？言語、文字爲社會公器，其成其毀，各有其所以然之故，既非一手足之烈所能創制，亦非一二人之力所能變更；七國之君，有何神力，能使之異聲、異形耶？許氏之言，蓋因秦兼天下後，李斯奏罷六國之文不與秦合者，又信古文與秦篆不同，遂附會而爲此説。殊不知當時文字之紛繁，實因文明日啓，用字日多，舊有之字不給於用，不得不别造新字；而新造之字，則彼此各不相謀之故。初非因諸侯有意立異，舍舊謀新也。春秋、戰國時，聲明文物之國，溯其始，大抵漢族所分封。故其文字、語言，咸同一本，故《中庸》謂："今天下書同文。"其逐漸變遷睽隔，不過聲讀之異；及新造之字，彼此不同。《周官》外史，掌達書名；大行人九歲屬瞽史喻書名，即求泯此睽隔。然言語文字之遷變，出於自然，初非人力所能止遏。《周官》固學者虛擬之書，未必見諸施行。即能行焉，其異亦終不可泯，此七國之世言語異聲、文字異形之所自來也。然其流雖異，其原則同,故其所謂異聲者,亦不過如今日方言之殊,所謂異形者,亦不過如今日以閩、粵、蘇白著書,間有異於官話之字耳。《倉頡》、《爰歷》、《博學》三篇,不過三千三百字,而許書三倍之,<small>王氏謂許書所多皆六藝中字,非是,見下。</small>其中所收列國因異聲之言語所造異形之文字蓋多矣。今觀許書文字,大抵同一條理,能通六書之例,即無不可通。所不可解者,反在許氏所斤斤自詡之奇字耳。聲讀之殊,莫如楚、夏。故《荀子》謂"居夏語夏,居楚語楚"。《孟子》謂"一齊人傳之,衆楚人咻之,雖日撻而求其齊也,不可得矣",又詆許行爲"南蠻鴃舌之人"。<small>子元之伐鄭也,鄭人楚言而出。項羽夜聞漢軍四面皆楚歌,驚曰:"漢皆已得楚乎? 是何楚人之多也?"古代楚、夏言語不同之證,不可枚舉。</small>然《説文》牛部:"㹔,黃牛虎文,讀若塗。"王氏筠謂《左氏》楚人謂虎於菟,《釋草》菟虎杖,皆與㹔同音。又口部:"咷,楚謂兒泣不止曰噭咷。"亦與《易》"先號咷而後笑"同。《左氏》:吳人獲衛侯,衛侯歸,效夷言。必其言語本無大異,乃能暫聞而即效之。《穀梁》:"吳謂善伊,謂稻緩。"《説文》:"沛國謂稻曰稬。"《釋文》引李登《聲類》,以秔爲不黏稻,江東呼爲稬,此即今日之糯字也。然則當時所謂言語異聲,亦不過如《方言》之所載,而新造之字隨之。此豈諸侯統於王,不力政,遂能無此異哉?《論語》:"子曰:吾猶及史之闕文也,有馬者借人乘之,今亡已夫!"班、許二氏皆引之,説以"人用其私,是非無正",其解最確。包氏曰:"古之良史,於書字有疑,則闕之以待知者;有馬不能調良,則借人乘習之。"二句固一意也。《梁書·曹景宗傳》:"景宗爲人,自恃尚氣,每作書,字有不解,不以問人,皆以意造。"可見此等事後世尚有。蓋前此用字少,所用之字,皆古所已有,故不知可問諸人;此時用字多,所需者皆前此所無,問諸人亦無益,故不得不別造。如今循舊體撰作文字,有所不習,可問諸老師宿儒;譯外國語而無相當之詞,則老師宿儒,亦不知也。孔子猶及史之闕文,而歎後之無有,可見春秋戰國,乃造新字最盛之時矣。此時所造,自然各率其俗,不復顧其統一;新造之字,遂至彼此不能相知。即不造字而假借爲之,自他國之人視之,亦將以爲異聲、異形矣。

即舊有之字,亦或因歷年久遠,形體漸變,音讀不同,遂至本同也而亦與異等。即形音皆同,而義訓漸變,不知者視之,亦將以爲異。此則異聲、異形之原,而非如許氏所說也。

　　然則秦兼天下,李斯奏同文字,罷六國之文不與秦合者,不過廢六國新造之字耳。若夫前此之字,爲秦與六國所同承用者,必無廢之之理。若謂歷時既久而自廢,則與秦無涉。大篆與古文,既不過"或異";小篆於大篆,又不過"或頗省改",篆、隸之殊,則筆畫之形狀耳。數種文字,仍係一種文字。秦人所用文字與六藝等文字,仍係一貫相承。故不信古文者,"稱秦之隸書爲倉頡時書,云:父子相傳,何得改易"也。即"燒滅經書,滌除舊典",古文安得由此而絶哉?吾知之矣,許氏之説,蓋全因其信漢世所謂古文者係出於壁中書等而起也。許《序》云:"及孔子書六經,左丘明作《春秋傳》,皆以古文。"此語根據,蓋在下文"壁中書者,魯恭王壞孔子宅,而得《禮》、《記》、《尚書》、《春秋》、《論語》、《孝經》,又北平侯張蒼獻《春秋左氏傳》"二語。許《序》又云:"又郡國往往於山川得鼎彝,其銘即前代之古文,皆自相似。按後世所得鼎彝之類甚多,其文實與《説文解字》所載不合。《殷商貞卜文字考》曰:"今以許書所載古籀,證以古金文字,合者殆寡。"古物固多僞造,決不能盡爲僞物。且作僞者必求其於古有徵,《説文解字》爲載古文最古之書,作僞者安得不求合之以自重邪?故許《序》此語,後人頗多疑之者。吳氏大澂《説文古籀補敘》曰:"有古器習見之形體,不載於《説文》。"許書古籀,"以古器銘文偏旁證之,多不相類。全書屢引秦刻石,而不引某鐘、某鼎之文。然則郡國所出鼎彝,許氏實未之見"。陳氏介淇《序》亦謂:《説文》中古文,"多不似今之古鐘鼎;亦不説某爲某鐘、某鼎字,必嚮揭以前,古器字無氈墨傳布,許君未能足徵。"王國維《説文所謂古文説》曰:"吳説是也。拓墨之法,始於南北朝之拓《石經》,浸假而用以拓秦刻石。至拓彝器文字,趙宋以前,未之前聞。"王氏誤以陳説爲吳説。愚按許氏言鼎彝之銘,與古文相似,而不言有所取,則此語第以證孔壁書及張蒼所獻《左氏傳》確爲古文,本不謂《説文解字》中,有得自鼎彝之文字。嚴氏可均曰：“《汗簡》引《説文》此語，無‘其銘’二字”，又“皆下空白，蓋舊本爛闕，二徐肊補‘自相似’”三字；又江《表》多取許《序》，而此處作“形體與孔氏相類，即前代之古文矣。”則此語爲許《序》原文與否，尚未可知。王氏謂全書古文，皆出壁中書及張蒼所獻《左氏傳》，據許《序》推之，其説固當。然則漢人所稱得古文經者，事之信否，即許《序》所述文字源流信否之徵也。

　孔壁得書一役，許《序》而外，見於《漢書·藝文志》、《楚元王傳》、《景十三王傳》。《藝文志》所著録者，有《尚書古文經》四十六卷、《禮古經》五十六卷、《春秋古經》十二篇、《論語》古二十一篇、《孝經》古孔氏一篇。除《春秋經》不言所自來外，於《書》則云：“《古文尚書》者，出孔子壁中。武帝末，魯共王壞孔子宅，欲以廣其宫，而得《古文尚書》及《禮》、《記》、《論語》、《孝經》，凡數十篇，皆古字也。共王往入其宅，聞鼓琴瑟鐘磬之音，於是懼，乃止不壞。孔安國者，孔子後也。悉得其書，以考二十九篇，得多十六篇。安國獻之，遭巫蠱事，未列於學官。劉向以中古文校歐陽、大小夏侯三家經文，《酒誥》脱簡一，《召誥》脱簡二。率簡二十五字者，脱亦二十五字；簡二十二字者，脱亦二十二字。文字異者七百有餘，脱字數十。”於《禮》則云：“《禮古經》者，出於魯淹中，及孔氏學七十篇，_{劉敞云：當作十七。}文相似，多三十九篇，及《明堂陰陽》、《王史氏記》。”於《論語》，自注云：“出孔子壁中，兩《子張》。”於《孝經》云：“二十二章。”_{師古曰：“劉向云：古文字也。}《庶人章》分爲二也，《曾子敢問章》爲三，又多一章，凡二十二章。”又云：“漢興，長孫氏博士江翁、少府后倉、諫大夫翼奉、安昌侯張禹傳之，各自名家，經文皆同。惟孔氏壁中古文爲異。”“父母生之，續莫大焉，及親生之膝下，諸家説不安處，古文字讀皆異。”_{此可見造古文經者，因諸家説不安而改之。}《楚元王傳》：“歆因移書太常博士責讓之，曰：及魯共王壞孔子宅，欲以爲宫，而得古文於壞壁之中，《逸禮》有三十九，《書》十六篇。天漢之後，孔安國獻之。遭巫蠱倉卒之難，未及施行。及《春秋左氏》，丘明所修。皆古文舊書。多者二十餘通，藏於祕府，伏而未發。孝成皇帝閔學殘文缺,稍離其真,乃陳發祕藏,校理舊文,得此三事。以考學官所傳,經或脫簡,傳或間編。"《景十三王傳》云:"恭王初好治宮室,壞孔子舊宅,以廣其宮。聞鐘磬琴瑟之聲,遂不敢復壞,於其壁中得古文經傳。"除《景十三王傳》渾言古文經傳外,《志》所謂"劉向以中古文校三家經文,《酒誥》脫簡一,《召誥》脫簡二"者,即歆所云"以考學官所傳,經或脫簡"。《禮古經》多三十九篇,數與劉歆所言《逸禮》合,則淹中、孔壁非二事。歆不及《論語》、《孝經》者,以僅欲立《逸禮》、《古文尚書》故。然則班《志》之"《古文尚書》及《禮》、《記》、《論語》、《孝經》",許《序》之"《禮》、《記》、《尚書》、《春秋》、《論語》、《孝經》",禮、記二字,皆當分讀。或本皆重禮字,今奪。古書重字奪者最多。《禮》指三十九篇,《記》指《明堂陰陽》、《王史氏記》。班《志》、《傳》及許《序》三說相較,許多一《春秋經》也。班《志》箸録《春秋古經》十二篇,《左氏傳》三十卷,皆不言其所自來。又《易》無古經,而亦云"劉向以中古文《易經》校施、孟、梁丘經",蓋承上"及秦燔書,而《易》爲卜筮之事,傳者不絕"言,謂中祕自有此經也。劉歆移太常博士,"及《春秋左氏》,丘明所修",意亦不承上魯恭王得古文言,是《春秋古經》及《左氏傳》,劉、班並不謂得自孔壁也。按述得古經事者,班、許而外,又有《論衡》之《正說》、《案書》二篇。《正說篇》云:"孝景帝時,魯共王壞孔子教授堂以爲殿,得百篇《尚書》於牆壁中。武帝使使者取視,莫能讀者。遂祕於中,外不得見。"《案書篇》云:"《春秋左氏傳》者,蓋出孔子壁中。孝武皇帝時,魯共王壞孔子教授堂以爲宮,得佚《春秋》三十篇,《左氏傳》也。"其說又與班、許牴牾。夫漢代果得古文經,自爲一大事,安得互相違異如此?即曰:傳聞之譌,事所或有。古書記事,如此者多,小小乖迕,不足深較。然其闕漏,仍有斷難彌縫者。崔氏適曰:"《五宗世家》:魯共王用孝景前二年立,二十六年卒。景帝在位十六年,則共王卒於武帝即位之十一年,即元光五年。武帝在位五十四年,則末年安得有共王?《孔子世家》但曰:安國爲今皇帝博士,遷臨淮太守,蚤卒。《漢書·倪寬傳》,寬詣博士受業,受業孔安國。補廷尉史,廷尉張湯薦之。《百官表》:湯遷廷尉,在元朔三年。是安國爲

博士，在元朔三年以前。使其年甫踰二十，至巫蠱禍作，已過五十，是
時尚在，安得云蚤卒？荀悅《漢紀》云：安國家獻之。此家字亦知安國
之年不及巫蠱禍作而增。然安國有子卬，何不曰孔卬獻之，而於安國
下增家字，彌縫之跡甚彰。"《史記探原》卷一。今觀《景十三王傳》，先敍
魯共王事處，絕不及得古文一語。既歷敍其後嗣，乃補出"王初好治
宮室"云云，不獨如此大事，簡略言之爲不合理，且上文已云好治宮室
矣，何不接敍得古文事，而必於後文補敍乎？則此數語爲後人竄入，
亦無疑義。《景十三王傳》既不足信，則得古文經事見於《漢書》者，
惟《藝文志》及《楚元王傳》兩處。移讓太常博士，乃劉歆之言；《志》
亦本諸歆之《七略》者也。不獨此也，即以破壞孔壁論，事亦不近情
理。《史記·孔子世家》："孔子葬魯城北泗上。弟子及魯人往從冢
而家者，百有餘室，因命曰孔里。魯世世相傳，以歲時奉祠孔子冢；而
諸儒亦講禮、鄉飲、大射於孔子冢。孔子冢大一頃。故所居堂弟子
內，後世因廟藏孔子衣冠琴車書，至於漢，二百餘年不絕。高皇帝過
魯，以大牢祠焉。諸侯、卿、相至，常先謁然後從政。"史公自言"適魯
觀仲尼廟堂車服禮器，諸生以時習禮其家"。此外漢人之言，及文學
者，必稱鄒、魯。鄒、魯所以爲文學之鄉，以其近聖人居故也。聲靈赫
濯如此，共王雖荒淫，安敢遽壞其宅？孔子宅果見壞，安得他處無一
語及之乎？然則孔壁得書一事，殆子虛烏有之談也。至於《左氏》，劉
歆、班固，皆不言其所自來；《論衡》謂出孔壁，顯係影響之談。許
《序》謂獻自張蒼，考《史記·張丞相列傳》不言其事，似因其"好書無
所不觀"而託之。《太史公自敍》曰："左丘失明，厥有國語。"其《報任
安書》亦云。下文又曰："左丘明無目。"宋祁曰："越本無明字。"王氏念孫曰："越本是
也，景祐本及《文選》皆無明字。"見《讀書雜志》。《論語》："子曰：巧言、令色、足恭，左丘明
恥之，丘亦恥之，匿怨而友其人，左丘明恥之，丘亦恥之。"崔氏適曰："《集解》錄孔安國注，
則此章亦出《古論語》。"見《春秋復始》卷一。則本有左丘而無左丘明，有《國
語》而無《春秋左氏傳》。《國語》與《左氏春秋》係一書，而非《春秋》之傳，見下。
《楚元王傳》曰："初，《左氏傳》多古字古言，學者傳訓詁而已。及歆

治《左氏》，引傳文以解經，轉相發明，由是章句義理備焉。"此語實歆作偽顯證。何者？傳本解經，何待歆引？曰歆引以解，則傳之本不解經明矣。然則所謂《左氏傳》者，恐《春秋》實無此傳；而其得自何所，更不必論也。孔壁得書事，可參看拙撰《燕石札記》"孔壁"條，較此爲詳。

　　然則漢時之所謂古文經者，果何從而來哉？曰：皆通知古字之人所造也。蓋吾國之有文字舊矣！自皇古以至秦、漢，猶之自秦、漢以至今日也。今試一繙閱字書，自秦、漢至今日，字之廢而不用者幾何？夫自皇古以至秦、漢，則亦若是矣。然自秦、漢至今日，書籍之傳者既多，又有字書以蒐輯之，故字之廢而不用者，仍有可考。自皇古至秦、漢，則又異是，故歷時雖多，而廢而不用之字，爲人所識者甚少，此即今《說文》中所載之古文、奇字也。縱有遺漏，亦必不多。一種學術之初興，必以爲己；而既爲顯學，則終必至於爲人。《漢書·藝文志》言："古之學者耕且養，三年而通一藝。承其大體，玩經文而已。是故用日少而畜德多，三十而五經立也。後世經、傳既已乖離，博學者又不思多聞闕疑之義，而務碎義逃難，便辭巧說，破壞形體。說五字之文，至於二三萬言。後進彌以馳逐。故幼童而守一藝，白首而後能言。安其所習，毀所不見，終以自蔽，此學者之大患也。"問其何以至此，亦曰：求自異以徼名而已。立說以求異於人甚難，而改竄文字則甚易，此古文經所自起。適會其時，王莽、劉歆，志在變法，與謂斷自寸衷，毋寧謂原於古昔。儒爲當時顯學，託之自尤足自重。此古文學之所由盛也。說既盛行，則傅會之辭，悉成史實矣。夫何以知史籀有作，或異古文？以孔子書六經，左丘明作《春秋傳》，所用之字，與《籀篇》不同故也。何以知古文至秦而絕？以孔子書六經，左丘明述《春秋傳》，所用之字，秦時不行故也。何以知孔子書六經，左丘明述《春秋傳》皆以古文？以得壁中書及張蒼所獻《左氏傳》故也。然則許《序》所述史籀而後文字變遷，悉係根據古經追溯而得。後人謂許氏於字之變遷甚明，而不知許氏亦受人之欺；彼方自謂根據古經，得通古字，而不知當時所謂古經者，正據古字偽造也。

故漢時所謂古文學者，究其極，實不過一小學家之業。現《志》述小學始末曰："元始中，徵天下通小學者以百數，各令記字於庭中，揚雄取其有用者以作《訓纂篇》。"又曰："《倉頡》多古字，俗師失其讀。宣帝時，徵齊人能正讀者。張敞從受之。傳至外孫之子杜林，爲作訓故。"與許《序》所述，小異大同。《孝平紀》："元始五年，徵天下通知逸經、古記、天文、曆算、鍾律、小學、史篇、方術、本草，及以五經、《論語》、《孝經》、《爾雅》教授者，在所爲駕一封軺傳，遣詣京師，至者數千人。"《王莽傳》："元始四年，徵天下通一藝，教授十一人以上，及有《逸禮》、古書、《毛詩》、《周官》、《爾雅》、天文、圖讖、鍾律、月令、兵法、史篇文字、通知其意者，皆詣公車。網羅天下異能之士，至者前後千數，皆令記說廷中，將令正乖繆，壹異說云。"此與《志》所謂徵通小學者以百數，許《序》所謂徵禮等百餘人者，皆係一事。許所稱爰禮，僅《說文》平字下一引其說，他無可考。秦近，或云："即桓譚《新論》秦近君，能說《堯典》篇目兩字之誼至十餘萬言，但說'曰若稽古'三萬言者。《後漢書》云：信都秦恭延君守小夏侯說，增師法至百萬言。延君、近君是一人。"未知信否。而講學大夫，則莽所置官，歐陽政、徐宣等皆嘗爲之，見《前書·儒林傳》、《後書·徐防傳》。揚雄、張敞，尤爲古學大宗。《雄傳》云："不爲章句，訓詁通而已。"此即雄不守師法，專研小學之證。張敞者，杜鄴外祖，《漢書》作鄴，《說文序》作業。《漢書·郊祀志》稱其"好古文字"，載其按美陽鼎銘上議事。《杜鄴傳》："從敞子吉學問，得其家書。吉子竦，又從鄴學問，尤長小學。子林，正文字過於鄴、竦，故世言小學者由杜公。"《後書·林傳》："林於西州得漆書《古文尚書》一卷，嘗寶愛之，雖遭難困，握持不離身。"《儒林傳》謂衛宏、徐巡，皆從之受。"賈逵爲之作訓，馬融作傳，鄭玄注解，由是《古文尚書》遂顯於世。"賈逵則許慎之師，衛宏又作《毛詩序》之人也。後漢明《左氏》及《周官》者，莫早於鄭興，興之學出於劉歆。揚雄固劉歆、王莽之徒也。然則後漢時所謂古學者，推其原本，固皆出於數通小學之人。緯候之作，僞起哀、平，與古文經同時並出，然其説多本今文。則知所謂古文説者，實亦後出之物。當古學之初興，其與今學異者，不過文字之間耳。以經説非一時可造也。此尤足證古學爲小學家之業矣。盧植謂"古文科斗，近於爲實，而厭抑流俗，降在小學"。當時之人之遇古學家，則誠得其實也。

即以文字論，當時所謂古文經，異於今文者，亦必寥寥無幾。何也？今許《書》中所載古文、奇字，固寥寥無幾也。夫使誠如王充之説，"百篇之書，莫能讀者"，又如《僞孔傳序》之説："科斗書廢已久，時人無能知者"，必"以所聞伏生之書，考論文義"，乃得"定其可知者"，"增多伏生二十五篇"，試問向、歆何由知之？可知所謂古文經，其異字實不多也。班《志》謂"揚雄取其有用者以作《訓纂篇》"，有用二字，最可玩味。《訓纂》字數，合《倉頡》、《爰歷》、《博學》凡五千三百四十，此蓋人人之所知，日用之所亟。其出於此者，則《揚雄傳》所謂劉棻從雄問奇字，而亦即莽六書中之所謂古文、奇字者也。今鄭注《儀禮》備載今古文異字，所謂古經，猶可窺見。班《志》謂劉向以《古文尚書》校三家經文，文字異者七百有餘。《後書·劉陶傳》："推三家《尚書》及古文，是正文字三百餘事，名曰《中文尚書》。"知當時所謂古文經，異於今文者，不過如此而已。

夫使真有古書爲據，則所謂"出於屋壁，朽折散絶"者，其物之古近，夫豈口舌所能爭？博士"而無從善服義之公心，或懷妬嫉，不考情實"，劉歆但出其書以示之可矣，何待引魯國柏公、趙國貫公、膠東庸生等以爲徵驗？且以"先帝所親論，今上所考視"相脅制哉？衛恆《四體書勢》："魏初傳古文者，出於邯鄲淳。恆祖敬侯，嘗寫淳《尚書》，後以示淳，而淳不別。至正始中，立《三字石經》，轉失淳法，因科斗之名，遂效其形。"可知所謂古文經者，皆係時人手寫之本，其真僞實不易究詰。王國維《漢時古文諸經有轉寫本説》謂古文經皆有寫本，所見甚是；然其有無原本，則不可知也。而其字體亦不能無出入。江式《表》謂邯鄲淳《三字石經》，"校之《說文》，隸篆大同，而古字以異"是也，張參《五經文字》，上列《說文》，下書《石經》，可見二者字體有異。此王莽之所以可改定古文也。

　　然則所謂古文者,特以其作法或與時俗不同而名之,猶今好古者每字皆照《説文》作之,世遂稱其所寫多古字耳。《倉頡篇》乃李斯作,而《漢志》謂其多古字;《王莽傳》:徵天下通史篇文字者,"孟康曰:史籀所作十五篇,古文書也"。可知古文即在籀、篆之中。以之與籀、篆分立爲三體,實爲後來之事。

　　康有爲曰:"五經中無籀、篆、隸三字,惟《周官》有卿乘篆車,又多隸字,可見籀、篆、隸三字,其出甚晚,以之爲書體之名,必後人所爲。"見《新學僞經考》。誠不爲無見矣。此不信古文者所以稱秦之隸書爲倉頡時書;予所以謂許述文字變遷,皆古文既出後之説也。許氏之説,較班氏爲詳,即其逐漸增造之證。《後書‧光武紀注》:"漢制度曰:策書者,編簡也。其制長二尺,短者半之。篆書。起年月日,稱皇帝以命諸侯王。三公以罪免,亦賜策,而以隸書。用尺一木兩行。"《馬援傳注》:"《東觀記》曰:援上書:臣所假伏波將軍印,書伏字犬外嚮。成皋令印。皋字爲白下羊,丞印四下羊,尉印白下人,人下羊。即一縣長吏,印文不同,恐天下不正者多。符印所以爲信也,所宜齊同。薦曉古文字者,事下大司空,正郡國印章。奏可。"然則篆、隸、古文,皆漢時所行用,便習史書者,皆能知之。試以六體,則皆知古文矣。特此輩徒能書寫,一入古學家之手,遂能用之以造僞經耳。不龜手之藥一也,或以封,或不免於洴澼絖,豈其所挾持之具,果有以異於人哉?

　　然則漢時之古學家,皆作僞欺世之徒,一無足取乎? 曰:是亦不然。古學家之罪,在造僞經以淆亂學術;而其功,則在發明小學。天下事莫不有例行乎其間,然人知即事以求例,恆爲後起之事;其初則但率由之而不自知。文字之學,亦猶是也。吾國之有文字,蓋自三古以來,然研求其例,實始於漢,觀予所論六書爲漢時之説可知。前此之所謂小學者,蓋特能諷其文,自許以前,字書皆韻語,故九千字可諷也。知其義,筆之於書而已。自有許氏所謂通人者流,相繼研求,乃有所謂字例之條者;而小學之面目,乃煥然丕變焉。此輩所識之字,亦未必多於當時精習史書者,然其於小學,固不能謂其無功也,具詳拙撰《字例略說》。

　　然則古文、籀、篆之變遷,可知已矣。自有文字以來,所謂"改易殊體"之事甚多。周人字書,存於秦、漢時者,厥惟《籀篇》。即《籀篇》中字異於秦、漢時通行者,而指目之,時曰籀書。又歷古相傳之字,既異《籀篇》,又殊秦篆者,則曰古文。古文之形體,有不與常行之字相中者,則曰奇字。此其名皆後人所立,其在當時,亦不過循文字變遷之公例,逐漸改易。以爲有一人焉,有意改制,皆屬後人誤會。謂《籀篇》可考周時文字與周以前之不同,《倉頡》、《爰歷》、《博學》等篇可考周、秦文字之不同則可;謂有史籀作《籀篇》,李斯、趙高、胡母敬作《倉頡》、《爰歷》、《博學》等篇而字體因之改易則不可。文字之變遷,自有其公例,非一人所能爲。此皆字體既異,作字書者,乃就當時所行之體書之耳。至於古文,其年代縣遠者,或爲後人所不能識,如封泰山、禪梁父者,仲尼、夷吾不能盡識是。若夫東周以後,則距秦、漢時代較近,學術傳授,迄未嘗絕,即有古書,字體決不能與秦漢大異,決非漢人所不能識。既知字體之改變非一人所爲,即知孔子書六經、左丘明述《春秋傳》皆以古文之說之誣。何者? 籀書所著,必當時通行文字。孔子、左丘,豈有舍通行文字而獨寫古字之理邪? 況乎漢人得古文經一事,核其事實,全屬子虛,其爲通知古字之人所造,更無疑義。然即此,卻又可覘小學之進步。此予所論自漢以前文字變遷之大略也。

五、續論古文籀篆

　　漢代得古文之説,本極支離,稍深思之,即知其誤。乃自晚近治金石文字者,以許書所載古文爲周末文字,更進而分古籀爲東西二土文字,而其説轉若可信,是亦不可不辨也。

　　晚近疑許書古文,言之成理者,當首推吳氏大澂。吳氏撰《説文古籀補》,其《自序》謂許書所引之古籀,有不類《周禮》六書者,"古器習見之字,即成周通用之文,皆許氏古文所無。然則郡國所出鼎彝,許氏實未之見"。又曰"竊謂許氏以壁中書爲古文,實乃周末所作,言語異聲,文字異形,非復孔子六經之舊簡"也。陳氏介淇《序》亦謂許書"所引古文,校以今傳周末古器,字則相似,疑孔壁古經,亦周末人傳寫"。羅振玉治殷虚龜甲文,所撰《殷商貞卜文字考》,亦謂:"許書所載之籀與古或異之字,證以刻辭文字,往往古、籀本合。"然則史篇之文,與壁中或異,"非籀與古之異,乃古文自異也"。許"所謂與古文或異者,乃就當世僅存之《史籀九篇》以校壁中古文。許君蓋知大篆即古文,而後著其異於古文者,猶篆文之下,並載或體。其曰籀文作某,猶云史篇作某。古語簡質,後人遂至誤會"也。夫文字公器,其存其廢,一隨社會爲轉移。周宣王時既行籀文,孔子、左丘,安得生今反古?此許説最可疑之處也,自得此説而此疑解矣。然謂此説可信,則必信七國時諸侯力政,不統於王,言語異聲,文字異形之説。其説之不可信,已辨於前。且李斯之奏同文字也,罷六國文之不與秦合者。斯及趙高、胡母敬作字書,又皆取史籀大篆,是六國皆詭更正文,秦獨不然也。又何説以解之？王國維乃復立《說文》所載古、籀爲周、秦間東西二土文字之說。《戰國時秦用籀文六國用古文說》曰：古文籀文，“其源皆出於殷、周古文；而秦居宗周故地，其文字猶有豐、鎬之遺，故籀文與自籀文出之篆文，其去殷、周古文，反較東方文字爲近”。“刻辭文字，同於篆文者十五六；而合於許書所載之古籀，乃十無一二。蓋相斯所罷，皆列國詭更之文，所存多《倉史》之舊”。《史籀篇疏證序》曰：“《史籀》一書，殆出宗周文勝之後，春秋、戰國之間；秦人作之以教學童，而不行於東方諸國。故齊、魯間文字，作法體勢，與之殊異。王氏謂許書古文，與籀文、篆文頗不相近，六國遺器亦然。諸儒著書口說，亦未有及之者。惟秦人作字書，乃獨取其文字，用其體例。”《戰國時秦用籀文六國用古文說》又曰：“《倉頡》三篇未出，大篆未省改以前，所謂秦文，即籀文也。司馬子長曰，秦撥去古文。揚子雲曰：秦剗滅古文。許叔重曰：古文由秦絕。秦滅古文，史無明文；有之惟一文字與焚詩書二事。六藝之書，行於齊、魯，爰及趙、魏，而罕流布於秦。其書皆以東方文字書之，漢人以其用以書六藝，謂之古文。而秦人所罷之文，與所焚之書，皆此種文字，是六國文字，即古文也。觀秦書八體中，有大篆，無古文。而孔子壁中書與《春秋左氏傳》，凡東土之書，用古文不用大篆，是可識矣。”《說文所謂古文說》又曰“《說文》古文，又自成一系，與殷、周古文，截然有別。當無出壁中書及《春秋左氏傳》以外者。即有數字，不見於今經文，亦當在逸經中。或因古今經字有異同之故”，謂“亦戰國文字，非孔子及丘明時文字也”。《戰國時秦用籀文六國用古文說》又曰：“自秦滅六國，襲百戰之威，行嚴峻之法，以同一文字。凡六國文字之存於古籍者，已焚燒剗滅，而民間日用文字，又非秦文不得行。觀傳世秦權量等，始皇廿六年詔後，多刻二世元年詔，雖亡國一二年中，而秦法之行如此，則當日同文字之效可知矣。故自秦滅六國，以至楚、漢之際，十餘年間，六國文字，遂遏而不行。漢人以六藝之書，皆用此種文字，又其文字爲當日所已廢，故謂之古文。此語承用既久，遂若六國之古义即殷、周古文，而篆、籀皆在其後。”《說文所謂古文說》又曰：其實《敍》"所謂籀文與古文或異者，非謂《史籀》大篆與《史籀》以前之古文或異，而實謂許君所見《史籀》九篇，與其所見壁中書，時或不同。以其所見《史籀篇》爲周宣王時書，所見壁中古文爲殷、周古文，乃許君一時之疎失也"。王氏之說如此。得此以資調停，而秦與六國文字之不同，其疑亦若可釋。而漢人所謂古文經者，雖非孔子、左丘之遺，亦若不失爲六國時物矣。

　　然漢人得古文經之說，有最不可通者。夫以古文經爲盡人所能識，則不足以傲今文家。若其不然，則古文必大異於籀篆而後可，然今《說文》中古文，寥寥可數也。今若按《說文》寫經，有古文者皆寫古文，無古文者乃寫籀、篆，其去全以籀篆寫之者無幾也，安得爲恆人所不識？謂古經實多古字，《說文》所載僅此耶？則自古經之出，至於許君，經學、字學傳授皆有端緒，遺佚安得如此其多？自東周以後，文化日蒸，學術傳授迄未嘗絕。謂孔子、左丘所用文字，爲漢人所不識，已不近情，況乎秦有天下，僅十五年，六國之民，存者何限，豈六國時字，漢人亦不能識耶？秦人法令雖酷，然天下之大，終必有威力所不及者。謂經焚書一役，古書存者，遂爾絕無僅有，雖傳授之廣如六經，亦必待屋壁之藏而後備，《史記·六國表》："秦既得意，燒天下詩書。諸侯史記尤甚，爲其有所刺譏也。《詩》《書》所以復見者，多藏人家；而史記獨藏周室，以故滅。"可見當時所盡，惟在官書，私家之書，原不能盡。亦決非情理也。王氏於此乃又爲之說，其《說文今敍篆文合以古籀說》曰："許君《說文敍》云：今敍篆文，合以古、籀。段君玉裁注之曰：小篆因古、籀而不變者多。其有小篆已改古、籀，古、籀異於小篆者，則以古、籀附小篆之後，曰古文作某，籀文作某。此全書之通例也。其變例則先古、籀，後小篆。"又於"皆取史籀大篆或頗省改"下注曰："許所列小篆，固皆古文大篆。其不云古文作某、籀文作某者，古、籀同於小篆也。其既出小篆，又云古文作某，籀文作某者，則所謂或頗省改者也。"此數語可謂千古卓識。雖然段君所舉二例，猶未足以盡《說文》。何則？如段君之說，必古、籀所有之字，篆文皆有而後可。然秦易籀爲篆，不獨有所省改，抑且有所存廢。凡三代之制度名物,其字僅見於六藝,而秦時已廢者,李斯輩作字書時必所不取也。今《倉頡》三篇雖亡,然足以窺其文字及體例者,猶有《急就篇》在。《急就》一篇,其文字皆《倉頡》中正字。其體例,先名姓字,次諸物,次五官,皆日用必需之字,而六藝中正字,十不得四五。故古、籀中字,篆文固不能盡有。且《倉頡》三篇,五十五章,章六十字,凡三千三百字,且尚有複字,加以揚雄《訓纂》,亦祇五千三百四十字,而《說文》正字,多至九千三百五十三。此四千餘字者,許君何自得之乎? 曰:此必有出於古文、籀文者矣。故《說文》通例:如段君說,凡古、籀與篆異者,則出古文、籀文;至古、籀與篆同,或篆文有而古、籀無者,則不復識別。若夫古、籀所有,而篆文所無,則既不能附之於篆文後,又不能置而不錄,又無於每字下各注此古文、此籀文、此篆文之例,則此種文字,必爲書中之正字審矣。故《敍》所云今敍篆文合以古、籀者,當以正字言,而非以重文言。重文中之古、籀,乃古、籀之異於篆文及其自相異者。正字中之古、籀,則有古、籀、篆文俱有此字,亦有篆文所無,而古、籀獨有者。全書中引經以說之字,大半當屬第二類矣。《史記所謂古文說》又曰:漢初古文、籀文之書未嘗絕也。太史公修《史記》時所據古書,若《五帝德》,若《帝繫姓》,若《諜記》,若《春秋歷譜諜》,若《國語》,若《春秋左氏傳》,若《孔氏弟子籍》,凡先秦六國遺書,非當時寫本者,皆謂之古文。其文字雖已廢不用,然當時尚非難識。故《太史公自序》云,年十歲則誦古文。惟六藝之書,爲秦所焚,故古寫本較少。然漢中祕有《易古文經》;河間獻王有古文先秦舊書《周官》、《尚書》、《禮》、《禮記》,固不獨孔壁書爲然。至孔壁書出,於是《尚書》、《禮》、《春秋》、《論語》、《孝經》,皆有古文。孔壁書之可貴,以其爲古文經故,非徒以其文字爲古文故也。蓋漢景、武間,距用古文之戰國不及百年,其識古文,當較今日之識篆隸爲易。乃《論衡·正說篇》謂魯恭王得百篇《尚書》於屋壁中,使使者取視,莫能讀者。作僞《孔安國尚書序》者仍之,謂科斗書廢已久,時人莫能知。衛恆《四體書勢》亦云:漢武時,魯共王壞孔子宅,得

《尚書》、《春秋》、《論語》、《孝經》，時人已不復知有古文，謂之科斗
書。是亦疎矣。自武、昭以後，先秦古書，傳世益少，其存者往往歸於
祕府。於是古文之名，漸爲壁中書所專有。然祕府古文之書，學者亦
類能讀之。如劉向以中古文《易經》校施、孟、梁丘經及費氏經，以中
古文《尚書》校歐陽，大、小夏侯三家經文，又謂《禮古經》與十七篇文
相似，多三十九篇，謂《孝經》諸家説不安處，古文字讀皆異。劉歆校
祕書，見《古文春秋左氏傳》，大好之。子政父子，皆未聞受古文字學，
而均能讀其書，是古文訖於西京之末，尚非難識如王仲任輩所云也。
王氏《漢書所謂古文説》又云："《漢書・藝文志》所錄經籍，冠以古文二字若古字者，惟《尚
書古文經》四十六卷，《禮古經》五十六卷，《春秋古經》十一篇，《論語》古二十一篇，《孝經
古孔氏》一篇。然中祕古文之書，固不止此。如《六藝略》所錄《孔子徒人圖法》二卷，未必
非太史公所謂《弟子籍》；《數術略》所錄《帝王諸侯世譜》二十卷、《古來帝王年譜》五卷，未
必非太史公所謂《諜記》及《春秋歷譜諜》。而志於諸經外書，皆不著古今字。蓋諸經之冠
以古字者，所以別其家數，非徒以其文字也。" 王氏此説，謂《説文》正字中亦有古
文，則古字太少之疑解。謂古文非恆人所不能識，漢初古籀之書亦未
嘗絕，則漢人不識六國時字，及六國時書經秦一焚而即盡之疑亦解。
古文書之奇祕，大減於前，然其説則較前平易可信。漢人之所謂得古
文經者，真若有六國時物爲其所得矣。然予終疑漢人所謂古文經爲
漢人用古字僞造，即王氏之説，亦未允也。何以明之？

　　按王氏之説，最緊要之關鍵，在"六藝之書，行於齊、魯，爰及趙、
魏，而罕流布於秦，其書皆以東方文字書之"，及《史籀》一書，"秦人
作之以教學童，而不行於東方諸國"二語。使此二語而確，則謂周、秦
間東西文字有異可也。然所謂六藝之書，以東方文字書之者，乃即藉
漢人"孔子書六經，左丘明述《春秋傳》"之説爲證；"行於齊、魯，爰及
趙、魏，而罕流布於秦"，則更無確據，安足取信？秦焚詩書，以非博士
官所職爲限。此博士官所職，一切得自六國，而秦固無有邪。呂不韋
集知略之士以造《春秋》，其中儒家言實最多。如王氏説，《二戴記》
亦古文，見下。而呂氏《十二紀》，即大同《戴記・月令》；然則不韋之
書，秦亦無人能讀邪。籀文不傳東方諸國，其根據，當在"齊、魯間文

字，作法、體勢，與之殊異"一語。此語之根據，又當在"許書所出古文，與籀文、篆文頗不相近，六國遺器亦然"一語。見《史籀篇證序》。然古器傳於今者甚少，其中且有僞物；字跡輾轉相放，古字之可考者，亦極有限耳。執此有限之字，遂定當日文字東西不同，亦未免早計也。王氏既謂六國文字與篆、籀不近，又謂《説文》正字中亦有古文。然則此古文即六國文字之在《説文》正字中者，作法、體勢，何以又與籀、篆相近乎？且謂李斯等作字書，不能盡六藝中字，許書引經以説之字，大抵屬於古文，亦未思班固續《訓纂》作《十三章》，明言"六藝羣書，所載略備"，《十三章》字數，少於許書者尚三千餘也。謂諸儒著書、口説，不及《籀篇》，則古代之書，爲諸儒所未及者何限？可一舉而僞之乎？古書率詳經世之業，皆成人之事，涉小學者極少，安所取而及識字之書哉？秦書八體，説不足信，辨已見前。據其中無古文爲秦廢六國文字之證，亦不可信也。文字公器，其存其廢，一隨社會爲轉移，本非官力所能强制。即曰能之，亦能及公，不能及私。權量、刻石，皆官物也。王氏於"秦文不得行"上，加以"民間日用"四字，秦人果有何權力而能及此乎？謂"漢初古文、籀文之書未嘗絶"，又謂"六國文字之存於古籍者，已焚燒剗滅"，説亦矛盾。若謂"六藝之書，爲秦所焚，故古寫本較少"，則秦人焚書，固兼及百家語也。至謂"先秦六國遺書，非當時寫本者，皆謂之古文"，則説尤牽强。王氏所舉證，如《漢志》等，皆古經既出後之説，不足爲據。其最足據者，則《史記》也。按古文二字，見於《史記》者凡八，據《新學僞經考》。今不避繁宂，一一辨之：

《五帝本紀》："太史公曰：學者多稱五帝，尚矣。然《尚書》獨載堯以來，而百家言黄帝，其文不雅馴，薦紳先生難言之。孔子所傳《宰予問五帝德》及《帝繫姓》，儒者或不傳。余嘗西至空桐，北過涿鹿，東漸於海、南浮江、淮矣，至長老皆各往往稱黄帝、堯、舜之處，風教固殊焉。總之不離古文者近是。予觀《春秋》、《國語》，其發明《五帝德》、《帝繫姓》，章矣，顧第弗深考，其所表見皆不虛。書缺有間矣，其軼乃時時見於他説。非好學深思，心知其意，固難爲淺見寡聞道也。余并論次，擇其言尤雅者，故著爲本紀書首。"

按古書之遭竄亂，校識之語，混入正文者甚多，此贊即其顯然可見者也。此篇述五帝事，多同《大戴記‧帝德》、《帝繫》，此處何得忽作不信之辭？史公遊蹤，具見《自序》，距空桐、涿鹿甚遠。爲此游者，恐別有其人。而觀《春秋》、《國語》，及歎書缺有間者，又各爲一人，則此贊凡有四人之語竄入矣。傳學者必以後承前，不以前承後，宰予之問，反云孔子所傳，語甚突兀。"顧第弗深考，其所表見皆不虛"，語尤難解，恐傳鈔又有譌誤，并非盡作此識語者之元文也。

《三代世表》：太史公曰："余讀《諜記》，黃帝以來，皆有年數。稽其曆譜諜，終始五德之傳，古文咸不同，乖異。"

按此謂諜記皆有年數，與《十二諸侯年表》云"譜諜獨記世謚"矛盾。

《十二諸侯年表》："太史公曰：儒者斷其義，馳説者騁其辭，不務綜其終始。曆人取其年月，數家隆於神運，譜諜獨記世謚，其辭略，欲一觀諸要難。於是譜十二諸侯，自共和訖孔子，表見《春秋》、《國語》，學者所譏盛衰大指著於篇，爲成學治古文者要删焉。"《集解》："徐廣曰：一云治國聞者也。"

按《春秋》之作，蓋以明義。故曰："其事則齊桓、晉文，其文則史，其義則丘竊取之矣。"太史公亦曰"《春秋》文成數萬，其指數千"也。此篇上文云："孔子明王道，千七十餘君，莫能用。故西觀周室，論史記舊聞，興於魯，而次《春秋》，上記隱，下至哀之獲麟，約其辭文，去其煩重，以制義法，王道備，人事浹。七十子之徒，口受其傳指，爲有所刺譏、褒諱、挹損之文辭。不可以書見也。魯君子左丘明，懼弟子人人異端，各安其意，失其真，故因孔子史記，具論其語，成《左氏春秋》。鐸椒爲楚威王傅，爲王不能盡觀《春秋》，采取成敗，卒四十章，爲《鐸氏微》。趙孝成王時，其相虞卿，上采《春秋》，下觀近勢，亦著八篇，爲《虞氏春秋》。吕不韋者，秦莊襄王相，亦上觀尚古，删拾《春秋》，集六國時事，以爲八覽、六論、十二紀，爲《呂氏春秋》。及如荀卿、孟子、公孫固、韓非之徒，各往往捃摭《春秋》之文以著書，不可勝記。漢相張蒼曆譜五德。上大夫董仲舒推《春秋》義，頗著文焉。"所謂"孔子次《春秋》，七十子之徒口受其傳指"，"董仲舒推《春秋》義，頗著文焉"，以及鐸氏、虞氏、呂氏、荀、孟、公孫固、韓非之徒，苟所采摭而出於孔子所修《春秋》之傳指，皆所謂"儒者斷其義"也。苟僅采摭行事，以助辭説，則所謂"馳説者騁其辭"也。"魯君子左丘明"以下三十五字，必遭後人竄改。意與《漢志》論《左氏》之語略同。然彼云"論本事而作傳"，此云"成《左氏春秋》"，即其竄改未盡之迹。蓋因與《虞氏春秋》、《呂氏春秋》竝舉，故得不改也。《左氏》元書，蓋其所記之事，與孔子託以明義之事略同；而其書則與孔子所修之《春秋》無涉。故必待劉歆"引傳文以解經"也，見前。以其分國編纂也，則謂之《國語》；以其著書之人名之，則謂之《左氏春秋》，猶《呂氏春秋》又稱《呂覽》，蓋亦所謂"馳説者騁其辭"也。張蒼曆譜五德，則所謂"數家隆於神運"者也。儒者、馳説者，既不綜事之終始；數家及譜諜，雖具朝代、世次，而亦不詳年月；惟曆人獨有取焉。《十二諸侯年表》，蓋取此數家之朝代、世系、事迹，一一以曆人之年月編排之。故此表未成以前，欲"一觀諸要難"；既成以後，則此數家所記，一一挈其綱領，得所會歸，故曰"爲成學治國聞者要刪焉。""國聞"者，對野獲之辭。若有如今之《左氏傳》，則固已綜其事之終始，具其世次、年月，太史公何得一筆抹殺，自專"要刪"之功？若云當作古文，他書固勿論，豈張蒼、董仲舒著書，亦寫以古文邪？

《封禪書》："羣儒既已不能辨明封禪事，又牽拘於《詩》、《書》古文而不能騁。"

按崔氏適謂此書已亡，後人録《漢書·郊祀志》補之，是也。如王氏説，古書概稱古文，則《詩》、《書》亦已該於古文之中，而此及《自序》之"秦撥去古文，焚滅《詩》、《書》"，又皆以《詩》、《書》與古文對舉，何邪？

《吳太伯世家》：太史公曰："余讀《春秋》古文，乃知中國之虞與荆蠻句吳兄弟也。"

按王氏謂此語乃據《左氏》宫之奇謂"太伯、虞仲、太王之昭"者爲説，似矣。然不曰《左氏春秋》，亦不曰《春秋左氏傳》，而曰《春秋》古文，以王氏之詁解之，則爲《春秋》古書矣，毋乃不辭乎？

《仲尼弟子列傳》："太史公曰：學者多稱七十子之徒，譽者或過其實，毁者或損其真，鈞之未覩厥容貌，則論言弟子籍，出孔氏古文近是。余以弟子名姓、文字，悉取《論語》弟子問并次爲篇，疑者闕焉。"

按以貌取人，古人所戒，毁譽失實，即覩其容貌何益？且"鈞之未覩厥容貌"，與"則論言弟子籍"句，如何相接？此贊文義之不通，更甚於《五帝本紀贊》，其必非史公原文，更不待論也。仲尼弟子，《史記》而外，惟王肅所定《家語》有之，正僞造孔氏古文之人也，此語殆亦此類人所竄？

《太史公自序》："太史公既掌天官，不治民。有子曰遷。遷生龍門，耕牧河、山之陽。年十歲則誦古文。二十而南遊江、淮，上會稽，探禹穴，闚九疑，浮於沅、湘。北涉汶、泗，講業齊、魯之都，觀孔子之遺風，鄉射鄒、嶧。戹困鄱、薛、彭城，過梁、楚以歸。於是遷仕爲郎中，奉使西征巴、蜀以南，南略邛、笮、昆明，還報命。"

按前後各句皆地名，史公自述經歷，所重在地也。羼入"則誦古文"一語，僞造之跡甚顯。若史公自述所學，則當如述其父談之例，列舉"學天官於唐都，受易於楊何，習道論於黄子"等事，何得但舉幼學時所誦習邪？

又："維我漢繼五帝末流，接三代統業。周道廢，秦撥去古文，焚滅《詩》、《書》，故明堂、石室、金匱、玉版圖籍散亂。於是漢興，蕭何次律令，韓信申軍法，張蒼爲章程，叔孫通定禮儀，則文學彬彬稍進，《詩》、《書》往往間出矣。自曹參薦蓋公，言黄老，而賈生、晁錯明申、商，公孫弘以儒顯，百年之間，天下遺文古事，靡不畢集太史公。太史公仍父子相續，纂其職。"

按"撥去古文"句之不可信，已辨於前。曰"遺文古事、靡不畢集太史公"，則古書之不可但稱古文也審矣。

以上皆《史記》中古文字不能作爲古書解者。即求之《漢書·郊祀志》：張敞上議曰："臣愚不足以迹古文。"則承上"今鼎出於郊東，中有刻書曰"云云言之也。《藝文志》：劉向"以中古文《易經》校施、孟、梁丘經"，以中古文冠《易經》。又云："以中古文校歐陽，大、小夏侯三家經文"，則承上文安國獻之言也。云《孝經》"經文皆同，唯孔氏壁中古文爲異"，則承上經文言之也。《楚元王傳》："而上方精於《詩》、《書》，觀古文"，則承《詩》、《書》言之也。云"及歆校祕書，見古文《春秋左氏傳》"，"及歆親近，欲建立《左氏春秋》及《毛詩》、《逸禮》、《古文尚書》"，則以古文冠《春秋左氏傳》及《尚書》也。歆移書太常博士曰："而得古文於壞壁之中，《逸禮》有三十九，《書》十六篇。"則以古文冠《逸禮》及《書》。曰"其古文舊書，皆有徵驗"，則"古文舊書"四字連言。曰："夫禮失求之於野，古文不猶愈於野乎？"則承上文諸書名言之也。《景十三王傳》："河間獻王所得，皆古文先秦舊書，《周官》、《尚書》、《禮》、《禮記》、《孟子》、《老子》之屬"，則"古文先秦舊書"六字連言，下乃列舉其書名也。曰魯共王餘"壞孔子舊宅，於其壁中得古文經傳"，則"古文經傳"四字連言也。《楊胡朱梅云傳》："推迹古文，以《左氏》、《穀梁》、《世本》、《禮記》相明。"則冒《左氏》、《穀梁》、《世本》、《禮記》言之也。即《地理志》於《古文尚書》家說，但謂之"古文"，亦以《序》已有"采獲舊聞，考迹《詩》、《書》，推表山川，以綴《禹貢》、《春秋》"之言故也。亦未有逕以古文二字爲古書者。王氏據《史記》僞誤之文，別生新解，不亦鑿乎？

王氏又博考諸經之古文本。其中除《易》中古文本、費氏本、《書》孔氏本、《禮》孔壁淹中本，《春秋》孔壁本，《左氏》孔壁本、《論語》、《孝經》，皆見《志》及許《序》，前已辨其不足信外，《孝經》又見許沖《表》，其不足信與許《序》同。其謂書有伏氏本，本《史記·儒林傳》。《儒林傳》云："伏生者，濟南人也。故爲秦博士。孝文帝時，欲求能治《尚書》者，天下無有。乃聞伏生能治，欲召之。是時伏生年九十餘，老，不能行,於是乃詔太常,使掌故朝錯往受之。秦時焚書,伏生壁藏之。其後兵大起,流亡。漢定,伏生求其書,亡數十篇,獨得二十九篇,即以教於齊、魯之間,學者由是頗能言《尚書》。諸山東大師,無不涉《尚書》以教矣。伏生教濟南張生及歐陽生,歐陽生教千乘兒寬。"云云,自"秦時焚書"以下六十三字,與上下文絕不聯屬。《太史公自序》云"晁錯明申、商",《漢書》作"申、韓"。今觀《錯傳》,凡所建白,多法家及兵家言,絕無及《尚書》者。古人學問,皆由口耳相傳,不恃竹帛。伏生傳《書》,何至專恃壁藏;壁藏有亡,遂獨以二十九篇爲教乎? 今《逸書》篇名見於《書大傳》者甚多,何至獨能憶二十九篇哉?《逸書》篇名,見於《書大傳》者,有:《九共》、《帝告》、《説命》、《大誓》、《嘉禾》、《粊命》、《大戰》、《揜誥》、《多政》,凡九。然此乃《逸書》,伏生所傳之《書》,固無不備;猶《詩》三百五篇,而佚詩散見者亦甚多也。既云"漢定,伏生即以教於齊、魯之間",又云"文帝時求能治《尚書》者,天下無有",然則山東大師及伏生所教者何往邪?《史記》此節,爲後人僞竄,殆無疑義矣。其云《書》、《禮》、《禮記》之河間本及《周官》,同本《漢書·景十三王傳》。《傳》云:"獻王所得,皆古文先秦舊書,《周官》、《尚書》、《禮》、《禮記》、《孟子》、《老子》之屬,皆經、傳、説、記七十子之徒所論。"此三句文義亦不相聯屬。《老子》並非經、傳、説、記七十子之徒所論也。且此事不見《史記》,其爲傅會,亦屬顯然。《隋書·經籍志》:"漢初,河間獻王又得仲尼弟子及後學者所記一百三十一篇,獻之,時亦無傳之者。至劉向考校經籍,檢得一百三十篇,向因第而敍之;而又得《明堂陰陽記》三十三篇、《孔子三朝記》七篇、《王史氏記》二十一篇、《樂記》二十三篇,凡五種,合二百十四篇。戴德删其繁重,合而記之,爲八十五篇,謂之《大戴記》。而戴聖又删大戴之書爲四十六篇,謂之《小戴記》。漢末,馬融遂傳小戴之學。融又作《月令》一篇、《明堂位》一篇、《樂記》一篇,合四十九篇。而鄭玄受業於融,又爲之注。"王氏謂"《經典釋文敍録》引劉向《別録》云:古文記二百十四篇,數正相合。則獻王所得《禮記》,蓋即《別録》之古文記。是大、小《戴記》本出古文。《史記》以《五帝德》、《帝繫姓》，孔氏弟子籍爲古文，亦其一證也。"按《釋文敍錄》云："劉向《別錄》云古文記二百四篇。"又引"陳邵《周禮論序》云：戴德删古禮二百四篇爲八十五篇，謂之《大戴禮》。戴聖删《大戴禮》爲四十九篇，是爲《小戴禮》。後漢馬融、盧植，考諸家同異，附戴聖篇章，去其繁重，及所敍略，而行於世，即今之《禮記》是也。鄭玄亦依盧、馬之本而注焉"。兩説皆謂古文記二百四篇；王氏謂《釋文》引《別錄》云二百十四篇者誤也。然此二百四篇中，百三十一篇，實爲今學；陳邵，《隋志》謂删古文記爲之，亦誤也。《漢志》：《禮》家："《記》百三十一篇。"自注："七十子後學者所記也。"此爲今學，即諸家所謂《大戴記》百三十一篇者。又"《明堂陰陽》三十三篇"、"《王史氏》二十一篇"，此即所謂"多三十九篇及《明堂陰陽》、《王史氏記》者"。見前。此外《曲臺后倉記》，乃漢師所撰；《中庸説》、《明堂陰陽説》皆説；《周官經》、《周官傳》，別爲一書；《軍禮司馬法》，班氏所入；《封禪議》、《封禪羣祀議奏》，皆漢時物。惟《古封禪羣祀》，可以相加。其書凡十九篇，合《記》百三十一篇及《明堂陰陽》、《王史氏記》凡二百七。如《隋志》言《月令》、《明堂位》、《樂記》爲後加，則正二百四也。然《樂記正義》引《別錄》"《禮記》四十九篇"。《後書・橋玄傳》："七世祖仁，著《禮記章句》四十九篇。"仁即《前書・儒林傳》所謂小戴授梁人橋仁季卿者。《曹褒傳》：父充，治慶氏禮。褒"又傳《禮記》四十九篇，慶氏學遂行於世"。一似《禮記》四十九篇，爲大、小戴，慶氏所共者，抑又何邪？按陳邵言馬融、盧植，去其繁重，及所敍略，而不言更其篇數，明有所加亦有所減，而篇數則仍相同。今《禮記》、《曲禮》、《檀弓》、《雜記》，皆分上下，實四十六篇。四十六加《大戴記》八十五，正百三十一。然則《別錄》所謂二百四篇者，其目已具《漢志》。其中百三十一篇，實博士相傳之舊，無所謂删古記而爲之也。然今《禮記》四十九篇，其中多雜古文説，何也？曰：記與傳不同。孔子删定之書，名之曰經；後學釋經之書，稱之曰傳。經以明義，傳以釋經，於事固不能盡具。夫其不能盡具者，或本諸義以爲推,此即《漢志》所讚后倉等"推士禮而致於天子"之説,實即《禮運》所謂"禮雖先王未之有,可以義起"也。或取舊制以資補苴,此則《儀禮正義》所謂"凡記皆補經所不備",今《禮記》中多有"記曰"字,《疏》皆以爲舊記是也。諸經皆所重在義,義得則事可忘。惟禮須見諸施行,雖可本諸義以爲推,苟有舊記以資參證,事亦甚便。此《禮》家先師,所以視記獨重;諸經皆無所謂記,而《禮》獨有之也。然則今文《禮》家,固不妨兼有古文之記。此正可見今文先師之弘通博洽矣。今《禮記》中《奔喪》、《投壺》,鄭皆謂同《逸禮》。則古文家所謂《逸禮》,原不過拾今文之唾餘,而轉訾今文家於國家大禮,幽冥而莫知其原,可謂善誣矣。然則安有所謂删古禮而爲百三十一篇者?而王氏以《二戴記》原出古文,不愈疏乎? 至於《毛詩》,則漢人本不言有古文本,即王氏亦謂無之。《漢志》:"又有毛公之學,自謂子夏所傳,而河間獻王好之。"自謂云者,不信之之詞也。此亦可見河間得舊書云云,爲子虚烏有之詞矣。據杜林漆書《古文尚書》、鄭玄注《禮》以古校今,而謂古文經有轉寫本,則愈疏矣。元本且不可信,況轉寫本乎? 漢代之所謂古文經者如此,故予終疑其係用古字僞造也。

　　古、籀、大小篆,少數人雖以此自張,實則不甚通行之字,多數人皆已不識,乃概目之曰古文。《儀禮·士冠禮疏》云:"武帝之末,魯恭王壞孔子宅,得《古儀禮》五十六篇。其字皆以篆書,是爲古文。"此其時之人,并篆書亦自爲古文之證。此等所謂古文者,時人又以流俗之語稱之爲科斗書。其名殊鄙陋無據,然流傳甚久,直至今日,猶或以之爲最古之文字之稱焉。予舊有札記一則,考定其名實來自當時所謂蟲書,自謂頗得其實,今録其辭如後:

　　科斗之名,昉見於東漢之季,而魏、晉後人承之。《後漢書·盧植傳》載植上書曰:"古文科斗,近於爲實,而厭抑流俗,降在小學。中興以來,通儒達士,班固、賈逵、鄭興父子,並敦悦之。"《書序疏》引鄭玄曰:"《書》初出屋壁,皆周時象形文字,今所謂科斗書。"《家語後序》曰:"天漢後魯恭王壞夫子故宅,得壁中《詩》、《書》,悉以歸子國。子國乃考論古今文字,撰衆師之義,爲《古文論語訓》十一篇、《孝經傳》二篇、《尚書傳》五十八篇,皆所得壁中科斗本也。"又曰:"子國孫衍上書曰:臣祖故臨淮大守安國,仕於孝武皇帝之世。時魯恭王壞孔子故宅,得古文科斗《尚書》、《孝經》、《論語》,世人莫有能言者,安國爲之今文讀而訓傳其義。"《尚書僞孔傳序》曰:"至魯共王好治宮室,壞孔子舊宅,以廣其居,於壁中得先人所藏古文虞、夏、商、周之書,及傳《論語》、《孝經》,皆科斗文字。王又升孔子堂,聞金石絲竹之音,乃不壞宅,悉以書還孔氏。科斗書廢已久,時人無能知者,以所聞伏生之書考論文義,定其可知者,爲隷古定,更以竹簡寫之。"衛恆《四體書勢》曰:"自黃帝至三代,其文不改。及秦用篆書,焚燒先典,而古文絕矣。漢武時,魯恭王壞孔子宅,得《尚書》、《春秋》、《論語》、《孝經》。時人已不復知有古文,謂之科斗書。"杜預《春秋經傳集解後序》曰:"大康元年三月,吳寇始平,余自江陵還襄陽,解甲休兵,乃申杼舊意,修成《春秋釋例》及《經傳集解》。始訖,會汲郡汲縣有發其界內舊冢者,大得古書,皆簡編科斗文字。發冢者不以爲意,往往散亂。科斗書久廢,推尋不能盡通。始者藏在祕府,余晚得見之。"《疏》引王隱《晉書·束晳傳》曰:"大康元年,汲郡民盜發魏安釐王冢,得竹書漆字科斗之文。科斗文者,周時古文也。其字頭粗尾細,似科斗之蟲,故俗名之焉。"今《晉書·束晳傳》曰:"大康二年,汲郡人不準盜發魏襄王墓,或言安釐王冢,得竹書數十車。漆書,皆科斗字。"又曰:"時有人於嵩高山下得竹簡一枚,上兩行科斗書,傳以相示,莫有知者。司空張華以問晳,晳曰:此漢明帝顯節陵中策文也。檢驗果然,時人伏其博識。"《南史·王僧虔傳》曰:"文惠太子鎮雍州,有盜發古冢者,此事《齊書》見《文惠太子傳》,云"時襄陽有盜發古冢者",時雍州治襄陽也。相傳云是楚王冢,大獲寶物:玉履、《齊書》作屐。玉屏風、竹簡書、青絲綸,《齊書》作編。簡廣數分,長二尺,皮節如新。有得十餘簡,以示僧虔,《齊書》云:"盜以把火自照,後人有得十餘簡,以示撫軍王僧虔。"云是科斗書《考工記》、《周官》所闕文也。"《齊書》下又云:"是時州遣按驗,頗得遺物,故有同異之論。"《江淹傳》云：“永明三年，兼尚書左丞。時襄陽人開古冢，得玉鏡及竹簡古書，字不可識。王僧虔善識字體，亦不能諳，直云似科斗書。淹以科斗字推之，則周宣王之簡也。簡殆如新。”《水經·泗水注》曰：“自秦燒《詩》、《書》，經典淪缺。漢武帝時，魯恭王壞孔子舊宅，得《尚書》、《春秋》、《論語》、《孝經》，時人已不復知有古文，謂之科斗書。漢世祕之，希有見者。”合觀諸文，可見自東漢至南北朝，皆稱古文字爲科斗。然觀鄭玄、衛恆、王隱、酈道元之説，則其名明明晚起，且出於流俗也。

　　俗何以名古文字爲科斗？《書序釋文》曰：“科斗，蟲名，蝦蟆子，書形似之。”《正義》曰：“形多頭粗尾細，狀腹團圓，似水蟲之科斗，故曰科斗也。”説皆與王隱合。然則古書筆畫真若此歟？曰：否，時人所見者，乃史書家所作之蟲書也。何以言之？按《漢書·藝文志》曰：“古者八歲入小學，故《周官》保氏，掌養國子，教之六書，謂象形、象事、象意、象聲、轉注、假借，造字之本也。漢興，蕭何草律，亦著其法，曰：太史試學僮，能諷書九千字以上，乃得爲史。又以六體試之，課最者以爲尚書、御史史書令史。吏民上書，字或不正，輒舉劾。六體者：古文、奇字、隸書、篆書、繆篆、蟲書，皆所以通知古今文字，摹印章、書幡信也。”此文爲後人竄改，非其朔。云“亦著其法”，亦者，亦上六書，若所試之六體，截然與六書異物，安得云爾？故知“謂象形”云云十八字，必後人竄入也。《説文解字序》曰：“秦書有八體：一曰大篆，二曰小篆，三曰刻符，四曰蟲書，五曰摹印，六曰署書、七曰殳書，八曰隸書。《尉律》：學僮十七以上始試，諷籀書九千字，乃得爲史。又以八體試之，郡移大史并課，最者以爲尚書史。書或不正，輒舉劾。”説漢律與《漢志》不同，而六體八體絶異。又曰：“及亡新居攝，使大司空甄豐等校文書之部，自以爲應制作，頗改定古文。時有六書：一曰古文，孔子壁中書也；二曰奇字，即古文而異者也；三曰篆書，即小篆，秦始皇帝使下杜人程邈所作也；四曰左書，即秦隸書；五曰繆篆，所以摹印也；六曰鳥蟲書，所以書幡信也。”與《漢志》六體大同。使《漢志》之説而確，則秦書八體，亡新改制，悉成虛語矣，有是理乎？按《漢志》有《八體六技》，八體，《注》引韋昭即以許《序》秦書八體釋之；六技則無説。竊意篆隸本非異物；大小篆之名，尤至後來始有，《漢志》尚無。故此三體實爲同物。若合三者爲一，則與刻符、蟲書、摹印、署書、殳書，適得六體，此蓋即《周官》所謂六書，自戰國至漢，未之有改，《周官》爲六國時書。至亡新乃更制也。事物新舊相嬗，初起時恆無大異，歷久乃截然殊科。別篆隸爲二體，又別大小篆爲二，蓋後來小學家之説；許氏敘之周、漢之間，又改六體爲八體，遂若秦人真有是制，而史實爲之淆亂矣。六體之名，《漢志》蓋嘗敘述，而後人以“謂象形”云云十八字易之，古制遂不可見。然小學家雖分別篆、隸，及大小篆，史書家則仍守其師師相傳之舊。大小篆與隸書，初無二法，故體雖八而技止六，留此一隙之明，以待後人之審訂也。蔡邕《篆勢》謂：“體有六，篆爲直。”亦以書體爲六。知此，則科斗書之由來，可以推測矣。

　　《後漢書·宦者蔡倫傳》曰：“自古書契，多編以竹簡。其用縑帛者謂之爲紙。縑貴而簡重，並不便於人。倫乃造意，用樹膚、麻頭及敝布、魚網以爲紙。元興元年，奏上之，帝善其能，自是莫不從用焉。故天下咸稱蔡侯紙。”元興爲和帝年號，自光武建武元年至此，已歷八十一年，則蔡侯紙之成，已在東京中葉。“莫不從用”，“天下咸稱”，乃史家之侈辭，其實東漢之世，用者必不能多也。《後漢書·光武帝紀》建武元年《注》引《漢制度》曰：“帝之下書有四：一曰策書，二曰制書，三曰詔書，四曰誡敕。策書者，編簡也。其制長二尺，短者半之。篆書，起年月日，稱皇帝，以命諸侯王。三公以罪免亦賜策，而以隸書，用尺一寸，兩行，惟此爲異也。”《陳蕃傳》：蕃上疏曰：“尺一選舉，委尚書三公。”《注》：“尺一，謂版長尺一，以寫詔書也。”《漢書·高帝紀》：“十年，上曰：吾以羽檄徵天下兵。”《注》曰：“檄者，以木簡爲書，長尺二寸，用徵召也。其有急事，則加以鳥羽插之，示速疾也。《魏武奏事》云：今邊有警，輒露檄插羽。”《史記·匈奴列傳》：“漢遺單于書牘以尺一寸，中行説令單于遺漢書以尺二寸牘。”《後漢書·循吏傳》言：光武“以手迹賜方國者,皆一札十行,細書成文",此詔令用簡牘者也。《史記·秦始皇本紀》:三十五年,侯生、盧生相與謀,言始皇"以衡石量書,日夜有呈,不中呈,不得休息",此即《漢書·刑法志》所謂自程決事,日縣石之一者,其所量必簡牘可知。《滑稽列傳》:褚先生曰:東方朔"初入長安,至公車上書,凡用三千奏牘,公車令兩人共持舉其書,僅然能勝之"。說雖荒誕,仍足徵漢人奏事用牘。《漢書·司馬相如傳》:"請爲天子游獵之賦,上令尚書給筆札。"《注》曰:"札,木簡之薄小者也。時未多用紙,故給札以書。"《酷吏郅都傳》"臨江王欲得刀筆爲書謝上,而都禁吏弗與"。《後漢書·劉隆傳》:建武十五年,"諸郡各遣使奏事,帝見陳留吏牘上有書,視之云:潁川、弘農可問,河南、南陽不可問"。《三國·魏志·張既傳》注引《魏略》曰:"既爲郡門下小吏,而家富。自惟門寒,念無以自達,乃常畜好刀筆及版奏,伺諸大吏有乏者,輒給與,以是見識焉。"此奏對用簡牘者也。《漢書·游俠陳遵傳》:"略涉傳記,贍於文辭。性善書,與人尺牘,主皆藏去以爲榮。"此書問用簡牘者也。《朱博傳》:"召見功曹,閉閤,與筆札,使自記,積受取一錢以上,無得有所匿,欺謾半言,斷頭矣。功曹皇怖,具自疏姦臧,大小不敢隱。博知其對以實,乃令就席受敕,使改而已,投刀使削所記。"《原陟傳》:"人嘗置酒請陟,陟入里門,客有道陟所知母病避疾在里宅者,陟即往候。叩門,家哭,陟因入弔。問以喪事,家無所有。陟曰:但潔掃除沐浴待。陟還至主人,對賓客歎息曰:人親臥地不收,陟何心鄉此? 願徹去酒食。賓客爭問所當得。陟乃側席而坐,削牘爲疏,具記衣被棺木,下至飯含之物,分付諸客。諸客奔走市買,至日昳皆會。"此尋常疏記皆用簡牘者也。《後漢書·曹褒傳》:褒撰新禮,"寫以二尺四寸簡"。《周磐傳》:磐令其二子曰:命終之日,"編二尺四寸簡,寫《堯典》一篇,并刀筆各一,以置棺前,示不忘聖道"。《吳祐傳》:父恢爲南海太守,"欲殺青簡以寫經書"。《論衡·量知篇》曰:"截竹爲筒,破以爲牒,加筆墨之跡,乃成文字。大者爲經,小者爲傳記。斷木爲槧,析之爲版,力加刮削,乃成奏牘。"《謝短篇》

曰："二尺四寸，聖人文語。漢事未載於經，名爲尺籍短書，比於小道。"此寫經典用簡牘者也。《後漢書·劉盆子傳》：臘日，樊崇等"設樂大會。盆子坐正殿中，黃門持兵在後，公卿皆列坐殿上。酒未行，其中一人出刀筆書謁欲賀，其餘不知書者起往請之，各各屯聚，更相背向"。《袁紹傳》曰：韓馥"往依張邈。後紹遣使詣邈，有所計議，因共耳語，馥時在坐，謂見圖謀，無何，如厠自殺"。《注》引《九州春秋》曰："至厠，因以書刀自殺。"則時人刀筆，無不隨身，足見簡牘爲用之廣，縑帛則遠非其比。《續漢書·百官志》：守宮令一人，《本注》曰：主御紙筆墨及尚書財用諸物及封泥。《後漢書·和熹鄧皇后紀》曰："是時方國貢獻，競求珍麗之物，自后即位，悉令禁絶，歲時但供紙墨而已。"《賈逵傳》：章帝"令逵自選《公羊》嚴、顏諸生高才者二十人，教以《左氏》，與簡、紙經傳各一通"。《竇融傳注》引馬融與融玄孫章書曰："孟陵奴來，賜書，見手跡，歡喜何量？見於面也，書雖兩紙，紙八行，行七字。"蓋惟帝王及貴戚之家，能多得紙。《潛夫論·浮侈篇》訾巫者刻畫好繒，以書祝辭，則佞神者流，於財物非所顧惜，不可以恆情論也。《後漢書·延篤傳》言篤少從"唐谿典受《左氏傳》，旬日能諷誦之，典深敬焉"。《注》引《先賢行狀》曰："篤欲寫《左氏傳》無紙，唐谿典以廢牋記與之，篤以牋記紙不可寫《傳》，乃借本諷之。"《三國·吳志·闞澤傳》曰："家世農夫，至澤好學。居貧無資，常爲人傭書，以供紙筆。所寫既畢，誦讀亦徧。"皆可見紙之難得。《漢書·薛宣傳》曰："性密靜有思，思省吏職，求其便安，下至財用筆研，皆爲設方略，利用而省費。"合《後漢書·循吏傳》、《劉隆傳》、《三國志·張既傳》之事觀之，知當時簡牘亦非易得，而縑帛無論矣。張芝家之衣帛，必書而後練之，《四體書勢》、《後漢書·張奐傳注》引王愔《文字志》同。蓋亦以其難得故也。《四體書勢》言：師宜官"甚矜其能，或時不持錢詣酒家飲，因書其壁顧觀者以酬酒，討錢足而滅之。每書輒削而焚其柎。據《晉書》本傳。《三國·魏志·武帝本紀》建安十三年《注》引作札，下同。梁鵠乃益爲版而飲之酒，候其醉而竊其柎"，然則漢末工書者，所書仍是簡牘也。《後漢書·杜林傳》謂："林於西州得漆書《古文尚書》一卷,常寶愛之,雖遭艱困,握持不離身。"古簡策言篇,篇之義蓋本於編。《漢書·路溫舒傳》:"父爲里監門,使溫舒牧羊,溫舒取澤中蒲,截以爲牒,編用寫書。"可見漢時多用編簡。縑帛言卷,《傳》云一卷,其爲縑帛所寫可知。簡策亦非可握持。林之寶愛,蓋緣其物之難得;而其物之所以難得,則正以其時用縑帛者希故也。六書果如吾説,其中似惟鳥蟲書一種,施諸縑帛。漆性澀滯,縑帛亦不滑,易蘸漆書之,落筆之初,漆則豐盈,至其後半,則漸形不足,遂成頭粗尾細之形。蔡邕《篆勢》云:或輕筆内投,微本濃末。可知其時之人作書,一畫之中,用墨自有深淺。《四體書勢》曰:"魏初傳古文者,出於邯鄲淳。恆祖敬侯覬,寫淳《尚書》,後以示淳,而淳不別。至正始中,立三字石經,轉失淳法,因科斗之名,遂效其形。大康元年,汲縣人盜發魏襄王冢,得策書十餘萬言,按敬侯所書,猶有髣髴。"而《三國志·王粲傳注》引《魏略》,言邯鄲淳善《倉》、《雅》、蟲篆,科斗書即蟲書可知。《書序疏》言:"六書古文與蟲書本別,則蟲書非科斗。"蓋未窮其原委矣。王國維《科斗文字説》云:漢末,"名古文爲科斗文字者,果目驗古文體勢而名之乎?抑當時傳古文者所書或如是乎?是不可知。然魏三體石經中古文,衞恆所謂因科斗之名,遂效其形者,今殘石存字,皆豐中鋭末,與科斗之頭粗尾細者略近,而恆謂轉失淳法,則邯鄲淳所傳之古文,體勢不如是矣。邯鄲淳所傳之古文不如是,則淳所祖之孔壁古文,體勢亦必不如是矣。衞恆謂汲縣人盜發魏襄王冢,得策書十餘萬言,按敬侯所書,猶有髣髴。敬侯者,恆之祖衞覬,其書法出於邯鄲淳,則汲冢書體,亦當與邯鄲淳所傳古文書法同,必不作科斗形矣"。按作書筆法,人人皆有異同,不能以此遂目其書爲兩體。《魏略》之言自是,《書疏》億斷之論,不足據也。三體石經,以清光緒二十年在洛陽出土。按其所列古文,與《説文》並無大異。知漢人所謂古文,不過如此也。鳥蟲二書,蓋大同而小異。蟲書畫圓,鳥書畫方,畫圓者頭粗尾細則似蟲,畫方者頭粗尾細則如鳥喙。其筆畫形狀不同,其由漆性澀滯,縑帛亦不滑,易以致頭粗尾細則一也。《後漢書·蔡邕傳》言:靈帝"好學,自造《皇羲篇》五十章,因引諸生能爲文賦者,本頗以經學相招。後諸爲尺牘及工書鳥篆者,皆加引召,遂至數十人。侍中祭酒樂松、賈護,多引無行趣勢之徒,並待制鴻都門下"。《酷吏傳》:陽球奏罷鴻都文學曰,"或獻賦一

篇,或鳥篆盈簡"。知東京之季,工爲鳥書者,亦不乏其人。特二者相
較,鳥書似不如蟲書之盛,故古文之名,遂爲俗所謂科斗者所擅耳。
《梁書·蕭琛傳》:天監九年出爲江夏太守,"始琛在宣城,有北僧南度,惟齎一瓠盧,中有
《漢書·序傳》。僧云:三輔舊老相傳,以爲班固真本。琛固求得之。其書多有異今者,而
紙墨亦古。文字多如龍翠之例,非隸非篆,琛甚祕之。及是,以書餉鄱陽王範,範乃獻於東
宮"。按此亦僞物,讀《劉之遴傳》可見。其書法則有所受之,蓋即所謂鳥篆也。衛覬之
技,蓋與邯鄲淳伯仲,然必待汲郡書出案之,而後知其猶有髣髴,其非
有真知灼見可知。而魏初言古文者,上溯僅止邯鄲淳,至正始中而復
失其法,則所謂科斗書者,實爲史書家相傳之技,又無足疑矣。

　　書法之成爲藝事,實自東漢以還。西漢稱人善史書,無專指書法
者。《漢書·貢禹傳》:禹言當時郡國,"擇便巧史書,習於計簿,能欺
上府者,以爲右職"。《王尊傳》:"少孤,歸諸父,使牧羊澤中,尊竊學
問,能史書。年十三歲,求爲獄小吏。數歲,給事太守府。問詔書行
事,尊無不對。"《嚴延年傳》:"尤巧爲獄文,善史書。所欲誅殺,奏成
於手中,主簿親近,不得聞知。"所謂史書,皆指文法。《張安世傳》:
"少以父任爲郎。用善書給事尚書。上行幸河東,嘗亡書三篋,詔問
莫能知,惟安世識之,具作其事,後購求得書,以相校,無所遺失。"此
正王尊之類。《外戚傳》:孝成許皇后善史書,載其疏辭頗美。此則嚴
延年之類也。《西域傳》:"楚主侍者馮嫽能史書,習事,嘗持漢節爲
公主使,行賞賜於城郭諸國,敬信之,"敬信"之上,當奪"城郭諸國"或"諸國"
字。號曰馮夫人。"亦許后之類也。陳遵尺牘皆見臧去,似耽玩其書
法。然《傳》亦言其"贍於文辭",其"爲河南大守,至官,當遣從史西,
召善書吏十人於前治私書謝京師故人,遵馮几口占書吏,且省官事,
書數百封,親疏各有意"。則臧去之者,未必非耽玩其文辭也。史稱
元帝善史書,亦未嘗非指文法,其委任弘恭、石顯,蓋正由此。至後漢
則異於是。《安帝紀》言:帝年十歲,"好學史書"。《和熹鄧皇后紀》
曰:"六歲能史書。"《順烈梁皇后紀》曰:"少善女工,好史書。"童稚之
年,安知文法爲何事? 其必指書法無疑矣。《齊武王傳》言其孫北海

敬王睦"善史書,當世以爲楷則。及寢病,明帝驛馬令作草書尺牘十首"。其指書法尤爲明顯。《四體書勢》上溯善書之家,曹喜、杜度,並在章帝之世,亦其一證。文字始於象形,象形文字原於圖畫,推本言之,實爲藝事。其技之寖昌寖盛,原無足怪。然當時好樂史書者,亦非皆限於書法。《後漢書・孝明八王傳》言樂成靖王黨"善史書,喜正文字",此小學之家也。班固、賈逵、鄭興父子,蓋亦其流。《章帝八王傳》言安帝所生母左姬善史書,喜辭賦,則文學家也。司馬相如作《凡將》,揚雄成《訓纂》,亦夙開其原。而《魏略》言邯鄲淳博學有才章,又善《倉》、《雅》、蟲篆、許氏《字指》,黃初初,作《投壺賦》千餘言奏之,文帝以爲工,賜帛千匹,則以一身而兼小學、文學、書法三家之長矣。凡事原遠則流分,史書一家,分爲三派,本無足異。然則小學興於西京末造,正猶書法盛於東京中葉耳。作鳥蟲書者不必親見倉頡之文,言小學者又豈真有見於孔子、左丘之迹邪?

六、論隸書八分正書

　　隸書之始,《漢志》云:"起於官獄多事,苟趨簡易,施之於徒隸。"許《序》云:"官獄職務繁,初有隸書,以趨約易。"衛恆云:"秦既用篆,奏事繁多,篆字難成,即令隸人佐書,曰隸字。漢因行之;獨符印璽幡信、題署用篆。隸書者,篆之捷也。"此但言隸書施用之由,而不鑿指創造之人,其説最確。許《序》述亡新六書,"三曰篆書,即小篆,秦始皇帝使下杜人程邈所作也"。段氏云:"此十三字,當在下文左書即秦隸書之下。上文明言李斯、趙高、胡母敬皆取史籀大篆省改,所謂小篆,則作小篆之人,既顯白矣,何容贅此,自相矛盾邪? 況蔡邕《聖皇篇》云:程邈删古立隸文,而蔡剡、衛恆、羊欣、江式、庾肩吾、王僧虔、酈道元、顏師古,亦皆同辭。惟傳聞不一,或晉時許書已僞,是以衛巨山疑而未定耳。"《書勢》論小篆曰:"或曰:下杜人程邈爲衙獄吏,得罪始皇,幽繫雲陽十年。從獄中作小篆,少者增益,多者損減,方者使圓,圓者使方,奏之始皇。始皇善之,出以爲御史,使定書。或曰:邈所定乃隸字也。"按段説似矣。然衛恆晉初人,於此既有疑辭,後來之人,豈得反有灼見? 其辭之同,特輾轉相襲耳,豈足爲據?《後漢書·儒林傳注》:"篆書,謂小篆,秦始皇使程邈所作也。隸書亦程邈所獻。"小徐《説文注》云:"斯等雖改史篇,而程邈復同作也。"並依許《序》,爲調停之辭。況許《序》曰:"左書即秦隸書。"係以秦制釋新制,隸爲誰造,應於敍秦事時言之,不應於此補出。則此語在篆書下固非,在隸書下亦未爲得也。

　　又有所謂八分書者,在今日觀之,似隸之類。正書,亦稱真書,又作楷書，則筆畫形狀，與隸不同。然分、隸之別，究竟如何？正書究始何時？則罕有能言之者，是亦宜加考索也。《書苑》引蔡文姬之言曰："臣父造八分時，割程隸八分取二分，割李篆二分取八分。"其説殊不可曉。張懷瓘《書斷》云："八分者，秦羽人上谷王次仲所作也。王愔云：次仲始以古書方廣，少波勢，建初中，以隸草作楷法。字爲八分，言有模楷。又蕭子良云：靈帝時，王次仲飾隸爲八分。二家俱言後漢，而兩帝不同。且靈帝之前，工八分者非一，而云方廣，殊非隸書。既云古書，豈得稱隸？若驗方驗廣，則篆籀有之，變古爲方，不知所謂也。按《序仙記》云：王次仲，上谷人。少有異志，早年入學，屢有靈奇。年未弱冠，變倉頡書爲今隸書。始皇時，官務繁多，得次仲文，簡略赴急疾之用，甚喜。遣使召之，三徵不至。始皇大怒，制檻車送之。於道化爲大鳥，出在檻外，翻然長引，至於西山，落二翮於山上。今爲大翮、小翮山，山上立祠，水旱祈焉。"又《魏土地記》云：沮陽縣城東北六十里，有大翮、小翮山。又楊固《北都賦》云：王次仲匿術於秦皇，落雙翮而沖天。按數家之言，"明次仲是秦人。既變倉頡書，即非效程邈隸也。按蔡邕《勸學篇》：上谷王次仲，初變古形是也。始皇之世，出其數書。小篆古文，猶存其半。八分已減小篆之半，隸又減八分之半，然可云子似父，不可云父似子，故知隸不能生八分矣。八分本謂之楷書。楷者，法也，式也，後世以爲楷式。或云：後漢亦有王次仲，爲上谷太守，非上谷人。又楷隸初制，大範幾同，後人惑之，學者益務高深。漸若八字分散，又名之爲八分"。"時人用寫篇章，或寫法令，亦謂之章程書。故梁鵠云：鍾繇善章程書也"。按懷瓘此斷，自相矛盾，既謂楷隸初制，大範幾同，又力辨楷、隸非一，引《序仙記》等荒唐之説爲證，又不知章程書與分隸之別，可謂無所折衷矣。至於正書，則《書斷》未列其名。而其論隸書曰："八分則小篆之捷，隸亦八分之捷。漢陳遵，字孟公，京兆杜陵人，哀帝之世，爲河南太守。善隸書，與人尺牘，主皆藏弆之以爲榮。此其創開隸書之始也。爾後鍾元常、王逸少，各造其極焉。"其《六體書論》曰：隸書者，程邈造也，字皆真正,曰真書。則明以真書與隸書爲一。宋《宣和書譜》云:上谷王次仲,"始以隸字作楷法。所謂楷法者,今之正書是也。人既便之,世遂行焉。西漢之末,隸字石刻,間雜爲正書。降及三國,鍾繇乃有《賀克捷表》,備盡法度,爲正書之祖"。則又謂分出於隸,正出於分,衆説紛如,未免莫衷一是矣。

　　按論篆、隸、分、楷之變遷者,莫諦於顧氏藹吉。藹吉《隸八分考》曰:"隸與八分,有波勢無波勢微異,非兩體也。漢世則統名曰隸。八分之名,亦後人名之耳。"吾衍《字源七辨》云:"秦隸書不爲體勢,即秦權、漢量上刻字,人多不知,亦謂之篆。漢隸者,蔡邕《石經》及漢人諸碑上字,皆有挑法,與秦隸同名,其實則異,又謂之八分。前漢尚用秦隸,今有五鳳二年刻石,在曲阜孔廟中,與《隸續》所載建平郫縣碑,字皆無波勢。《何君閣道碑》立於後漢建武中元二年,《路君闕》立於永平八年,《隸釋》謂其字法方勁,兼用篆體。自建初以後,有《王稚子闕》,立於元興元年,發筆皆長,《隸釋》謂是八分書。則王愔云王次仲於建初中作,其言爲可信。"今按《四體書勢》:"上谷王次仲,始作楷法。至靈帝,好書,時多能者,而師宜官爲最。大則一字徑丈,小則方寸千言。甚矜其能。或時不持錢,詣酒家飲,因書其壁,顧觀者以酬酒直,計錢足而滅之。每書,輒削而焚其札。梁鵠乃益爲版而飲之酒,候其醉而竊其札。鵠卒以攻書至選部尚書。"又曰:"鵠宜爲大字,邯鄲淳宜爲小字,鵠謂淳得次仲法。然鵠之用筆,盡其勢矣。鵠弟子毛宏,教於祕書,今八分皆宏之法也。"此明言王次仲作楷法;鵠之用筆,盡次仲之勢;而八分之法,出於鵠弟子毛宏,則楷法即八分可知。莊氏綬甲《釋書名》亦曰:"王愔《文字志》古書三十六種,有隸書、楷書而無八分。《初學記》:蕭子良《古今篆隸文體》,亦有楷書而無八分。《玉海》引《墨藪》五十六種書,有程邈隸書、王次仲八分,而無楷書。明八分與楷,異名同實"也。顧氏又曰:"自鍾、王變體,謂正書爲隸書,因別有八分之名。然王僧虔《能書人名》云:王次仲作八分楷法;唐玄度《十體書》云:王次仲乃作八分楷法,亦未嘗專以八分名也。又江式《論書表》云：'詔於太學立碑，刊載五經，題書楷法，多是邕書。'徐浩《論書》云：'程邈變隸體，邯鄲淳傳楷法。'則尚有專名楷法者。惟蔡希綜《法書論》，乃謂王次仲以隸書改爲楷法，又以楷法變爲八分，則竟以次仲所變爲八分，而楷法、八分，各爲一體矣。今俗相承又名正書爲楷書。韋續《五十六體書》云：'八分書，魏鍾繇謂之章程書。'張懷瓘《書斷》云：'八分時人用寫篇章，或寫法令，亦謂之章程書。'二說皆非也。按王僧虔《能書人名》云：'鍾有三體：一曰銘石之書，最妙者也。二曰章程書，傳祕書教小學者也。三曰行押書，相聞者也。'所謂銘石之書，蓋八分也。《世説新語注》云鍾會善效人書，於劍閣要鄧艾章程白事，皆易其言；又毀文王報書手作以疑之。章程白事者，以章程書白事也。章程書者，正書也。今所傳鍾繇《賀捷》、《力命》、《季直》三表，皆是正書。豈鄧艾白事而獨用八分乎？當時以八分用之銘石，其章奏、箋表、傳寫、記錄日用之字，皆用正書；亦謂之章程書。如繇書《受禪碑》，即八分也；《宣示》、《戎輅》、《力命》諸帖，即章程書也。二王無銘石書，如《黃庭》、《樂毅》、《畫讚》、《曹娥》、《洛神》，章程書也。"顧氏又曰："唐所謂隸書，即今之正書；所謂八分，即漢之隸書。魏、晉以降，凡工正書者，史皆稱其善隸。《王羲之傳》云善隸書，爲古今之冠是也。唐亦因之弗改耳。林罕《字源偏旁小説序》云開元中以隸體不定，復《隸書字統》，名曰《開元文字》。大曆中，張參作《五經文字》。開成中，唐玄度復作《九經字樣》。況是隸書，莫知篆意。今《開元文字》，世有板本；張參、玄度之作，石刻猶存，悉是正書。唐謂正書爲隸，此其證也。"又曰："若蔡有隣、韓擇木輩，唐所稱工八分者，其石刻俱在。蔡有《尉遲迴碑》，韓有《告華嶽文》，與漢碑中字無異。"又曰："張紳《法書通釋》云：吾衍謂隸有秦隸、漢隸，的是至論。今當以晉人真書，謂之晉隸，則自然易曉矣。又陸深《書輯》云：程邈所上，務趨便捷，謂之隸書。王次仲分取篆隸之間，謂之八分。自邈以降，謂之秦隸。賈魴《三倉》、蔡邕《石經》諸作，謂之漢隸，鍾、王變體，謂之今隸。合秦、漢謂之古隸。斯言亦當。惟以八分爲分取篆隸之間，有可議耳。"莊氏曰："真書謂爲晉隸則不可，真書雖亦稱隸，而非始於晉也。"又曰："《書斷》：八分則小篆之捷，隸亦八分之捷。漢陳遵善隸書，與人尺牘，主皆臧之以爲榮，此其開創隸書之始也。嗣後鍾元常、王逸少，各造其極焉。程邈即隸書祖也。懷瓘謂隸爲八分之捷，以當今之正書，而推合於陳遵、鍾、王之迹。一則曰陳遵爲開創隸書之始，一則曰程邈即隸書祖，明是兩體，各得一祖。懷瓘謂陳遵爲開創正書之始，必有所受之，不能假也。世徒知正書爲鍾、王變體，猶爲數典而忘耳。"按此説亦是，特一種字體，皆由逐漸遷變而成，非一人所能爲，向來謂某體始於某人者，皆强舉善書有名者以當之，非必事實，陳遵亦此類耳。

顧氏之説如此。據其説，篆、隸、分、楷之遷變，殊爲了然。蓋隸之初興，與篆實無大異，是爲秦人所謂隸書，漢初猶沿用之。及後漢，乃有挑法，是爲漢人之變秦。以其有波磔與前此方廣者不同，則謂之八分。八者，別也，背也，言相背別而分章也。以其有法式可模範也，亦謂之楷法。此體蓋專用諸銘石等。至供程白事之用者，則筆畫仍平直而無波勢，此之謂章程書，亦即所謂正書。正書畫方，篆書畫圓，然其無波磔則同，故諸家皆以正書承隸。蓋正書非承漢隸而變，乃漢隸之用諸銘石等事者變秦，而用諸章程白事等者，仍未變耳。章程書之筆法，雖亦與秦隸不同，然係逐漸變遷而成，非有意爲之。故以其用言之，則曰章程書；以字體言之，則仍謂之隸也。章程書既襲隸名，欲使用諸銘石等有波勢之字與之立別，則謂之八分。此名相沿未改。故唐人猶稱今正書爲隸書，而稱漢隸爲八分也。於此可見王愔謂古書方廣少波勢，蕭子良謂王次仲飾隸爲八分，説實極確。蓋秦隸、漢隸，所異在有無波勢，由無波勢變爲有波勢，正是加之以飾耳。予又因此悟許《序》"秦始皇帝使下杜人程邈所作也"十三字，未必非許書原文，何則？篆之初興，與隸既無大別，則程邈所作之字，與李斯、趙高、胡母敬所作之字，原未必有異同。蔡邕謂王次仲初變古文，則竟不謂篆、隸有別，此許時人所以猶謂秦之隸書爲倉頡時書也。李斯等之作《倉頡》等篇，乃取《籀篇》省改其字體；程邈所作，則變篆書之筆法而趨於簡易。秦代之字，字體從斯等所定，筆勢則效程邈所爲。謂爲斯等所作可，謂爲程邈所作，亦無不可也。大篆之名，班固時尚未有。以秦人所用之字，字體、筆勢，皆與前此微異，則謂之秦篆。後人乃即周時所傳之《史籀篇》，與秦人所作字書分立大小篆之名。夫如是，則小篆二字，不啻秦文之代名。即字體而言之，則秦字定於趙高等；即筆勢而言之，則秦字出於程邈，故有以秦字爲趙高等作，亦有以秦字爲程邈作者。既以秦字爲程邈作，則“小篆即秦篆書”之下，固可贅以“秦始皇帝使下杜人程邈所作也”十三字也。此殆亦舊説而許録之。其不移此語於敍秦事時，而仍贅於此者，直録舊説，不加改定，古人之文，固多如此也。參看拙撰《章句論》。衛恆晉初人，去許猶近，蓋尚知此義，故其作《書勢》，猶爲兩可之辭。至江式則去許已遠，於此已不能明，故其表辭雖襲許《序》，而逕移此語於前矣。江《表》云：“於是秦燒經書，滌除舊典，官獄繁多，以趨約易，始用隸書，古文由此息矣。隸書者，始皇使下杜人程邈所作也，以邈徒隸，即謂之隸書。”其敍亡新六書，“三曰篆書”，云“小篆也”，無“秦始皇帝使下杜人程邈所作”十二字。即知許述秦時事及述新室事爲並録兩説，則知隸書之始，故有兩説：一但謂施之徒隸，取其約易，而不鑿指創造之人；一則指謂出於程邈。夫不論何種文字，皆不能鑿言創造之人，則自以前説爲得也。

　　隸書本有起自先秦之説。《書斷》：“酈道元《水經注》云：臨淄人發古冢，得銅棺，前和外隱起爲字，言齊太公六世孫胡公棺也。唯三字是古，餘同今隸書。證知隸字出古，非始於秦。”《水經·穀水注》：“孫暢之嘗見青州刺史傅弘仁，説臨淄人發古冢，得銅棺，前和外隱起爲字，言齊太公六世孫胡公之棺也。惟三字是古，餘同今書，證知隸自出古，非始於秦。”又淄水，“濁水東北流，逕堯山東”。《注》：“西望胡公陵，孫暢之所云青州刺史傅弘仁言得銅棺隸書處。”然“程邈所造，書籍共傳”，道元之説，未可憑也。杜光庭又辨之曰：“世人多以隸書始於秦時程邈者非也。隸書之興，興於周代，何以知之？按《左傳》：史趙算絳縣人年曰：亥有二首六身，是其物也。士文伯曰：然則二萬六千六百有六旬。蓋以亥字之形，似布算之狀。按古文亥作𠀼，全無其狀。雖春秋時文字體別，而言亥字有二首六身，則是今之亥字。下其首之二畫豎置身旁，亥作𣱅，此則二萬六千六百之數也。據此，則春秋之時，有隸書矣。又酈善長《水經注》云：臨淄人有發古冢者,得銅棺,棺外隱起爲文,言齊太公六代孫胡公之棺也。惟三字古文,餘同今書。此胡公又在春秋之前,即隸書興於周代明矣。當時未全行,猶與古文相參,自秦程邈已來,乃廢古文,全行隸體,故程邈等擅其名,非創造也。"按書傳所謂得古物者其詞或誤。即不然,年代文字,亦往往考核不審。酈氏之説,未可盡憑。籀篆以前,文字多矣,必謂惟今隸書之亥字,乃足當二首六身,亦近專輒。然知秦隸初起,與篆相淆,即知鑿言隸起秦時,亦未爲得。何者? 變篆爲隸,不過如今鈔胥作字,但求捷速,隨意作畫,而不復審其俯仰之姿耳。謂秦時而其用始廣則可,謂至秦時乃能爲之,固不然也。

　　篆隸之異,大體固在筆畫形狀;然其字之構造,亦有不同之處。或由篆取圓筆,隸取方筆,筆勢不同,不得不改;亦有各有所承,隸書並非改篆者。王氏筠曰:"今人以攴爲正、以夊爲俗,誤也。《説文》所收之小篆皆從攴,古文、籀文皆从夊,夊即攴之變文也。𠆢變爲人者,如旌旗從㫃,乾從𠄌,楷皆變𠆢爲𠆢也。又變爲乂者,如文篆作𠁣,今又變乂而連書於十之下也,豈可斥爲俗乎? 且楷從攴者,有鼓、敲、毆三字,不必尊古、籀文而改爲敼、敲、毆也;他字皆從夊,即亦不必尊篆文而闕古籀文也。或有力辨變當作變者;則叓今作更,何不聞其力辨之也?"見《説文釋例》卷九。蓋篆隸初本同物,篆書之書寫茍簡者,即爲隸書;並非既有篆書,經歷若干年代,乃又造隸。故有篆書遵古而隸與古違者,亦有篆已變古而隸書猶存古意者。正猶後世正書,字體之間,小有出入,下筆者或遵舊體,或效時趨耳。然則欲考文字之朔,篆與隸之可據,固亦相等矣。

　　隸之初興,取趨約易,施之徒隸。蓋凡士夫作書,不求約易者,即不其然。然庶業其繁,約易之趨,勢不獲已,故隸書寖盛,篆乃卒微。賈魴《説文字源序》云:自三國後,隸書盛行,古文篆籀寖微矣,歷晉、魏、周、隋、宋、齊、梁、陳,通篆籀者日寡。惟碑頌之額,時覿數字,仍十中八九,檢文題之。此則又非漢時施之符璽、幡信、題署之比矣。衛恆説見前。《書斷》曰:漢和帝時,賈魴選《滂喜篇》,以《倉頡》爲上篇,

《訓纂》爲中篇,《滂喜》爲下篇,所謂《三倉》也。皆用隸字寫之,隸法由玆而廣。《三倉》爲識字之書,而亦寫以隸,隸之通行可知。蓋篆隸之殊,一在字體,一在筆勢。字體則由繁趨簡,筆畫則變圓爲方,二者皆所以求約易。夫藁草之書,非不約易也,然又失之草率,不如隸書之便於觀覽。此隸書所以行之數千年,今人雖或病其書寫之難,而卒不能廢也。成公綏《隸書體》曰:"蟲篆既繁,草藁近僞,適之中庸,莫尚於隸。"知一事之行,皆有其所由,而非偶然矣。

七、論 行 草

吾鄉孟心史先生森嘗言，"文字不能少於真、草二種，亦不能多於真、草二種。蓋閱看求其清晰，利用真；書寫求其捷速，利用草，故二體不可偏廢。然若多於此二體，則學之又浪費精力矣"。斯言也，觀於世界各國而信；返求諸吾國，亦無不合也。篆、分、今隸，相沿而變，皆屬於真；行、草則可總稱爲草書者也。

許《序》云："漢興有草書。"不言作者爲誰。江式《表》云："又有草書，莫知誰始。"《書勢》云："漢興而有草書，不知作者姓名。"庾肩吾《書品》云："草勢起於漢時，解散隸法，用以赴急。"皆與許説同。趙壹《非草書》云："夫草之興也，其於近古乎？蓋秦之末，刑峻網密，官書繁冗；戰攻並作，軍書交馳，羽檄紛飛，故爲隸草，趨急速耳。"《書斷》引梁武帝《草書狀》曰："蔡邕云：昔秦之時，諸侯爭長，羽檄相傳，望烽走驛，以篆隸之難，不能救急，遂作赴急之書，今之草書也。"追溯起源，皆較許説爲早。然秦與諸侯爭長，至於漢興，實無幾時，不可云異説也。懷瓘駁梁武帝曰："創制之始，其嫻者鮮。且此書之約略，既是蒼黃之際，何粗魯而能識？蔡公不應至是，誠恐厚誣。"其説未免膠固。然謂草書之名，由於起草，則立説甚通。其説云："王愔云：藁書者，似草非草，草行之際者，非也。按藁亦草也。因草呼藁，正如真正書寫，而又塗改，亦謂之草。楚懷王使屈原造憲令，草藁未上，上官氏見而欲奪之；又董仲舒欲言災異，草藁未上，主父偃竊而奏之，並是也。如淳曰：所作起草爲藁。姚察曰：草猶粗也，粗書爲本曰藁。蓋草書之先,因於起草。”其説殊協事理。《書品》亦曰:“因草創之義,故曰草書。”莊綏甲《釋書名》曰:“《儀禮・既夕注》,《初學記》引蕭子良《古今文體》,有藳書無草書。《墨藪》五十六種書同。《御覽》引庾元威《論書百體》,有章草、草書,無藳書。”明藳、草是一,足見懷瓘之説之確矣。草書之始,蓋惟求自喻,其後則漸以喻諸切近之人。以其便易,推行稍廣,成爲書之一體,或謂漢初,或云秦世,皆不過溯其行用之時,本非説其創制之日。凡事皆合衆力成於積漸,本無創制之人,亦無創制之時可指也。

草書盛行,及其遷變,蓋始東漢。《書勢》云:“漢興而有草書,不知作者姓名。至章帝時,齊相杜度,號稱善作。後有崔瑗、崔寔,亦皆稱工。弘農張伯英,因而轉精。”《書品》謂“建初中,京兆杜操始以善草知名”。《書斷》云:“章草者,漢黃門令史游所作也。衞恆、李誕並云:漢初而有草法,不知其誰。蕭子良云:章草者,漢齊相杜操,始變藳法,非也。王愔云:漢元帝時史游作《急就章》,解散隸體麤書之,漢俗簡惰,漸以行之,是也。”又云:“自杜度妙於章草,崔瑗、崔寔,父子繼能。伯英得崔、杜之法,温故知新,因而變之,以成今草。字之體勢一筆而成;偶有不連,而血脈不斷;及其連者,氣脈通,其隔行。惟王子敬深明其旨。故行首之字,往往繼前行之末。世稱一筆書起自張伯英,即此也。”又云:“章草之書,字字區別。張芝變爲今草,上下牽連,或借上字之下,而爲下字之上。呼史游草爲章草,因伯英草而謂也。”杜操即杜度,大徐《説文註》作杜探,他書亦有作杜伯度者。莊綏甲云:作操是,探文相似而誤,伯度蓋其字。史游者乃撰《急就篇》之人,後人以章草書之,懷瓘因以章草爲游所作,實誤。莊氏云:“史游《急就》,後人多以草書寫之。皇象、鍾繇、衞夫人,皆有遺迹,見顏師古《序》。王愔所謂解散隸體麤書之者,蓋涉後人之迹而誤也。”餘皆諸説符同。云“杜操始變草法”,云“伯英變之以成今草”,遷流之迹,灼然可見,然猶不止此。蔡希悰《法書論》曰:“張伯英偏工章草,每與人書,下筆必爲楷則,云恩恩不暇草書。漢、魏以來,章法彌盛。晉世右軍,特出不羣,穎悟斯道,乃除繁就省,創立制度,謂之新草,今傳《十七帖》是也。邇來率府長史張旭,就王之內,彌更簡省。"《十七帖》今存,其字已不易辨。張旭所爲,世稱狂草,更不必論矣。懷瓘《六體書》論張伯英曰:"草法貴在簡易,而此公傷於太簡。"況右軍以降乎? 韋《續》云:"字有五易:倉頡變古文,史籀制大篆,李斯制小篆,程邈制隸書,漢代作章草。"字之施諸實用者,蓋至斯而訖。今草以後,則漸成藝事矣。行書乃起而代之。

《書斷》曰:"行書者,後漢穎川劉德昇所造也。《六體書論》亦曰:"行書者,劉德昇造也。"行書即正書之小譌,務從簡易,相間流行,故謂之行書。"云"務從簡易,相間流行",則亦雜有減畫之字。然云"正書之小譌",則其同於正書者必多,譌同化,小譌,謂小變也,蓋特書寫稍形流走耳。故昔人謂"正書如立,行書如行,草書如走"也。此蓋其初興時,後亦兼采草體。故懷瓘《書儀》謂:行書非草非真,在乎季、孟之間;兼真者謂之真行,帶草者謂之行草。蓋草書有可用,有不可用者,擇其可用者而用之,至此,則合二體別成一體矣。《書勢》曰:"魏初有鍾、胡二家,爲行書法。俱學之於劉德昇,而鍾氏小異,然亦各有巧。"胡昭,見《三國志·管寧傳》。《書斷》引王愔曰:"晉世以來,工書者多以行書著名,昔鍾元常善行押書是也。"王僧虔《論書》曰:鍾繇書有三體,三曰行押書,行書是也",河間衛覬子"瓘采張芝草法取父書參之,更爲草藳",草藳是相聞書也,采張芝法,以覬法參之,蓋即行草。王愔云:"藳書者似草非草,草行之際。"亦謂此也。皆一時善此之士也。

張懷瓘説章草曰:"杜度善草,見稱於章帝,上貴其迹,詔使草書上奏。魏文帝亦令劉廣通草書上事。蓋因章奏,後世謂之章草。"按漢明帝令北海敬王作草書尺牘,已見前。《後書·列女傳》:皇甫規妻"善屬文,能草書,時爲規答書記,衆人怪其工"。又曹操問蔡文姬:"聞夫人家先多墳籍,猶能憶識之不?"文姬曰:"昔亡父賜書,四千許卷,流離塗炭,罔有存者;今所誦憶,裁四百餘篇耳。"操曰:"今當使十吏就夫人寫之。"文姬曰:"妾聞男女之別,禮不親授。乞給紙筆,真、草惟命。"於是繕書送之,文無遺誤。《三國志·魏武帝紀》建安二十五年《注》引《博物志》曰:"漢世安平崔瑗、瑗子寔、弘農張芝、芝弟昶,並善草書,而太祖亞之。"皆可見草書之盛行。然《玉海》言晉荀勗領祕書監,立書博士,置弟子教習,以鍾繇、胡昭爲法,則實用者漸重行書,而草書寖成藝事矣。《宣和書譜》曰:"自隸法掃地而真幾於拘,草幾於放。介乎兩間者,行書有焉。"一事之存廢,固皆有其所由也。

　　然中國之草書,生長頗受夭閼,故終不能十分簡易。蓋字由偏旁合成。而所謂偏旁者,大體即係一字,故其筆畫不得不多。非簡略之至於失其元形,則其畫數不能大減。然簡略之至於偏旁失其元形,則已別成一字矣。識字究爲難事,故草書字數,勢不能多。今日通常所作,實皆行書也。然亦總雜有簡略已甚之字。如書字即是。而其所雜多少,復人各不同。此即《書儀》所謂真行、行草,故吾謂其已合二體別成一體也。正書人人能識,草書則不盡然。真行所以便識草書少者,行草則所以便識草書多者。其並行蓋事勢使然,亦即甚協乎理,然終不能甚簡,此則字之本體使然也。

　　草書與行書合一,乃其變化之一途。其又一途,則與今所謂簡字相合,簡字非晚近始有。《傷寒雜病論》,一作《卒病論》。《雜病論》即今《金匱要略》,非論倉卒之患,則卒字無義。或云:鈔胥寫雜字,止作左半,因誤爲卒,其説蓋是。書寫之遲速,一判之於筆畫之多少,一判之於筆畫作成之難易,而後者之關係尤巨。簡畫之字,未必出以鄭重之筆,故簡字不能於草書之外,獨立爲一體。然自張芝以降,草法之變化日多,不甚作書者,下筆難於不謬,乃舍草書之流走而獨取其減畫,遂成今日之簡字。試觀簡字同於草體者之多而可知也。此又草書一體中之變化也。

字 例 略 説

一、説 字 例

　　學問之事惡乎始？曰：始於求條例。凡天下事，必有其所以然之故；治學問者之所求，則此所以然之故而已。顧所以然之故，非可徒得也。必先知其然，然後能知其所以然。而欲知其然，又必即其事分析之至於極微，然後其所謂然者盡。所謂然者盡，而所以然之故，乃可進求矣。天下事無論分析之至如何詳盡，終必有其公共之理存。若是者，昔人稱之曰道。而無論何事，亦莫不可分析之至於極微。若是者，就其事之可分析言之曰理；就其分析所得者言之，則曰條、曰例。《説文》："條，小枝也。"蓋引伸爲枝分之義。又曰："例，比也。"段氏曰："漢人少言例者；杜氏説《左傳》，乃云發凡言例，蓋古比例字衹作列。"予案今人所謂原理者，昔人稱之曰道；所謂條件者，昔人則曰條、曰例。例蓋列字之分別文，《説文》："列，分解也。"由分解之義引伸爲條例，更引伸爲比例也。此凡學問之事皆然。文字之學，亦何獨不然。吾國有文字之學，蓋始於漢。詳見《中國文字變遷考》。集漢人文字之學，著爲一書者，則始於許慎之《説文解字》。許君謂俗儒鄙夫，不見通學，未嘗覩字例之條。蓋其學之異於流俗者，亦在其條例而已。

二、論 六 書

然則許君所謂字例之條者,果安在哉? 則通觀全書,惟六書之説,足以當之。六書之説,許《序》以爲出於周之保氏,後人因謂許氏字例之條,必傳之自古。其實非也。六書之説,惟見於班《志》、許《序》及《周官·保氏注》引鄭司農之説。學説不能突然而生,而既經發明,亦必有人祖述。吾國字書,自《籀篇》至《彦均》,皆爲四言或三、七言韻語。見《中國文字變遷考》。以字形分別部居,實始於許。自周初至漢末,歷時已逾千年。《周官》固戰國時書,其距漢末,亦數百載。果使其時已有六書之説,安得自許以前,迄無用其法著字書者? 而班、鄭、許三人而外,且迄無提及者乎?《書古微·孝經緯·援神契》有一條云:"倉頡文字者,總而爲言,包意以名事也。分而爲義,則文者祖父,字者子孫。得之自然,備其文理,象形之屬,則謂之文;因而滋蔓,子母相生,形聲、會意之屬,則謂之字。字者,言孳乳寖多也。題之竹帛謂之書,書者,如也、舒也、著也、記也。"予昔讀此條,以爲此乃六書之説出於班、鄭、許之前者。其説惟有三書,可見轉注、假借不能與象形、會意、形聲並列,即指事亦可并省也。繼讀張懷瓘《書斷》,乃知孫書此條,實據《書斷》誤輯。《書斷》原文云:"案古文者,黄帝史倉頡所造也。頡首有四目,通於神明。仰觀奎星圜曲之勢,俯察龜文、鳥跡之象,博采衆美,合而爲字,是曰古文。《孝經緯·援神契》云:"奎主文章,倉頡倣象。"是也。"夫文字者,總而爲言"云云,其中惟"奎主文章,倉頡倣象"八字爲《援神契》之文,餘皆張氏之語。孫氏顧舍此八字而輯其餘,可謂儳矣。且六書之説,豈可以教學童哉? 教學童以文字者,則使之識其形,審其音,明其義,且能書寫之而已。此項教法,實以集有用之字,撰成韻語,使之熟誦爲最易。晚近閭里書師,其教學童,猶用《三字經》、《千字文》等,其法蓋傳之自古。社會現行之事,往往爲前代之遺,故多足考古制者。舊時之童子師,教學童識字有二法:一、字字分別使識之,俗所謂方字是。一、則授以韻語,如《三字經》、《千字文》等是。後法蓋傳之自古,實較前法爲便。然其書久不編纂,不適於用,不得不別易有用之字。別易有用之字,而未嘗編成韻語,即成方字矣。若以六書之説教學童,是猶今之教學童者,用字典分部之説也。有是理乎?又六書之説,許似不甚明瞭。許説某字當屬六書之某,而其實不然。及依許説,則在六書中無類可歸者甚多。如蠱之或體𧏾,許説云:"象蟲在木中形。"此字依許例,祇能説爲指事,不能説爲象形,許説實誤也。又如倒文、反文等,在六書中實無可歸附,皆見後。即如指事,許惟於上、下二字下言之,仍不出《敘》所言之外。此尚係大徐本如此;小徐本則"下"下云"從反上爲下",并不言指事。轉注、假借,則全書不及。夫許氏所斤斤焉自謂異於俗儒鄙夫者,字例之條而已;其所謂字例之條者,則六書而已。乃許於六書之説,茫昧如此,何哉?曰:許書本博采而成,其《敘》亦然。見《中國文字變遷考》。六書之説,亦成説而許氏采之。其説本不過舉示梗概,未嘗即當時之字,一一定其當屬何書,故許亦無從質言也。學問歷時愈久,則研究愈深;研究愈深,則立説愈密。果使作《周官》之時,已有六書之説,至許君時,研究者必已甚多,某字當屬某書,當早有定論,安得茫昧如此乎?故六書決非古説也。

　　然則六書之説,出於何時乎?曰:當出於西漢之世。吾國有文字之學,實始西漢,予撰《中國文字變遷考》,業已言之,今觀於六書之説而益信也。中國字説,足當字例之目者,厥惟六書;漢以前之字説,實萃於《説文解字》,前文業已述及。今觀許書説解,顯分二派:其一,如"王"下引"董仲舒曰:古之造文者,三畫而連其中,謂之王。三者,天、地、人也,而參通之者王也。孔子曰:一貫三爲王"。"公"下引韓非曰:"背私爲公。"凡其説在西漢初年以前古文學未興之世者,大抵借字形以説義理,而非説字之條例。故諸生"以其所知爲祕妙,究洞聖人之微恉"也。又其一,如揚雄等,其説有合於六書之條例者,則大抵在古文學既興之後。緯起哀、平,然其説字,尚多不與六書合。觀俞正燮《緯字論》可見。此等舊説,雖不如許説之善,然漸知即字形以求造字之故,與純然借字形以説義理者不同,實爲新説之本。故許氏雖詆當時諸生、廷尉等爲俗儒鄙夫,而於此派字説,亦卒不能盡廢。如《緯字論》所引"一大爲天","十加一爲士","禾入水爲黍",皆與《説文》同是也。又此等舊説,不如許説之善,係就大體言之。若逐字論之,則亦未必新説皆長,而舊説皆短。試就許氏所斥"馬頭人爲長"、"人持十爲斗"、"蟲者屈中"、"苛之字止句"論之,即可見矣。夫曰"馬頭人爲長"者,人之長者,其項必長。馬之項固長於人,其善者,又恆昂首騰驤。習見之畜,如牛、羊等,其項皆不如馬長,故以馬之長方人。夫馬之長,其可見者在鬣,故言馬之長者必舉其鬣,而鬣遂爲狀長之詞。許書彡部:"鬣,髮鬣鬣也。"囟部:"巤,毛巤也,象髮在囟上,及毛髮巤巤之形。"此兩字皆指毛髮。人部:"儠,長壯儠儠也,《春秋傳》曰:長儠者相之。"則以巤狀長矣。長鬣二字,見《左》昭七年、十七年,及《國語・楚語》,杜預、韋昭皆釋爲美鬚髯,殆非也。許説馬字曰:"象馬頭、髦、尾、四足之形。"蓋似目象頭,長其畫作罒者,與從目又從彡同,彡以象髦。彡部曰"彡,長髮森森"是也。从以象尾及四足。髦即鬣也。然則謂馬頭人爲長,其説極確。許書龕字曰:"从兀、从匕,兀者,高遠意也,久則變化,亡聲,匕者,倒亡也。"迂曲甚矣。其所載古文夨矢,下體固皆从人也。云"人持十爲斗"者,十非"數之具"之十,蓋象斗形,猶許書斗下云"從又持十"也。虫、中二字,古音相同,故《詩・桑柔》"征以中垢",《韓詩》作"往以虫垢"。屈中字之畫以爲虫,許書説字,亦有此例,見後。苛人受錢之苛,廷尉説其字爲止句,則當作苟。此音含義甚多:有今所謂大聲呵斥之義,有責問幾察之義,有拘執之義,有指撾之義,甚至有分裂之義。其所作之字亦不一。今所謂大聲呵斥之義,依許書當作訶。言部:"訶,大言而怒也。"是也。責問幾察之義,正字作訶,蓋與訶爲音義皆同字,亦借何、苛、荷三字爲之。《周官・天官・宮正注》:"幾荷其衣服持操及疏數者。"《釋文》:"荷,呼可反,又音何。"《閽人注》:"苛其出入。"《釋文》:"苛本又作呵,呼何反,又音何。"《地官・比長注》:"呵問繫之。"《釋文》:"呵呼何反,又音何。"阮氏《校勘記》云:此呵字"葉鈔《釋文》作則荷,嘉靖本呵字剜改,蓋本作荷"。皆呵、何、苛、荷通用之證。《説文》雖有訶字,而其用諸説解者,仍錯雜不一。言部"誰"下云:"何也。"此即《賈子書》"陳利兵而誰何",及"大譴大何"之何,是許亦借何字也。言部:"詆,苛也,一曰訶也。"小徐本作"荷也"。"一曰訶也"四字,必後人校語;原本作苛、作荷未定,恐當以小徐爲是,因大徐本失真處更多也。《敍》譏廷尉以苛之字爲止句,則許意苛人受錢之苛當作苟,是許亦借苟、荷二字也。其訓拘執之義,《説文》作拘,亦作柯。句部:"拘,止也。"手部:"柯,撾也,《周書》曰:盡執柯。"今書作拘,是也。《漢律》借苛,廷尉以爲當作苟,而《廣韻》又有呁字。訓指撾及分裂之義,《説文》作撾。手部:"撾,裂也,一曰手指撾也。"雖不及拘執之義,然柯下引《周書》而訓以撾,則許意柯亦可訓撾。合裂也、手指撾也,凡有三義。裂也之義,即《曲禮》"爲國君者華之"之華。《注》謂"中裂之",今人書其㝔作畫,而狀其既中裂後之形則作豁。《閽人》《釋文》:苛,"何徐黑嗟反",正與今人讀華、畫、豁之音相同。可見柯、撾二字,亦係同音,故許以之互訓也。夫此一音,所含之義，如此其多；所作之字，如此其衆，安能别其孰爲是、孰爲非？苟人受錢之苛，何以可作苛、不可作苟乎？且尋常之字，義解恆甚紛歧，而解釋律文之時，則宜使之確定。苟爲假借字，含義甚廣；苟則王氏筠所謂後起分别之字，只分其一義者。説律之時，宜讀苛爲苟，章章也。果如許説，可作苛不可作苟，則許説苟爲小草，引伸爲凡小之稱，斷獄之時亦得以苛細之義相周内乎？若謂許意亦如今人，以舊有之字爲正，後起之字爲俗，苛爲舊有之字，故以爲正字，苟爲後起之字，故讝爲俗字，則許又何以收拘、抲、訶三字乎？亦可謂知二五而不知十矣。要而言之，以許書全體與舊説相校，自覺後起者勝。若一一衡之，則許説有仍與舊説同者，有反不如舊説之善者。蓋字説本逐漸進步，許讝諸生、廷尉等爲俗儒鄙夫，詆其説“不合孔氏古文，謬於《史籀》”，以爲與己之所學截然異物，而不知許所博采之通人，其説正自此等説轉變而來，故形迹尚未盡泯，而得失亦且互見也。此實許書字説，爲西漢後逐漸發生，而非遥接保氏、史籀之傳之鐵證矣。**此即許氏所謂通學，所謂字例之條者，當先漢之末，尚未大盛之證，安得周時已有其説乎？然則《周官》六書，殆亦蕭何六體之類。兩漢之間，指事、象形等六書之説既出，鄭司農乃以之釋《周官》，實屬謬誤。而許君沿之，**亦或當時古文家之説，而鄭、許用之，未必定鄭、許之誤也。**而班《志》則又後人據鄭、許一類之説竄入者也。**班《志》此處爲僞竄，見《中國文字變遷考》。

　　許書所以爲後人所信者，以其所説多字之本義，而經典所用多引伸義。凡本義必實指一事一物，引伸之義則不然，因信許説傳之自古耳。人之語言，誠應先實事實物，而後及於玄虚之義。然至文字孳乳寖多之時，是否尚係如此，則亦可疑。然則許説字義與經典異者：究係經典所用爲後起之義，而許説爲其固有之義？抑語義本不指實，造字者因無可著手，乃託之於實事實物？猶未可知。如“頗，頭偏也”，似爲本義，而訓頗爲凡偏之詞者，爲引伸之義矣。然從皮聲之字，如詖，亦得偏義，又何以説之？即謂果有本義，經典皆已不用，許君何由知之？許書所説本義，有經典全不見者，觀顧字段《注》可見。王氏筠曰：“上古有是語而中古無之者，即其字雖存，而古義遂湮，祇傳其通假之義。故許君説字，有支詘者。”見《説文釋例》卷一。則許説之多本義，殆亦皮傅字形耳。許君皮傅字形爲説，段氏已言之，如苗字是也。愚案古人本有隨文訓釋之例，依附字形爲説，亦其類耳。如饕、餂二字，《説文》皆但曰“貪也”，引“《春秋傳》曰謂之饕餂”，而賈、服及杜則皆曰“貪財爲饕，貪食爲餂”。此非别有所受，乃承上文“貪於飲食，冒於貨賄”言之。如其不然，則亦渾訓之曰貪矣。然則許書疢爲“熱病”，頗爲

"頭偏"，亦以其字從火、從頁而言。假令易其偏旁，說解亦當隨之而異矣。許書有時據字形爲說，而有時又不然，如訓牡但曰"畜父"，不曰牛父，牝但曰"畜母"，不曰牛母者，其書係博采而成，大體一仍其舊，不加改易故也。後人作《説文釋例》者，如王氏筠，其用力可謂勤矣，而烏知許氏之書，體例初不畫一乎？王氏曰：許君立説，必與字形相比附："故有恆見之字，而《説解》反爲罕見者，爲恆見之解與字形不合也。利自此生，蔽即自此生：反古復始，其利也；古義失傳之字，形體傳譌之字，必欲求其確切，遂致周章，其蔽也。"蓋小學家之説字如此。此乃據形立説之例，至許氏而後行。非真有本義，傳之自古也。許君詆俗儒鄙夫，"不合孔氏古文，謬於《史籀》"。然許書十九皆小篆，其所以能據形系聯，分別部居，不相雜廁者，正以所載皆小篆，故能整齊如此耳。必欲求三古之遺文，則如異於古文之奇字，已非六書之例所能説矣。故六書決非古説也。

　　凡事前修難密，後起轉精。六書之説，出於漢世，距今已二千餘年，其説自不能甚密。求其詳盡，十書、八書不啻。若但揭舉大綱，則轉注、假借二者，固不容與象形、指事、會意、形聲并列也。見後。果使後世治文字之學者，師古人立字例之條之意，而勿泥其所列之條；以六書之説爲基，更求詳密，則迄於今日，字學必已大明。惜乎二千年來，昧者則侶六書爲皇頡造字之條例，謂其先定此例，而後依之造字；即知其不然者，亦以六書爲古説，不敢破壞，有彌縫匡救，而無改絃更張，如王筠即其人也。筠撰《説文釋例》，其言曰："六書之名，後賢所定，非皇頡先定此例而後造字也。猶之《左氏》釋《春秋》例，皆以意逆志，比類而得其情，非孔子作《春秋》，先有此例。"其説可謂通達矣。然其書則仍以彌縫匡救爲主，非至萬無可通，不敢非議許説也。遂致爲成説所拘，用力雖深，而立説終未盡善，此則尊古太過之弊也。予謂今日治文字之學者，實當自立條例，不必更拘成説。然兹事體大，非予淺學所能。且六書之説，傳之二千餘年，一旦破之，未免駭俗。故兹編所論，仍以六書爲綱領，但於其説不可通之處，加以論列焉，期爲治斯學者闢一途徑而已。

　　六書之名及次第，班、鄭、許互有不同。許《序》云：一曰指事，二曰象形，三曰形聲，四曰會意，五曰轉注，六曰假借。班《志》云：象形，象事，象意，象聲，轉注，假借。鄭司農則云：象形、會意、轉注、處事、假借、諧聲。案象形、轉注、假借之名，三家俱同。指事、處事、形聲、諧聲，立名雖異，於義俱安。惟班於事、意、聲亦皆云象，則理不可通。至其次序，則當從班：以象形居首，指事、會意、形聲次之，轉注、假借又次之。以六書之中，足當文之目者惟象形，而轉注、假借，雖亦具造字之用，究與其餘四書又有不同也。

三、象　形

　　許《序》云："倉頡之初作書，蓋依類象形，故謂之文。"又曰："文者，物象之本。"此語段依《左》宣十五年《正義》補，案《書序疏》引《説文》亦有此語，段氏補之是也。然則象形，實居文字之初。其創制也，直取象於物，自無從更加以他字，故鄭樵謂獨體爲文，合體爲字也。然象形文字之初出者，固無從更加以他字，而其出較晚者，則或亦加他字以見意。如木部："棃：木實也。從木，象果形，在木之上。""朵：樹木垂朵朵也。從木，象形。"又如巢下云："鳥在木上曰巢，在穴曰窠。從木，象形。"此等字不從木即無以見意，謂其初但作田、作ᒧ、作ঙ，而木字爲後人所加，固不可；謂其造字之時，即各兼象木形，而非取固有之木字而用之，於義亦未安也。故昔人謂象形字亦有獨體、合體之分，其説極確。然此等字爲數究少。從其多者論之，則皆原爲獨體之文，而後人乃加以義旁、聲旁，而成爲合體之字者也。象形字之加義旁者，如冊，"象其札一長一短，中有二編之形"。本獨體字也；古文𣍐加之以竹，則成合體字矣。其加聲旁者，如齒，"象口齒之形，止聲"是也。又如网下云，"從冂，下象网交文"。案此字不從冂，則無以見其爲网，故仍當説爲獨體象形字。其或體𦉬則加亡聲，又一或體𦉾，則又加糸爲義旁矣。此皆見於許書者。其不見許書者，如豐下云："豆之豐滿者，從豆象形。"而《大射儀注》云："豐，其爲字從豆，𧯇聲。"則似別有𧯇字。不知許書未載歟，抑漏脱而後人改豐下説解也？又按生部："丰，屮盛丰丰也。"與豐音義皆同，則𧯇已爲合體字，其造法與齒字略同。而豐之古文作𧯌，則𦥑與丰亦無別矣。此等字有遂分而爲兩者，如竹部，笘互本一字，因互行交互之義，而笘遂加竹。箕及𠔽𥫻亦一字，因假義行，而其本字乃或加丌或加竹也。今《説文》中所存之字，固已不古。其十之八九，皆後人加以偏旁，或則筆畫轉變，失其原形。故居今日而欲求初文之形，厥有兩義：一當博搜古字，而不可爲《説文》一書所限。籀、篆以前之文字無論矣。即隸書，其原起亦與篆書同時，並非承小篆而變，詳見《中國文字變遷考》。隸書之原起，既與篆同古，則就之以求古字，其可用，自亦與篆書相等也。二則凡字皆當分析之，以求其初形，不可認現在之形，即爲初造之文。斯事繁賾，引其端尚易，竟其業實難。予於小學，愧非專門，未能從事於此。惟少時嘗就許書，求其字之足當文之目者，無論其尚爲獨體，抑已爲合體；尚爲原形，抑已經轉變，悉行寫出，而爲之鉤求其所以然之故焉，名之曰《説文解字文考》。今亦別寫爲書，所造雖淺，亦足供治斯學者之參證也。

　　文字之初，原於圖畫。然有異於圖畫者二端：一、圖畫貴於肖物，文字取足示意而止，故其筆畫必簡。二、圖畫祇能象有形之物，無形之物，祇能於形中曲傳其意，而文字不然。故凡字之直象物形，或其筆畫極簡者，皆初文也。

　　字之直象物形者有二：一、象有形之物者，如：牛、羊、犬等字是。許書載孔子之言曰：“牛羊之字，以形舉也。”又曰：“視犬之字，如畫狗也。”雖未必果爲孔子之言，要爲許以前字説。許書引孔子之説凡八：王、士、儿、黍、羊、犬、貉、鳥是也。説字託諸孔子，蓋一時風氣如此。今篆書之牛、羊、犬字，橫看之即成牛、羊、犬之形。雖其筆畫甚簡，原與圖畫殊科。然二者本非同物，或後來轉變求簡，或初造之時，原祇如此，要爲直象物形。説字者之説，原不誤也。二、象無形之物者，如：牢坐𠃊㠯了只等是。

　　文字以簡畫示意者，亦有數種：其最簡者，如：丶一丨是。《説文》中丶一丨所象之物甚多，非專訓數及“上下通”及“有所絶止而識之”也，詳見《説文解字文考》。其稍繁者，則屈曲其畫，如：一下垂而爲几，丨上趨而爲亅、乙，左右戾之而爲丿、乀是。更繁複即用多畫，如：積一而爲二、三、三，交丨而爲乂，交丨一而爲十，及弓、丂等字是也。

　　畫簡而所象多，非徒丶、一、丨等一畫者爲然也，即稍多其畫亦然，如屮彡等是，亦見《説文解字文考》。許書明言相似者，即此類也。

許書明言相似者十二：鳥下云：“鳥之足似匕，从匕。”角下云：“角與刀魚相似。”虎下云：“虎足象人足。”麤下云：“麤足與鹿足同。”离下云：“與禽离頭同。”鹿下云：“鳥鹿足相似。”匓下云：“頭與兔同，足與鹿同。”兔下云：“兔頭與匓頭同。”能下云：“足似鹿。”魚下云：“魚尾與燕尾相似。”龜下云：“龜頭與它頭同。”禽下云：“禽、离、兜頭相似。”是也。此等爲許君原文與否姑勿論，即謂後人添注，亦必古有是説。匕刀儿等之多所象，猶之丶一亅屮彡等之多所象也。

欲示其物，則直象其形，此實最粗淺之法。但較結繩已有進。後人或以造獨體之文爲神聖之業，而造合體字之法轉居其下，非也。古人於象形之外，不知更有他造字之法，故其所造之字，必不能多。使其逼肖物形，則雖窮於無形之字，尚不窮於有形之字也。然文字究非圖畫，勢不能如圖畫之繁。欲博象世間之物，而其筆畫又須極簡，則眞窮於術矣。造字不多，則不能足用，此古代形借之字之所以較後世爲多也。見《論假借》。然此因古人所用之字，究屬不多，故可勉強攝代。若在後世，則不惟混淆，亦必不能足用矣。此象形字之所以窮，亦獨體字之所以窮也。

象形之法，稍進之，則爲增減或屈曲其畫以見意。此其異於純象形者，以其爲既有字之後，乃就而用之，非復取象於物也。減筆或屈曲其畫之字無論矣。即增畫之字，亦不容説爲合體象形者：合體象形之字，所增加之一體，必係取象于物，此則僅增一畫以示意。合體象形，合兩體以上以成一字，所用者已係合體之法，此則就固有之字，稍加改變，所用者仍係獨體之法也。增畫之字，如又部之彐是。減畫之字，如凵之於口、朩之於木、𠃌𠁼𠄌之於子是。此等減畫之字甚多，如：彡，“鳥之短羽飛几几也，象形”。飞，“新生羽而飛，从几，从彡”，亦可説几爲彡減彡。丫“羊角也，象形”，羊下云：“从丫，象頭、角、足、尾之形”。案羊字上出兩斜畫象角，上橫畫象頭，次兩橫畫象四足，直畫象尾，亦可説丫爲減羊兩橫畫。凡從丫之字，直畫皆甚短，蓋本無此畫，寫者依部首增之。則亦可説丫爲艹，減羊字之干，專象其頭角也。屈曲其畫之字，如屯之於屮、朿之於木、大夨仌夭之於大是，此指就固有之字屈曲其畫以見意者。如其造字之初，本取曲畫者，不在此例。如畕下云“𤰈，象耕田溝詰屈之形”，九下云“象其屈曲究盡之形”是也。《宋史·儒林傳》：崔偓佺“引對便坐。太宗顧謂曰：李覺嘗奏朕云：四皓中一先生，或言姓用字加撇，或云加點，爾知否？偓佺曰：昔秦時程邈撰隸書，訓如儌隸之易使也。今字與古或異。臣聞刀用爲角，兩點爲角，用亅一撇一點，俱不成字”。其實此如今之乒乓，乃減畫之例；若云用字加撇、加點，則增畫之例也。

又有引長其畫者，亦與屈曲其畫相類，如彳下云：“長行也，从彳引之。”世下云：“三十年爲一世，从卉曳長之。”是也。￥下云：“从生上下達。”永下云：“象水巠理之長。”實亦此例。至造字之初，本取長畫者則亦不然，如肉部胤下云“子孫相承續也，从儿象其長”是也。

有所謂從古文之象者，此係字體之傳譌，或寫者改變字形，與增減屈曲其字之筆畫，有所爲而爲之者，相似而實不同。此例，許於革、於、弟、民、酉五字下言之。又大下云：“古文大。”亣下云：“籒文大，改古文。”亦其例也。然實係此例而許未言之者甚多，如囘下云：“轉也，从口，中象回轉之形。”皮下云：“从又，爲省聲。”其説皆極難通。此實承古文𢏔籒文𡥆而變耳。攴部：徹，“通也，从攴从育”。王氏筠曰：“從育不可通，直是古文𢽍形變。”予案鬲下云：“鼎屬。象腹交文，三足。”冖無所取義。石部：碼，从禺聲。其字作禺，蓋其未譌之形。川象三足，囟象腹及交文，一象其蓋，丰則其頸亦有文也。則鬲已爲譌變之形矣。此等字形譌變，在六書中原無可附麗，許亦説爲象形，實屬牽强。此亦可見真欲説明字形，六書之例，殊不足用也。

小異於增減屈曲其畫者爲增減其字，時則有半文及叠文。而叠文之中，又有叠二、叠三、叠四之殊；叠二之中，又有重書、並書之別。半文所以異於減畫者：彼爲減其畫，此則省其字之半也。叠文所以異於增畫者：彼僅增其畫，此則所增者爲字。所以異於合體字者：彼知合數字以爲字，此就一字重複爲之，實仍獨體字之變也。

半文之例有二：一字之兩體相同者，取其一體。如支下云“从半竹”是也。此據古文𥫗而言。二則字雖不可分爲兩體，而其左右形狀相同，截取其半者，如片下云“从半木”是也。其説解雖稱爲半，而非此兩例者，只可歸諸減畫之例，如夕下云“从月半見”，谷下云“从水半見”，卪下云“从半卪”，胙下云“从半肉”是也。此等字所減者皆不止一畫，與乚帀等字，實亦小異。許或説爲半，或不説爲半，亦無定例。如臦下云“从殘肉，與姐同意”，然説爲殘而不説爲兩半肉；㕣下云“从水敗兒”，實亦與谷同意，亦不説爲半是也。

　　此例所以祇能説爲半文,而不能指半文爲全,全文爲其叠者,以其確係取全字之半以見意也。如彳下云:"小步也,象人脛三屬相連也。"亍下云:"步止,从反彳。"行下云:"人之步趨也,从彳亍。"象人脛三屬相連,無以見小步之意。王氏筠謂必先有行字,去其半以見小步,又反之以爲步止,其説甚精。故半文斷不能誤爲全文也。

　　合二之文,上下書之者,許君稱爲重文;左右書之者,則稱爲並文。多下云:"从緟夕",其古文作夥,説云"古文並夕";棗下云"从重朿";棘下云"从並朿"是也。然凡篆有或體,及古、籀與篆相異者,許皆稱重文。于此又稱重文,未免相混,故後人改稱爲叠文焉。叠文與並文,有同字者,如多夥是。有異字者,如棗棘是。賏爲並文,而籀文敗以之作賏,亦與多字古、篆以重並爲別同。至部㘴爲並文,而㞢部遟亦重書之,則并無古、籀、篆之殊矣。蓋字體之部位,有可移易,有不可移易者,叠並文亦然也。

　　叠文有與不叠之字同者,如屮古文以爲艸字是也。有不與所叠之字同者,如林爲葆木,不能謂即木字;賏爲頸飾,不能謂即貝字是也。王氏筠曰:"凡叠三成文,未有不與本字異音、異義者矣。其叠二成文,則音義異者固多,而同者亦有之。"《釋例》所輯,叠文與單文音義異者五十有餘,其中夵、兹二字,仍係音義相同。夵下云:八亦聲;兹字今讀子之切,然《廣韻》在一先,胡涓切,全引《説文》,則仍讀爲玄也。同者十有二。王氏以爲籀文。予案所謂籀文者,蓋指《籀篇》文字異於小篆者而言。《籀書》十五篇,建武時亡其六,許君所見,猶五之三。今許書所載籀文凡二百二十餘。假定籀篆異體之數,各篇相同,則籀文之異於小篆者,尚當有百四五十字,合之得三百六七十字。籀書九千字,以有複字故,其字數難確知,然不能遠少于小篆;以李斯等作字書,許云"皆取《史籀》大篆"也。又云"或頗省改",或頗者偏有之辭。然則籀文之異於小篆者固不多,可知其不能字字繁複。且今篆文中,叠文固亦甚多也。然則籀文較之古篆,固好繁複,遂指繁複者必爲籀文,亦未然矣。惟云叠文仍與單文同,古篆皆有其例,而此例與籀文之好繁複同,則無病耳。

又有兩體相同,然不容説爲叠文者。如羽不可説爲兩彡,門不可説爲兩户是,以鳥自有兩羽,門自左右相對也。

叠文有即取義於二者,如:㸚下云“二爻”,皕下云“二百”,雔下云“雙鳥”,䀠下云“左右視”,誩下云“競言”,友下云“从二又相交”此字之本義,當爲相助,與右爲音義皆同字,引伸爲朋友之友。許君説右云:“手口相助”,亦泥字形,故加手口二字耳。是也。有但取多義,不限於二者,如:𢆶從二幺,但見其小之甚;林從二木,亦非二木即可成林也。

至於叠三成文,則其意大抵在示多數。王氏筠云:三文惟“灥三泉也”言三,餘除㚘惢等不論,“由數目取義者,或曰衆,或曰多,或曰羣,皆不言三。未有如玨下之二玉相合,㹜下之兩犬相齧,即以篆文定其數者;可知即至十百千萬,皆以三概之也。即其獨體成文者,氣不能别之爲三也,彡不能止於三也,川不能分之爲三也,而且山字三峰,火字三燄,斷非拘以數也。指之列多,而𠂇又約之以三,足趾同乎手,而止亦約之以三。然則凡數多者,皆可約略而計以三也。故知三也者,無盡之詞也”。又云:“多部説又云重日爲叠,言重不言三,故知三也者,無盡之詞也。”予案古人言三,本爲多數之意,觀汪氏中《釋三九》之文可知,王氏此説甚通。

王氏又曰:“《説文》有叠四成文者,茻㗊㠭三部,吾重惑焉。由此推之,則五人爲伍,亦可叠五人字以爲字也;萬有二千五百人爲軍,亦可叠一萬二千五百人也。吾意茻字從二艸,非從四屮;㗊字從二吅,非從四口,大篆從茻而小篆從艸者,五十五文。寒下云‘以茻上下薦覆之’,其茻亦分爲二,是茻爲兩艸之證也。從㗊者皆分諸上下,而囂之或體𧮫但從吅,是㗊爲兩吅之證也。獨至於㠭,並無從二工三工之字。原《注》:《積古齋》楕妃彝有㠭字,而詞意不甚可解。㠭,極巧視之也。許君不言讀若某,而《唐韻》知衍切,則是依𧟌、𡪤作音也,且本部衹一𡪤字從其義,其説曰窒也,㠭猶齊也,申之曰猶齊,則不取極巧視之之義。夫依從之之字以作音,是無音也;從其義者尚别立一義,是本字無義也;經典又無此字,是非字也。非字而許君收之者,直以前人率然作之,而適有他字形與相近,非此無以統之,遂不得不收耳。”予案許書部首,本無深義。王氏所云衹是有從之之字,便爲部首者,其説極確。然許書通例:叠文無從之之字者,即附單文部末;有從之者,即别立爲部。如沝部只㵘㶌二字,其篆文皆作流涉,正可以沝附水部,㵘㶌爲流涉之重文,而許君不然,則似有所受之。所受者當否,别爲一事。沝下説解云:“二水也,闕。”似謂闕其音者。王氏《句讀》曰:“沝即水之異文。許君未得確據,故不質言之。而與㠯亦自字麻與林同異文也。王玉樹曰:鄭氏《易》:坎爲水,水作沝。郭忠恕《佩觿集》:音義一而體别:水爲沝,火爲焜。是水與沝音義並同。筠案此説最精。凡叠二成文者,如絫、㸚、从、棘、兟、卯、屾、豩、鱻、所等,皆當與本字無異。惟沝之即水有據,故於此發之。”予案今《説文》言闕者,不盡許君原文,王氏已自言之。則安知此闕字非後人所補,即斷此字之無音?況珡下説解,並不言闕耶。許書言讀若者本少,知衍切之音,雖或係據褎屭而作,安知非舊音失傳,而遽斷爲本無乎?許書據形繫聯,原衹據其形,並不謂部中之字,其義皆與部首相類。如品部之喦喿,皆從三口,而非從品物之品;羴部之羼從三羊,而非從羊臭之羴;晶部之曡從三日,而非從精光之晶;麤部之䨽從三鹿,而非從行超遠之麤。乃至惢部之繠,以爲從心疑之惢,固不可通,即以爲從三心亦不可通,《釋例》亦已自言之矣。安得以寋下説珡爲齊,遂疑極巧視之之義不可信乎?若謂其字不見經典,則《説文》中字不見經典者固多也。字形拆開,古有其例。部中字有叠四成文者,如籀文之亖是,王氏亦自言之。又囿之籀文作圞,王氏引許瀚説,謂“此作周垣而界畫之,實之以四木,以象木之多,非從二林也”。安得執寒囂二字,謂其必從二艸、二吅哉?至謂三已爲無盡之詞,若必叠之至四,則伍亦可叠五人字,軍亦可叠萬二千五百人,則尤爲曲説。叠文固造字之一法,然亦不容過繁。叠四成文,雖繁尚可成字,故有之而不多,而叠五則絶無之也。又安得以此疑珡之非字乎?予謂古人作字,固好繁複。

其理見後。工未嘗不可作江,江又未嘗不可作珏。叠二、叠三、叠四之文,誠有與單文不異,而亦互不相異者。然二即以示二義,三即以示三義,四即以示四義,或皆以示多義者,亦非絶無。要當各如其例説之,未可執一端以概其全也。文字並非一人所造,亦非先立條例,而後依之造字。故其條例雖有大齊可求,斷不能斠若畫一。向來不知字學者,皆誤以文字爲神聖之人所造。明於字學者固不然。然此等見解,亦終未能盡除。如王氏謂三已爲無盡之詞,即不應再有叠四成文之字,皆由視造字條例過密,致有此誤也。同一字形,而其義不能畫一,亦由於此。如王氏所説,嵒枲非從品物之品等,乃由造字之人,意境各有不同之故。謂品實兼具嵒枲之意,許説遺漏固可;謂造品字之時,本無此意,後人假借用之亦可;即謂造嵒枲二字者,本不知有品字,而自用三口見義,亦無不可也。許書則但據形繫聯耳。一形所涵之義,固可甚多。安能保部中之字,所取之義,不越部首以外?如此,又何以説假借乎?即如丨,"上下通也",然部中中字、㞢字,豈有上下通之義乎?

　又有變其字之位置者,是爲倒文及反文。倒者,易其上下之謂;反者,易其左右之謂也。許書於倒、反不加分別,如:𠤎下云到人,𣇻下云倒首,而𣧑下曰反𣅀,𠬠下曰反予是也。許書此等處體例不能畫一,蓋由所據者如此,不加改定,可參看《中國文字變遷考》。

　有似倒而不可説爲倒者,如竹不容説爲倒艸是;有似反而不容説爲反者,如𠂇不可説爲反又是。以艸、竹各有其物,左右手亦各有其形也。

　有反而異者,如反正爲乏,反后爲司是。有反而不異者,如𣥂爲反少而亦説以少,爪爲反爪而亦説曰𠬼是。古象形字不甚拘繁簡、向背,羅振玉《殷商貞卜文字考》有一條詳論之。夫全不拘向背,則于倒文、反文之例不可通。蓋古字有可不拘向背者,亦有不然者也。

　字之兩體相同,而又相倒相反者,時曰反對文。如籀文諆從二,或作𤕨,𣥠從四止,步從止𡳿相背,𧩮從二臣相違是也。此不盡表相反之意,亦有表順承之意者,如㚇下云"服也,從夂𠂔相承"是也,王氏筠曰:"五經文字云:贙俗以二虎顛倒,與《説文》、《字林》不同,竊意俗作是也。虤下云二虎,贙下云兩虎,據此知其不顛倒。贙下獨云从虎對爭耳。若如今本,是背而不對也。疑字作𧇢,如𤕨字之比;以其難寫,乃作贙,後復改之,而《説文》亦因而改易。不然,楷字皆取便利,𤕨通作𤕨,甚不顧其安,何獨於此字倒之以自躓於不便乎?""乃作贙"下,《原注》云:

"《李勳碑》如此,《文選·魏都賦》亦有此字。"

凡半文、叠文、倒文、反文等之所以作者,以古人造字,未知合體之法,則能造之字不多,不得不即一字反覆用之。此諸字中,雖亦有合體字,大抵後人放前人之例爲之。其最初所用,必獨體之文也。如一手也,象其三指之形,手當動作時,可見者不過三指,故以三畫象其形。左向則爲右,反之即爲左矣。二又相交爲叒,四之即爲共矣。左右相向爲𠬞,反之則爲𠬜矣。猶是三指之形也,覆之則爲爪,反之則爲𠂒,爪𠂒相對則爲[illegible],古文爲實係爪𠂒相對,見《説文解字文考》。爪又相對則爲𠬪,下垂則爲𦥑,𦥑𠬜相對又爲舁矣。此外之字,用之雖不如是之多,其意亦猶是也。昔人以此等爲會意。夫會意必合兩字之義,兩字義異乃可合。倒文、反文,固多獨體字,叠文、並文,亦非兩體相異。説爲會意,未免自亂其例。予謂此等實非六書之例所能該。以六書之例,本不完全故。若求密合,必破棄六書,别立新例而後可。如曰未能,則仍以歸之象形,作爲象形之變例爲較安耳。叠文後世仍有之,如王氏《釋例》所舉後周廣順摩崖之䨺順二年是也。至於反文,則不獨更無作者,即存者亦全不見反之意,如𠂇又改爲ナ又是也。此由篆隸筆法不同:篆取圓筆,左右、上下行皆可,而隸書則惟能自左向右,自上向下耳。

又有但作一畫以見意,而不復曲象其形者,此象形之極變也。如本下云:"木下曰本,从木,一在其下。"朱下云:"赤心木,从木,一在其中。"末下云:"木上曰末,从木,一在其上。"刅下云:"傷也,从刃从一。"寸下云:"人手卻一寸動衇謂之寸口,从又,从一。"尺下云:"人手卻十分動衇爲寸口,十寸爲尺,从乙,乙所識也。"皆是此例。夫造象形字至於但作一畫,指示其所在之處以見意,而不復曲象其形,其變可謂已極,然所能造之字仍不多。則知獨體之文,終不能不窮於用,而合體之字,不得不與之代興矣。獨體象形字,後人亦有造者,如凹凸,依許書當作窅昳,爲合體字;凹凸二字,出於聲類,轉係獨體象形是也。然此等爲數甚少。

本、末、尺、寸等字,今人多以爲指事。然如吾説,則指事亦當爲合體字,而本、末、尺、寸等字所從之一乙等實非字,則仍衹可視爲部分象形之變例耳。王氏筠曰:"半意、半形,半意、半事者:許君於其意必出其字而後解之,於其形與事則不出而直解之。蓋以苟出於説解,則人疑其爲字也。今本多有出者,則校者恐人不解,側注於旁,以醒人目。而昧者傳寫,輒以入正文也。"其所舉之例,如:牟下云象其聲,氣從口出,謂厶;不出者,嫌於音私之厶。牽下云象引牛之縻,指冂;不出者,嫌於莫狄切之冂也。愚案許書非字而出於説解者甚多,勢難盡指爲傳寫之誤。惟許君之意,則並不以之爲字;以之爲字,確係後人之誤。許書所以不立不出於説解之例者,因此本顯而易見,不待不出以別嫌也。許書非字亦言從者,如𡮢下云"山羊細角者,从兔足𦥑聲"是也。許本不以爲字而後人誤爲字者,如:屰下云:"不順也,从反入从一;"芈下云:"羊鳴也,从羊,入一爲屰,入二爲芈,言稍甚也。"屰非反入,而芈亦非從干從一。入一入二者,謂以屮入一入二,非謂屮爲反入也。後人因芈下有入一入二之説,乃改屰下之從屮爲從反入,又改芈下之從屮爲從羊。羊苟從干,又何入二之有?又有出於説解中,似字而實非字者,如爨下云"𦥑推林納火",祇可解爲推木,不可解爲推林是也。

然則造字而知合體之法,實爲一大進步。昔人顧以造獨體字爲神聖之業,其誤不辯自明矣。即今人亦有謂篆書可見造字之意。能明造字之意,則易於記憶。主張教學童識字時,今隸而外,兼爲略説篆書者。於是小學校之國文教授書,無不兼及六書者矣。民初之事。此實皮相耳食之談。無論教學童以今隸,又爲兼説篆書,未免徒滋紛擾也。即謂有益,而今日通行之字,尚與篆書相近,篆隸可相印證,由篆書又可推見造字之意者幾何?此若干字者,則便于記憶矣,其餘之字若何?天下事固不盡有形可象,即有形可象者,亦不能分析入微。如目可象形也,看字尚勉强可謂有象形之意。然如觀望等字,仍皆欲用造看字之法造之,即必窮於術矣。且字義時有變遷,今日所用之義,非復古時之義也。説明古人造字之意,何補今字之記憶?象形文字之在今日,祇爲中國字之字母耳。此各國文字之初,亦無不然者。然 ABCD 之緣起,何以祇爲考古之資,不爲小學之事耶?

顧《説文》有所謂貴者象形者,其説見於焉字下,曰:"凡字:朋者,羽蟲之長;烏者,日中之禽;舄者,知太歲之所在;燕者,請子之候,作巢避戊己。所貴者,故皆象形。焉亦是也。"此當謂爲之特造一字耳。非用固有之字拼成。特造一字,何以爲貴?殊不可解。若謂象形字爲初起,其餘諸文皆在其後,因貴之之故,古人既已造字,則切於日用之字多矣,古人豈能置之不造,而獨造其所貴者邪?此數語是否許君原文不可知,即謂爲原文,亦不免博采之失耳。

獨體變爲合體,則其筆畫降而益繁。然古人作字,本好繁複,見後。故獨體字後亦多變爲合體。如前所舉雲网等字是。而最簡之文,如𠂇古文厷象形,今則厷亦廢而行其或體肱矣。㇏古文及。等皆廢矣。

然象形之字,亦有失之太繁者。如爨下說云:"𦥑象持甑,冂今本作臼,段改。爲竈口,廾推林納火。"此字今人說爲會意矣。然如吾說,六書之例,當反之於古,則亦當從螽字之例,說爲象形。象形字而欲多造,固必不免此失耳。此字籀文作𤓽,可知𦥑爲後加;然𤓽亦已繁重矣。

象形字之初出,雖與圖畫殊科,其意尚屬相近。其後改易殊體,遂致去而愈遠。如目字,《博古圖》作⊙、𝒪,蓋純象形。今字破𝒪字之〇作〢,而又縱書之,則全不像。昧者誤以一畫爲象瞳子,乃說爲重瞳子矣。不論字之横、直、正、反,亦爲圖畫之意致亡之一端。凡圖畫,必有一定之方向。不論横、直、正、反,已失圖畫之意矣,然仍有時與圖畫合也。至於籀、篆、隸書,則字之横、直、正、反,皆有一定,而其方向,有與圖畫之意適相反者。如目本當作𝒪,而今適作目;水本當作☰,而今適作巛;又如牛、羊、犬等字皆宜横看;臣字古文作𝒪,實象人伏形,而今亦縱書之是也。篆書中偶有横直不拘者,如雋之從弓,𣶒之從水,弓、水皆係横寫是。然此特極少之例耳。又如鼻之本字爲𦣹,蓋以𝒪象鼻,而其下則爲口字。所以必兼畫口者,以純鼻不易象,且恐與三合形之△混也。古文作𦣹,則又兼畫兩眼,與圖畫之㒼無異。故加以□即成面、頁等字。詳見《說文解字文考》。如今自字,象形之意,已全不可見,況又純用引伸之義,而其本字顧代之以鼻乎?

文字既非圖畫,則其形狀,自不必與物畢肖,故有隨意改易者。如星下說曰:"一曰象形,从〇,古〇復注中,故與日同。"夫日本可作〇,所以注中者,示實之意,以别於訓員之〇耳。古有訓員之〇字,見《說文解字文考》。古文曐爲形聲字,其初或作𠁻,不注中以别於日,三之以别於〇也。日月皆一，而星則甚繁，故三之以見多義。若〇復注中，則與三日無異矣。此等蓋因隨意加畫而譌。

又有迻出轉變者。如米番本係一字，而米有古文釆，番有古文𥸠。蓋𥸠之形最古，前五畫以象爪，〇以象掌，中畫曳而長之以象脛，去其〇則成米，更略去兩畫則成釆；而𥸠亦可變爲田，以米加田則成番矣。亦見《説文解字文考》，此等字往往不免於複。如替下云：“从殘肉，日以晞之。”然籀文作𣊦，則從殘肉而又從全肉矣。高下云：“宫中道，从口，象宫垣道上之形。”此祇説回，明𠂤爲後加也。中蓋象物之高出者，亦見《説文解字文考》。〇即口，是亦重複也。又如自下云：“頭也，象形。”兒下曰：“頭也，从自从儿。”蓋又加以人字，已爲重複；頁下云：“顏也，从百，象人面形。”則複而又複矣。夫如今形米，則似米，又似官溥所説似米而非米者。田既似田，又似果之上體。合二形以成字，孰能知其所由來乎？又如霝，“雨零也，段依《廣韻》改雨云也。从雨，吅吅象零形”，夫口“人所以言食也”，即器下云“象器之口”，亦祇能該凡口之義，而不能象雨零之形。蓋古字鏤空與填實不分，口本可作▽，填實之則成▼；霝字下體本作𣲙，後乃變爲吅吅也。夫此等處，乃據今之篆書，尚可窺見其本原者耳。其不能窺見者何限？且此等説，皆據今日所見之字。吾曹所見者祇此，則似覺可通，然究有合與否，亦殊不可知也。然則字之初形，豈易知哉！

象形文字，不免混淆，此乃其事之性質如此，無可如何。如一𥸠字也，改易而成釆，又改易而成田，遂致與米田等字相混：此固可諉爲轉變之失。然如石字加厂，即非純象形矣；若純象形，只當作口。文字既非圖畫，豈能舉筆即畫石形？其勢非成規形之〇，即將成方形之口，終不免與訓員之〇，訓回之口相混。即能避去〇口二形，然若凡字皆欲以象形之法造之，又豈無不方、不圓之物，與之相混者邪？此象形之術所以終窮也。

四、指　事

　　凡講六書,其道有二:爲考古起見,求古人所謂六書者,説究如何,一也。爲講明字例起見,研求六書之説如何而後盡善,又其一也。六書本粗略之説,微論其不足以盡字例,即用爲字例之大綱,亦終覺未安。故吾謂講文字之學於今日,而仍拘守六書之例,實可不必。即謂不然,而研求六書之説如何而後盡善,與求古人所謂六書者説究如何,亦係兩事。立一説於此,謂六書之説必如是而後盡善可也。執盡善之説,遂謂古説即係如此,則誣矣。精於考古者,莫如清儒,然於此似未見及,則尊古太過之弊也。

　　許説指事曰:“視而可識,察而見意。”其説未甚明瞭。其所舉之例,又祇上下二字。次於許君者爲衞恆。其説曰:“在上爲上,在下爲下。”其言彌不可解。今案衞恆而下,説指事最古者,莫如賈公彦。公彦《周官疏》曰:“人在一上爲上,人在一下爲下。”知今所傳《四體書勢》實有奪文。篆文上下二字,皆當從人從一。今本篆形實譌也。段氏臆改爲二、二,殊非。《説文》璧字從𠄐,芐字從𠂈,豈得改爲璧芐邪?

　　古“事”與“物”通,“指”亦訓“處”。故許《序》指事,鄭司農作處事。知指事即處物。處物者,因其物之所在,以定其字之義。亦爲合體之字。所以異於會意者:彼合兩字之義,此則兩體之中,其一爲實物耳。

　　指事字爲數頗少。嚴密言之,惟閏、從王在門中。葬、從死在艸中。𡔈人在宀下，以茻上下薦覆之。等字，足與許所舉上下二字相當。推廣言之，則凡偏旁部位，不可移易者，皆合指事之意。王氏筠曰：凡"日部字：日在上者，雖不盡是光明字，而無一昏暗字；日在下者，大都是昏暗字，惟啓有由昏之明之意。晉下云：'日出萬物進，不主日。'晢字則大徐誤也，小徐作晰是。"即此意也。予案日部字，惟杲從日在木上，杳從日在木下，確有合於指事之例。至昳從日在西方，隷書移日於上，段氏譏其失製字之意，固然。然其字自是形聲，謂其日在仄右，亦含指事之意則可，逕以爲指事字，亦未安也。然則指事字信不多矣。

指事古説，不過如此。後人自立條例，曲生新解，於是有以象有形之物爲象形，象無形之物爲指事者，而不知八象分別相背之形，確無的指之物，説解固明言象形也。又有以本、末、尺、寸等字爲指事者，此則爲段氏改上下爲二二所誤。甚至拆字爲説，如匙字等，明屬會意者，而亦隷之指事，則更不足論矣。

五、會　意

　　會意之説，許曰：“比類合誼，以見指撝。”夫曰比、曰合，則必有兩誼而後可。故會必釋爲合，而不容釋爲領會之會；領會之會乃今義，非古義也。武信而外，惟“背私爲公”，背八一字。及“屮是少也”等，爲會意之正例。是，説解曰：“直也。從日正。”謂日正臨於物之上。物，日正臨其上，則其影小。古少小二字通用。是小，謂其以是而小也。罷下云：“遣有罪也，從网能，言有賢能而入网，即罷遣之。”説雖周章，亦與武信一律。蔭下云：“艸陰也。”詁下云：“訓古言也。”則雖與屮字一律，已可説爲形聲矣。俗造歪字，卻係會意正例。言語自少之多。其孳乳也，必就相類之義，小變其聲以當之。故字義相類者，其聲亦必相類。此形聲之字所以多可説爲會意也。然既分六書，即當嚴其界畫，形聲製字，自係有取於聲。若因其義可相通，而即説爲會意，則其部分不明矣。形聲字且不可説爲會意，而務推廣其例者，乃舉倒文、反文、增畫、減畫、屈畫、半文、叠文等，悉以歸之。夫如是，則非釋會爲領會之會不可。主此等説者，亦知其不可通也，乃曲爲之説曰：如彳亍二字者，“分行字以會意，非識行字，即此二字不可識，仍是會合本字”也。真可謂之鑿空矣。

　　會意之字，比合兩字之誼，乃既有文字之後合兩字以成一字，所謂“合體爲字”，與初文之一字而可析爲兩體者，不可同日語也。而劉氏師培乃曰：“會意者，兩形並列之字也。亦出于古代圖畫。如儛字從人從舞，即畫人而加以舞蹈形也；婦字從女從帚，即畫一女持帚之形；苗字從草從田，即畫草生於田之形；焚字從林從火，即畫以火燒林之形。"不知此乃象形字之較繁複者,前所舉之果字等,正是此例。此可説爲合體象形,不可説爲會意也。然如儛、婦、苗、焚等字,苟如劉氏之言畫之,猶必兩形並列也。乃劉氏又曰:"信字從人從言,在上古時必畫一人作欲語之形。""位字從人從立,即畫一人直立之形。"夫如今信字、位字,以人字與言字、立字合成,則可比合兩字;若用象形之法畫之,欲語之形,直立之形,試問如何離卻人字,更成一體? 然則何云兩形並列邪?

六、形　聲

　　形聲者,造字之法之大進步也。象形、指事、會意,造字皆不能多,勢必不足於用。有形聲之法,則以字表言,以言表意;意之能達與否,其責由言負之,與字無涉矣。故有形聲而文字之用不窮,小徐顧謂其在六書之中,最爲淺末,誤矣。

　　形聲字大抵合兩字而成,一取其義,一取其聲,此夫人之所知也。兩體之中,先有義旁,而後覓一聲旁以表其聲歟? 抑先有聲旁,而後覓一義旁以表其義歟? 則論者之説不一。尋常人多謂先有義旁,以其論造字注重於達意也。治文字之學者,則或謂先有聲旁,謂同一音也,所表之義,降而益繁,筆之於書,未免淆混,則加一義旁以爲別。在未加義旁前,其字爲假借;在既加義旁後,則其字爲形聲也,此即所謂分別文,見後。固確有是理。然形聲字之聲旁,與其讀音初不密合,此其誠證有三:一、同從一聲之字,韻部互異。如頎、旂同從斤聲,而《衞風·碩人》,頎與衣、妻、姨、私爲韻,《左》僖五年,旂與晨、辰、振、賁、煇、軍、奔爲韻是也。《説文》之讀若,亦有如此者。如倗從朋聲而讀若陪是。二、形聲字所從之聲,與其讀若即係一字,如珥讀若眉,嗁讀若虎是也。此例最可疑,然《釋例》所輯,凡得三十九字。王氏曰:謂"皆後人所增,何至如是之多? 且彼於要義或删之,何獨作此費辭乎?"三、聲義皆同之字,讀音不同。《爾雅·釋詁》:"隕、磒、湮、下、降、墜、摽、蘦,落也。"《注》曰:"磒猶隕也,方俗語有輕重耳。"此例甚少,然明白無疑。而或體亦多因聲旁,則必有先有義旁者。許《序》云:"以事爲名,取譬相成。"以事爲名,猶言據物造字;取譬相成,則謂加一字以表其聲,以曉讀者耳。然則許意亦謂先有義旁也。故先有義旁或先有聲旁,必兼之而義斯備。抑造形聲字必兼取義旁及聲旁,則二者實不能謂有先後。即其有先後可言者，於實際亦無關係，斯説也，置諸勿論可也。

形聲字之先有聲旁，而後加義旁以分其義者，其聲、其義，必能互相關聯，此誠自然之理。即先有義旁，而後加聲旁以表其聲者，就其聲旁，亦非遂不能得其義。何則？凡義之相類者，其聲亦必相類，此乃語言自然之例。造形聲字者，固無處覓全與字義無涉之聲旁也。故王氏筠謂形聲字必如許所舉之江、河，但取其聲，而於義了無干涉者，乃爲最純之例。其説實爲非是。何者？用字注重其形，形不同者，即聲同而義亦鑿然各別，此乃後世之事，古人初不如此。古人用字之重聲，遠較後世爲甚。王氏媒下云："謀也，謀合二姓。"妁下云："酌也，斟酌二姓。"而不曰"謀省聲，酌省聲"，以古人用字，以聲爲主，某勺自有謀酌之意也。其説甚通。乃又云："椵木色紅，故字與頳同音，而聖聲中不能得此意；祥讀普，故兩字之訓，皆曰無色，而半聲中不能得無色意。"則自相矛盾矣。聖之與頳，半之與普，在今人視之，鑿然各別；在古人，則安知其覩聖而不能得頳之意，覩半而不能得普之意乎？故謂形聲字之聲，與其意截然不相入，讀其聲，絶不能知其意者，乃必無之事也。然則形聲、會意，將何以爲別？曰：當視造字之意而定。造字之時，其合兩體，係一取其聲，一取其義，則所造之字爲形聲；主於比類合誼者，則會意字也。此誠不易分別，然論其理，固不得不云然耳。

形聲字之義旁，於義必不能該備，而亦不能確切不移。故兩形聲字，有時可以互易。如讓、相責讓。攘、此爲揖讓之讓之本字。詭、責也。悄變也。是也。故其或體可以甚多。木部：樏，杴也。王氏《句讀》曰："器用金而以木爲柄，故此從木，而金部又有鍪。所塗者泥也，泥用土及水，故《孟子》'毀瓦畫墁'，從土；《莊子》'以蜃行汙漫我'，從水。樏之用手，《荀子》'抗折其貌以象攠茨蕃闕也'，從手。手者，人之手也。《荀子》'汙優突盜'，從人。惟《莊子》'郢人堊慢'，《釋文》'慢本亦作樏'，則或是殘字，不足計。"實其最明顯之例也。

形聲字之偏旁，必爲一形一聲，至其兩母如何配合，則可不拘。

賈公彥曰："江河之類,是左形右聲。鳩鴿之類,是右形左聲。草藻之類,是上形下聲。婆娑之類,是上聲下形。圃國之類,是外形內聲。闠闠、衡衝之類,是外聲內形。"王氏筠曰："闠闠仍是外形內聲,當易以閩、問、闆、闇等字。而從行聲者無在外之字可易,惟衡從衍省聲耳。"殊屬無關弘指。因中國字之配合,除指事外,部位大體不拘故也。

形聲字大抵兩母,亦間有不然者。如櫱從韭而次、弗皆聲是也,此蓋由古人作字好茂密之故。見後。其即以古文爲聲者,如:麗從丽聲,裘從求聲,當亦以此。此亦累增字之例也。見後。

又有所謂"亦取其聲"者,如垩及禿字是。此蓋由造字者意果何居,説解者未能定故。

字有形、音、義三端,象形、指事、會意,就其形祇能得其義,形聲字則兼可得其聲。故考古人之語言,實以憑藉形聲字爲最便。凡同從一聲之字,其讀音雖不能密合,而亦必相切近。苟能求得其一,則其餘皆可類推矣。求得古人之讀音,實爲極難之事。清儒於聲韻之學,用力最勤,然其所考求者,亦以韻部之分合爲多,實詳於韻而略於聲也。予謂人聲變,物聲不變。語言之聲,有模仿動物及自然之聲者。雖至後來,與初有是語時大異。然其最初之聲,則必與所模仿之聲相近,固可即其所模仿者以求之也。如小兒之兒,今吳人讀之入寒韻;淮南人讀之,則音在歌、麻之間。試觀鶃從兒聲,則知古人之讀兒字,其音實與鵝鳴相近,淮南人之音,較爲近古也。

形聲字所從之聲,與其讀音既不密合,故觀其形者,仍不能知其音,此誠爲未善。然數千年來,文字能隨語言而變化,終必由之。今人作文,遇字爲古所無者,或有之而不知。輒隨手造一形聲字,造者初不甚難,讀者亦無不能解,即其明證也。所取之聲,雖不與語音密合,亦有大致可求。如今日稱工商業之主曰老闆,闆從品聲,老闆並不讀老品,然亦不致誤解,其明證也。此非以某一種語言爲據,而實係文字之習慣相沿。以語言不統一,故以一種語言爲據而取其聲,反不如順前此文字之習慣者,爲衆所易喻耳。

七、轉　注

　　六書之中，轉注、假借，説最紛岐，而轉注尤爲難通。許君説轉注曰："建類一首，同意相受。"語意既屬難解，所舉考、老二字，亦未知其舉之之由。求諸古人，江式於六書既無所發明。衛恆曰："轉注者，以老爲壽考也。"賈公彦曰："轉注者，考、老之類是也。建類一首，文意相受，左右相注，故名轉注。"其不可解，亦與許説同。舊説謂"考字左回，老字右轉"，乃誤據隸書爲説，徐鍇已駁之。戴侗《六書故》別舉側山爲阜，反人爲七之屬。案此等字實係象形變格，已説於前。徐鍇説轉注曰："老之別名，有耆、有耊、有壽、有耄。此等諸字，皆取類於老，則皆從老。若松、柏等皆木之別名，皆同受意於木，故皆從木。"又曰："物之實有形可象，則爲象形。指事者，謂物之虛無，不可圖畫。會意亦虛也，無形可象，故會合其意。形聲者實也，形體不相遠，不可以別，故以聲配之爲分異。若江、河，同水也，松、柏，同木也，江之與河，但有所在之別，其形狀所異者幾何？松之與柏，相去何若？故江、河同從水，松、柏皆作木。有此形也，然後龤其聲以別之，故散言之則曰形聲。江、河可以同謂之水，水不可同謂之江、河；松、柏可以同謂之木，木不可同謂之松、柏，故總言之曰轉注。大凡六書之中，象形、指事相類，象形實而指事虛。形聲、會意相類，形聲實而會意虛。轉注則形事之別，然立字之始，類於形聲，而訓釋之義，與假借爲對，假借則一字數用，轉注則一義數文。凡六書爲三耦也。"小徐之説轉注，蓋主於義者也。

　　戴氏震、段氏玉裁,爲清代治《說文》開山。其說六書,大體皆本小徐,特又分造字及用字兩端耳。戴氏答江慎修書曰:"轉注之云,通以今人語言,猶曰互訓。《說文》於考字訓之曰老也,於老字訓之曰考也,是以《序》中論轉注舉之。《爾雅釋詁》有多至四十字共一義,其六書轉注之法歟? 大致造字之始,無所憑依,宇宙間事與形兩大端而已。指其事之實曰指事,一、二、上、下是也。象其形之大體曰象形,日、月、水、火是也。文字既立,則聲寄於字,而字有可調之聲;意寄於字,而字有可通之意,是又文字之兩大端。因而傅衍之,取乎聲諧曰諧聲;聲不諧而會合其意曰會意。四者,書之體止此矣。由是之於用。數字共一用者,如初、哉、首、基之皆爲始,卬、吾、台、予之皆爲我,其義轉相爲注,曰轉注。一字具數用者,依於義以引伸,依於聲而旁寄,假此以施於彼曰假借。所以用文字者,斯其兩大端也。六者之次第,出於自然,立法歸於易簡。震所以信許叔重論六書,必有師承;而考、老二字,以《說文》證《說文》,可不復疑也。"

　　段氏承戴氏之說,謂"全書內用此例,不可枚數。但類見於同部者易知,分見於異部者易忽。如人部:但,裼也;衣部:裼,但也之類,學者宜通合觀之"。又爲詳立義例曰:"異字同義,不限於二字,如裼、羸、裎皆曰但也,則與但爲四字;室、寠皆曰寠也,則與寠爲三字是也。有參差其辭者,如初下曰始也,始下曰女之初也。有綱目其辭者,如詞爲意內言外,而弦爲兄詞,者爲別事詞,魯爲鈍詞,曾爲詞之舒,尒爲詞之必然,矣爲語已詞,乃爲詞之難是也。有云之言者,如孔子云貉之言貉,貉惡也,狄之言淫辟也是也。凡經傳內云之言亦云之爲言者視此。有云猶者,如不下云一猶天也,爾下云麗爾猶靡麗也,本下云大十猶兼十人也,茍下云勹口猶慎言也,寠下云珏猶齊也是也。凡傳注中云猶者視此。有以假借爲轉注者,如會下云曾益也,曾即增;皀下云皀合也,皀即比;灋下云允進也,允即㑞是也。"王氏筠亦宗段說,又爲補姁覷也,覷面醜也一例。又王氏發明《說文》說解當分句讀,故又因此而得三例:一、日部:早,晨也;晨部:早,昧爽也。早字自爲句,加昧爽以申之,早與晨爲轉注也。二、祸下云:禱,牲馬祭;以禱釋祸,再以牲馬祭説其所爲之事,義分廣狹,但就禱之一義,亦爲轉注也。三、罕、跨,步也;罕跨一事,以重文爲訓,步字釋其事,罕跨二字,亦轉注也。又曰:《説文》之例,"有隔字而後轉者,如論下云議也,議下云語也,語下云論也。有互見以爲轉者,如諓下云誕也,誇下云諓也,誕下云詞誕也,講下云諓也"。有逐字遞相注而不復轉者,如"揃之下爲搣,故説揃曰搣也;搣之下爲批,故説搣曰批也;批及揶之下爲捽,故説批揶皆曰捽也。至捽而異文畢矣,即説之曰揃,曰搣,曰批,曰揶,人究不知爲何事也。故質言之曰持頭髮也,而上四字皆可知矣"。又有皆用假借字者,王氏謂之羅紋法。言部:誣,相毁也,毁乃孌之借;女部:嫛,惡也,惡乃誣之借是也。戴氏、段氏博求其例於凡古書,而王氏精求之於許書。轉注互訓之説,至此可謂無遺憾矣。然此説有未安者三:班《志》六書爲造字之本云云,固爲後人所竄。見《中國文字變遷考》。然推原造六書之説者之意,則必以此爲造字之六法,乃並列之。謂此數語非班《志》原文則可,謂作此數語者,并失造六書之説者之意,則不可也,安得忽雜以用字之法乎? 一也。互訓之説,以言乎同意相受則得矣,何解於建類一首? 許説六書,皆爲韻語,誠不能十分確切。謂其四字皆屬空話,恐亦不然。若强解爲同義即同類,豈六書之説,必以《爾雅》爲之注腳邪? 二也。互訓之説,乃就説解求之。《説文》一書,係博采當時字説而成,並非出於一手。六書之説,亦舊説而許氏録之,説皆見前及拙撰《中國文字變遷考》。然則六書之例,安得求之説解? 豈當時撰此韻語者,徧見《説文》中之説解而後爲之辭邪? 三也。故戴、段二氏之説,揆之於理,雖亦可通;然謂古人所謂轉注,義即如此,則必不然也。

於是有以許書之分部爲建類者。江氏聲《六書説》云:"立老字以爲部首,所謂建類一首。考與老同意,故受老字而從老省;考字之外,如耆、耋、壽、耇之類,皆從老省而屬老,所謂同意相受。由此推之,則説文五百四十部之首,即所謂一首也;下云凡某之屬皆從某,即同意相受也。"許氏宗彦宗之,而駁戴氏之説曰:"《後序》曰:其建首也,立一爲耑,即建類一首之謂也。注本言水相輸灌通流。字之從一首相注,亦猶水之從一原相注爾。所謂同意相受,蓋如水之受水也。他如《左傳》言附注,言又注,《爾雅》言注旄首,皆以相屬爲義。轉注之字,亦有屬於部首之義矣。今之言轉注者,不求之于偏旁字體,而求之于詁訓字義,釋轉注爲互訓,謂如《爾雅》之釋詁,不知詁訓出於後來,若造字時欲造一字而先有一字以釋之,則此字可不造。東漢以前,釋古人之書者,曰解,曰説,曰傳,曰故,曰章句,曰解故,曰説義,無曰注者。自鄭氏始有箋、注之名,以後乃多作注,而欲以此當六書之轉注,恐非篤論。"張氏行孚宗許説,謂造字之初,苦難孳乳,每類立一首字,而其餘同類之字,依首字展轉增之。夫許氏釋首字、注字之義,似極確矣。然如吾説,許書本博采而成,六書之説,亦係成説,而非許氏自立條例,則謂"其建首也"之首,與"建類一首"之首,必爲一義,亦屬無當。若謂注字當從古義,不當從漢以後義;訓詁乃三代後事,非造字時事,則如吾説,六書固亦漢人之説,非真西周保氏之教也。至謂造字之初,每類立一首字,而其餘之字,依此而增,則非以文字爲一二人所造不可,其説尤不合理矣。今即置此等勿論,其説亦有不可通者。朱氏駿聲曰:"許書所謂同意相受,惟老、履、广、寢數部耳。他如木部有植物,有器物;水部有地事,有人事;日部有日星之日,有日時之日;尸部有橫人之尸,有屋宇之尸:首雖一而意不同。"然則建部首之字以爲首,部中之字,何同意相受之有?況乎分部多少,本無一定。故章氏炳麟駁許説曰:"五百四十部,非定不可增損也。如蠋本從蜀,而《説文》不立蜀部,乃令蜀、蠋二文,同隸虫部。是小篆分部,尚難正定,況益以古籒乎?必以同部互訓爲劑,《説文》雕、鵰互訓也,雖、雝互訓也,強、蚚互訓也,形皆同部,而篆文雕字作鵰,籒文雎字作鵰,強字作彊,隹與鳥、虫與蚰又非同部,是篆文爲轉注者,籒文則非;籒文爲轉注者,篆文又非。"形體有變,而轉注隨之,訓詁焉得不凌亂邪?是許説亦不可通也。

　　於是有就造字立論而別創新説者,是爲孫氏詒讓及汪氏榮寶。孫氏之説曰:"倉、沮製字之初,爲數尚尟。凡形名之屬,未有專字者,則依其聲義,於其文旁詁注以明之,《説文》晶部釋曡字云:古〇復注中,故與日同。又金部説金字云:左右注,象金在土中。即注字之義。其後遞相沿襲,遂成正字。自來形聲駢合文,無不兼轉注者,如江河爲虪聲字,亦即注水於工可之旁以成字也。後世倘作新名,則亦可用兹例。故古文偏旁,多任意變易。如宮縣之樂謂之牆,鐘磬之縣,半爲堵,全爲肆,而因鐘爲金樂,則作鐪作鐻鏄;簴又鑄金刻木,則作頧作槦;以盛黍稷,則又從米作糦是也。或增益偏旁,如昧爽之爽,借棄爲之,則注日作暜,或事執俘省從爪,則注戈作戒是也。"其釋注字,似亦有理。然《説文》説字之孳乳曰"形聲相益",明係合兩體造成一字,非於一字之旁,更加詁注。《説文》所謂"〇復注中"及"左右注"者,乃指、而言之,即"有所絶止而識之"之、,非以字旁注之謂也。古字偏旁任意增益、移易,觀昔人論音義皆同字之例,可以明之。見後。安得牽合轉注乎?汪氏之説曰:"轉注者,以改字爲造字。老從人毛匕會意,此字之先起特造者也。老字既成,則凡言語之義近於老者,即以老字爲根本,略變其體以別之。故取老爲首,存人毛而去匕,施丂則爲考,考亦老也。施子則爲孝,孝者,善事老之稱也。施至則爲耋,施旨則爲耆,施鬻則爲壽,施句則爲考,皆老之異名也。夫是之謂'建類一首,同意相受'。譬之大川之水,別爲衆流,而還相灌輸,夫是之謂轉注。故轉注者,乃取一合體之字,削其一體,而代之以他體,以爲新字,而其義則仍與原字之義相通或相承者也。夫考以丂爲聲,似形聲字,然不成爲形聲而成爲轉注者,以丂雖是聲,而人毛非形,考之從耂丂乃老字之殘體,非從人從毛,不可以隸人部,亦不可以隸毛部也。孝於文從子,似會意字,然不成爲會意而成爲轉注者,以人毛與子,無意可會;孝之爲義乃以子承老,非以子承人毛也。因此可悟許書之例,凡特立一字爲部首,而其隸屬於此部之字,從部首之省以爲形者,皆轉注之類也。是故以畫爲首,省其中形之田、而代之以日,則爲晝。晝者田之界，晝者日與夜之界，晝爲晝之轉注也。以殺爲首，省其右之殳而代之以式，則爲弑，弑爲殺之轉注也。天下制度文物，並由難而趨易，由拙而趨巧，造字之法亦然。會意、形聲乃象形、指事之集合，而轉注、假借又會意、形聲之簡略。轉注者，即減筆之形聲會意，而假借者，實不加偏旁之形聲而已。”汪氏之說如此。夫“省”及“從殘”，或“省其一體”，《說文》明有此例。若轉注即主於此，許君安得不言？若謂他體可省，而部首不可省，則烏、焉二字，何以入烏部乎？謂一部不可衹一字，則《說文》部衹一字者凡三十七也。夫學說可以不傳，而事實不能驟變。六書之法，後人造字，亦皆能用之，以其爲事勢之自然，亦爲人心所同然，故不期而合也。以改字爲造字，何獨不見於後世邪？荼別作茶，角別作甪，乃減畫非改字。刀斗別作刁斗，乃改畫，非改字。況此二者，皆因字音之譌變而生，非以此爲造字之一法，而據之以造字也。故汪氏之說，亦不可通也。

　　又有改許説以申己意者，是爲朱氏駿聲。朱氏曰：“轉注者，體不改造，引意相受，令、長是也。假借者，本無其意，依聲託字，朋、來是也。凡一意之貫注，因其可通而通之爲轉注；一聲之近似，非其所有而有之爲假借。就本字、本訓而因以展轉引申爲他訓者曰轉注；無展轉引申而別有本字、本訓可指名者曰假借。”其說亦言之成理。然六書非絕學，許君而外，不得遂無人知之。如衞恆即去許甚近。然從未有一人焉，駁許説爲誤者，則朱氏之說，謂之自立一說可，謂其說即古説，則不可也。

　　衆説之紛繁而無當如此；無已，惟仍求諸許書。許書説轉注之語，既不可解，則求諸考、老二字。考、老二字，義近而非盡同，聲近而亦微別。王氏筠謂逼肖其例者甚少，惟莱莉、萻薴與之相當。予案莱莉、萻薴爲雙聲，考老爲叠韻。雙聲字可謂即一語，叠韻字則不然。故吾謂惟粿之與多，乃與考老逼肖，以其義同、韻同而聲別也。多部：“粿，齊語多也，從多、果聲。”信如是也，則吾不得不有取於章氏炳麟之說。章氏曰：“類謂聲類，首謂語基。雙聲相轉，叠韻相迤，則爲更製一字，此所謂轉注。孳乳既繁,即又爲之節制;故有意相引伸,音相切合者,義雖小變,則不爲更製一字,此所謂假借。考老同在幽類,其義相受,其音小變。按形體成枝別,審語言同本株,雖製殊文,其實公族也。"

夫文字必有形、音、義三者,而三者之遷變,不必同時。故有義變而音及形皆未變者,吾欲名之曰引伸。見後。亦有義不變而音少譌,或音小變而義亦微別者,若別爲製字,即成轉注;不別製字,而即用同音之字,則爲假借。蓋音小變而義亦微別者,非別製一字,或借用他字,固難期其吻合。即音少譌而義不變者,非別製一字,或借用他字亦無以顯其言語之真。如今吳語謂錢曰鈿,使以蘇白作文,而仍書之爲錢,即無以見其爲吳語。故必改其形以顯其音,使作此字者,知有金鈿之鈿而用之,是爲假借。若其本不知有鈿字,自造一從金田聲之字而用之,而適於古字合,此例在文字孳乳中亦不乏,見後。則即轉注之例矣。中國文字雖有變遷,而造字之法,則自古迄今,未嘗有改。就後世之事觀之,固足證章氏之說之確也。

八、假　借

　　假借之説，似較轉注爲易明，然亦有宜辨者一端，則許書所謂假借，究係後人所謂引伸，抑真係假借是也。假借舊説，可分三端：一曰因義近而借，二曰因形近而借，三曰因聲近而借。因義近而借，此即所謂引伸，實不容説爲假借。後人或以許所謂假借，實今所謂引伸；今所謂假借，當別之曰通假，其説非是。見後。形借、聲借二端，又當以聲借爲主，因許明言"依聲託事"也。

　　六書之中，假借之法，實爲最妙，以有此則可省無數無用之字也。夫義之差別無窮，而人所能發之聲有限。使造字而以義爲主，義有微別，即須另造一字，則字將繁至無窮。且事理之同異，人人所見不同；據義造字，字數既多，用之必不能一律。何則？甲見爲兩事有異而用兩字者，乙或謂兩事不異而用一字也，則文字必紛然淆亂矣。故用字必以聲爲主，聲同即字同，爲其常；聲同而字不同，爲其變也。

　　天下有無窮之義，不能有無窮之聲。夫如是，則必有聲同而義異之語矣。然言語變遷，最爲微妙。彼於其義之相近，虞其淆混者，自能雙聲相衍，叠韻相迤，別成一音。而於其義之相遠，不虞淆混者，則不然。因言語之別成一音而爲之製字，此文字之所由孳乳，象形、指事、會意、形聲、轉注五種字之所以成；若不製字，即取一固有之字而用之，則文字之所由減省，而假借之所由起也。然則假借者，乃與其餘五書，立於相對之地者也。然假借仍具造字之用。

　　故假借之字，有始終未造本字者，此最假借之正格也。然既造本字而仍不行者亦有之，如五十年前之働、儎二字是。《説文》口部有噞字，說曰"語聲"，然經典皆祇作然，亦是此例。《後漢書・皇后紀贊》："祁祁皇孋，言觀貞淑。"《注》："字書無孋字，相傳音麗，蕭該音離。"又《通鑑》：宋文帝元嘉二十九年，魏"克沮渠氏，得趙畞玄始曆，時人以爲密，是歲始行之"。《注》："徧考字書，無畞字。以偏旁從匪從文，離而合之於上下，讀如斐字。"此亦働、儎之類，蓋雖造而旋廢，故字書無之也。凡許書中假字行而本字廢者，皆此類也。

又有其字極熟，而本義全不見者。如《説文》訓所爲伐木聲，引《詩》曰"伐木所所"，而今所字見於各書者，皆借爲處字。此蓋其字本可不造，故雖造而旋廢，而轉借假義以行。此又假借之別例矣。

《周官・小宰》："以官府之八成經邦治，一曰聽政役以比居。"《注》："玄謂政，謂賦也。凡其字，或作政，或作正，或作征。以多言之宜從征，如《孟子》交征利云。"此義僅一而所借字多者。今皆作征，是終亦僅行其一也。

《釋例》云："古人之用字，惟以聲爲主，故於有是語無是字者借之，即有是字者亦借之，取其入耳可通而已。"予案文字本非一人造之，頒行天下，庸有甲造之而乙未知，此方有之而彼方無有者？況《説文》之爲書，遠不如經典之古。凡《説文》有本字而經典無之者，安知寫經典時即有此字？則以今有本字，古書祇作借字，因謂古人於有本字者亦用借字，實未安也。然不論形之合否，聲同即入耳可通，確有是理。今不甚通文義之人，下筆恆多寫聲借字，亦未見其竟不可曉也。知有本字，以爲不必用，而仍作借字者亦有之。如知有働、儎，而下筆仍作動、載；知有她、牠，而下筆仍祇作他是矣。然義之分別，至後世而始嚴。聲同而義旁不同之字，在後人視之爲兩字，在古人視之，固仍一字也。故有許多分別，實至後世而始生。據後世之義，而謂古人所用全屬借字，終覺其未安耳。

借字據音，其例有四：一爲雙聲，如借賴爲利，借答爲對是。二爲叠韻，如借冰爲棚，借馮爲溯是。三則一語分爲二，如借不律爲筆是。四則二語合爲一，如借諸爲之乎是。大抵重言、語助及人、地、物名，借字最多。他種字古人用借字者，後世或別造字。此三種則不然。因重言、語助本無實義，人、地、物名有有所取義者。不然者，其義即無可追求也。

就字之筆畫言之，則有省借及增借。省借如借隹爲維，增借如借蓋爲盍是也。予謂省借者，乃既有專字後，仍用未造專字時之字；增借則既有專字後，并以之代元字，實仍以聲爲主而已，非欲於筆畫有所增減也。然因增減筆畫而借者，事亦有之。如鄑地名，今以爲鄉黨字；混豐流，今以爲襍亂之溷，皆圖省畫而然。其借畫多之字者，如古人於包多作苞是，此由古人作字，多好茂密也。見後。

字形之變，大抵由聲。如尗、豆二字，周人之文多言尗，惟《戰國策》張儀謂韓“五穀所生，非麥而豆”，漢以後則多作豆是也。段氏說。亦有由地域之殊者。此方之語，入彼方而音譌，而其義如故，用字必求適合其音，於是不別造字，即須假借矣。甚有彼方之音，流還此方，此方化之，亦舍固有之字而用借字者。張行孚曰：“造字之初，一字雖止一音，而字之叠韻雙聲，一轉即變。此處讀鮮音，彼處必有讀斯音者；此處讀軒音，彼處必有讀區音者；此處讀軒音，彼處必有讀昕音者。逮其後，彼處所讀之音，流傳於此處，則雖此一處而一字亦有兩音矣。”其說最通。

一處之方言，必有一特製之字以表之，乃能適合。《說文》姐下云：“蜀人謂母曰姐，淮南人謂之社。”此特有之語，蜀人用形聲之法爲之製字；淮南人則不製字，僅借同音之字而用之也。使蜀人而不製字，亦必假借同音之字。同文字之時，廢方俗之字，亦必用假借字以代特製之字矣。如今廢囝字而代以與囝同音之字。

篆隸筆勢不同，改篆爲隸，字有因之而廢者，則亦假借以代之。《說文》：“𦬊，箕屬，所以推糞之器也。”《集韻》：“𦬊，吕靜作藩。”以藩代𦬊，即以𦬊字不便隸寫故也。此亦假借之一例，桂氏附說，論之最詳。

假借本但取其聲，故一字也，借之者可至極多。段氏論匪字曰：

“有借匪爲斐者,如《詩》‘有匪君子’是也。有借爲分者,如《周禮》‘匪頒’,鄭司農曰‘匪分也’是也。有借爲非者,如《詩》‘我心匪鑒,我心匪石’是也。有借爲彼者,如《左傳》引《詩》‘如匪行邁謀’,杜曰‘匪彼’也;《荀子》引‘匪交匪舒’,即《詩》‘彼交匪舒’是也。”蓋其用之本主聲,故聲合即無乎不可也。

　　義旁分別,後世乃嚴。聲同而義旁不同,或一有義旁,一無義旁,在古人視之,即以爲一字。故今字所用之義,考諸古書,有兩字互易者。如據《說文》,僮爲未冠者之稱,童即奴;然後世相承,皆以童爲童幼,僮爲僮僕是也。王氏筠云:“職下云‘記微也’,是經典識字義,《論語》‘默而識之,多見而識之’是也。識下云‘常也’,是經典職字義也,《釋詁》‘職常也’是也。史部說曰記事者也,故事字即在部中,曰職也。《易》曰‘君子以多識前言往行,以畜其德’是也。讀《說文》者,誤‘解事職也’之職,爲《周官》‘太宰之職’之職,幸得不改。”此亦僮、童之例,特其互易較早耳。夫彼此互易,則不啻此既借彼,彼又借此矣。特以分別宜存,故兩字未廢其一。《說文》絳與紅,來與麥,後人謂其互譌,理亦由此。許君曲說其形則非。

　　借字之音,與借此字以爲用之語之聲,不必密合。蓋造字本屬難事,不徒有適合之聲者,即取以爲用。即但有相近之聲者,亦即勉强用之。《釋文敘錄》引鄭玄曰:“其始書之也,倉卒無其字,或比方假借爲之,趣於近之而已。”衛恆亦謂“數言同字,其聲雖異,文意一也”是也。然亦有既經假借,後來音變者。如《說文》樣有重文像,可見樣、像二字,古爲同音,古人所謂像者,即今人所謂樣。然《廣韻》別有㨾字,以爲式㨾;今人亦別借樣字。此即因假借之後,像字之音變遷故也。夫像字則改借樣字矣,此類音已變,而借字未改者何限?在今日觀之,則以爲不合;當其借之之時,固未嘗不合也。

　　以上皆論聲借。至於形借,則惟古代有之。《說文》止下云:“象草木出有址,故以止爲足。”正從一從止,而古文從一足,說曰:“足亦止也。”止足異義,古人亦不應混淆而如此者,蓋文字未代表語言之時，非以象形，即以示意，二者皆不能多，故不得不如此也。其時蓋習以一形而示多義，實無所謂借。此在簡陋之世，偸可用也；人事稍繁，分別較細，非惟虞其混淆，亦必不能達意矣，故後遂絕迹也。

假借之字，必其義相去較遠乃可，近則有混淆之虞。如《說文》艸部：萩，蕭也。木部：楸，梓也。《左氏》、《史》、《漢》"及秦周伐雍門之萩"，"淮北、常山已南、河濟之間千樹萩"，皆借萩爲楸，遂不免於混淆。若其義之遠者，假策爲册，人必不誤簡策爲馬箠也。譯外國人、地名不宜似中國人、地名，理亦同此。小徐顧謂"智者據義而借，淺者遠而假之"，可謂翩其反而矣，蓋由未知引伸、假借之別也。

假借所以求字之簡，故凡不虞其混淆者皆借焉。即別造之，終亦必廢，如祟、襯諸字是也。或問：如是，則高禖之祿字，何以獨存？應之曰：此由《戴記》等書偶作禖，經典爲後人所尊，不敢擅改故。且高、禖二字，後世文字中用之者甚少，苟其及之，必通知古書之人也，自無不能作禖者矣。若使高禖亦如司命、井、竈諸神，爲比戶所尊，公私文字，行用者廢，亦未必不改作媒也。《說文》：祕，神也；閟，閉門也。二字音同義遠，實可用假借之例，省去一字，故後世所謂祕密之祕，由閟字引伸者，亦遂作祕。然閟字亦得不廢者，以《詩》"閟宮有侐"，借閟爲祕也。此理與禖、媒二字之並存同，亦見後論文字孳乳、淘汰。此實音義皆同字之例耳，見後。

假借古多而後世少：一由古人之分別，不及後世之細。二由後世事物，繁於古人，若其用字仍如古人之但取其聲，勢將無以爲別。三則古代文字去語言近，而後世遠。言文相去近者，目擊焉而不解，入於耳而即通；相去遠者則不能耳治，專恃目治，紙上更無以爲別，勢必紊絲難理矣。此自今古異宜。以今議古非，生今反古，而自以爲雅，亦未是也。

然假借之例，行於後世者仍不少。如邱，地名，今以爲諱孔子名之"丘"字。洋，水名，今以爲海洋字。瞞，平目也，今以爲面謾之謾。怕，無爲也，今以爲畏懼之詞。瘵，病也；癆，朝鮮謂藥毒，今皆以爲肺結核病之名。凡若此者，一言蔽之曰，省去一字而已。夫瞞，後世無其語，可廢也。謾，後世猶有其語，不可廢也，以瞞爲曹操之名，不能廢，乃廢謾字而以瞞代之。假借之巧如此。因假借以淘汰無用之字，其嚴如此。參看後論文字之孳乳、洮汰。

　　又假借之字，至後世仍有變遷。如前所舉樣字，乃因音變而改爲者也。其緣於義者，如《説文》：適，之也；嫡，孎也；孎，謹也。用爲適庶，均屬借義。然古借適而後世借嫡者，古用字專主聲，適字之用廣於嫡，其字較熟；後世用字兼重義，用女旁之嫡，於適庶之義，較有關會也。

　　假借用字，雖不宜生今反古；然欲通知古訓，則此例必不可不知。王氏引之《經義述聞序》述其父之言曰："詁訓之指，存乎聲音。字之聲同聲近者，經傳往往假借。學者以聲求義，破其假借之字而讀以本字，則渙然冰釋；如其假借之字而强爲之解，則詰籬爲病矣。"予案古人分別粗，故其字簡；後人分別細，故其字繁。當分別既細之後，示以分別尚粗之語，必不能解。改讀假借之字爲本字，不啻於少別之字，多爲之立別云爾，此其所以易明也。

九、引　伸

　　有類乎假借而實不然者,時曰引伸。許説假借云"依聲託事",而其所舉令、長二字,實爲引伸之義。其所云"故以爲"、"古以爲"等,亦或屬於引伸。故有以許所謂假借當今之引伸,别有所謂假借,謂之通假者。然古人思想粗略,所舉之例,與界説不合,未容深求。至全書説假借處,有與界説不合者,則許書本博采而成,不出一手,不能以此駁彼也。三方矛盾,自以仍從界説爲是。且揆造六書之説者之意,必以此爲造字之六法。假借者,因固有之字以爲字,實亦具造字之用,而引伸則字義之遷變,全與造字無關。説六書而求還古説之真,亦自以稱用本不相干之字者爲假借,由一義輾轉遷變者爲引伸爲得也。

　　引伸者,字義之遷變,即語義之遷變。其根原,則在人觀念之遷變。人之觀念,本無一息而不變,亦無兩人之觀念全然相同,特其别甚微,人不易覺耳。閲時既久而更回顧焉,則判若兩義矣。夫觀念之遷變,無一息之停,而語言爲固定之物,勢不能朝更暮改。積之久而其義漸殊,實爲無可如何之事。以今義解古語,必不能合,即由於此。然語義之遷變,自有其一定之規則。能得其規則,則樊然淆亂之義,其中皆有綫索可尋。如是,則可自源沿流,而用字便,亦可自流泝源,而讀書便矣。此引伸一端,所以雖不在六書之内,而以實用論,則尤要於六書也。

　　引伸之例,今試略舉之。如《説文》天下云:"顛也,至高無上。"

此指人身最高之處及蒼蒼在上者言之。人身最高之處,於全體居首;人生最要之事,於諸事中亦居首。食者,人所恃以生,固諸事之首也。蒼蒼在上者爲人所仰望,人所恃以生之事,固亦其所仰望也,故引伸爲“民以食爲天”之天。又如篤,“馬行遲也”。凡行遲者,足之著地必實,故引伸爲篤實之義。若此者,看似絕不相干,而實由一義轉變,與不相干而依聲託事者,截然不同。此等意義之遷變,除塵少之字,無不有之。新義既生,舊義仍在。凡字之爲用愈廣者,其義即愈紛歧。欲通訓詁,實以此爲關鍵,不可不留意也。

　　或曰:子不謂許所説本義果係其字固有之義,而經典所用之義爲後起;抑語義本不指實,造字者因無可著手,乃託之於實事實物未可定乎? 今爲此説,是自與前説相背也。應之曰:前説謂文字至孳乳寖多時,是否所指者尚必爲實事實物,而玄虛之義,有待於後來之引伸,爲可疑耳。如“天,顛也,至高無上”,此明指人身最高之處及蒼蒼在上者言之,安得謂造字之時,先有顛義,乃引伸爲至高無上之義? 抑先有至高無上之義,乃引伸爲顛義乎? 則亦孰能決“民以食爲天”之天字之義,出於撰許書説解者之後邪? 故以許書説解所舉之義爲真傳之自古,早於他書所舉之義則不可,至謂語義之發生,必先實事實物而後及於玄虛之字;樊然淆亂之義,必非同出於一時,則固無可疑也。

十、文字之孳乳

六書皆造字之法。其中象形爲從無字時造字。指事、會意、形聲，則既有字之後，即以字爲材料而更造字。此二者，當其造字之時，其語皆已前具。轉注者，既有字之後，一語化爲多語，察其不能不更造，乃造一相類之字，與之並行。假借則既造字之後，又有新生之語，覺固有之字，可以借用，遂借焉而不更造；而此等可以不造之字，前此有已造者，亦據此理而淘汰之：既有造字之用，又有減省文字之功者也。然則字之孳乳寖多者，其理皆與轉注通，而其淘汰減省者，其用皆與假借同矣。今故於論轉注、假借之後，并申論之。

稍讀字書之人，皆知自古迄今，音義相同之字甚多。此物也，淺而言之，則曰音義皆同耳。若深求之，則又可分爲三種：一、字之聲旁相同，或同用一字，或雖不用一字，而兩字之聲相同。惟義旁爲異，義則全無區別者。二、兩字聲義相同，惟一有義旁，一無義旁。三、兩字亦一有義旁，一無義旁，然其義相類而仍微別。此三種中，惟第一種爲真音義皆同字，第二種當名之曰累增字，第三種當名之曰分別文。真音義皆同字及累增字，大抵一存一廢，與未嘗有此字等。惟分別文於字之孳乳，大有關係。

分別文之所以作，王氏筠區爲二例：一、正義爲借義所奪，加偏旁以別之者。如頃，“頭不正也”，引伸爲凡不正之稱。其義爲頃畝、俄頃所奪，乃別作傾字，以表不正之義。<small>阜部又有隕，則與傾爲音義皆同字。</small>新之本義爲取木，其義爲新舊之新所奪，乃別作薪字是也。二、本字義多,加偏旁以分其一者。如公本兼公平、公侯二義,別造伀字,祇分其公平之義。曾下曰"詞之舒也",會從曾省聲,説曰"曾益也",與土部增之説解同。則增字之作,祇分曾字"益也"之義是也。此種作用,可謂與假借正反。假借者,一語具兩義,覺其不必造兩字,而省去其一。此則一語具兩義,覺其必別造字,乃增造其一者也。所以異於轉注者,轉注義同而聲微別,此則聲同而義有廣狹之異也。

　分別文之數極多。《説文》有一部數字,盡是分別文者,如句部三字,屮部二字是也。而出於《説文》之後者尤多,如《説文》祇有讎,而今又造售;《説文》祇有責,而今又造債;《説文》祇有賈,而今又造價及估;《説文》祇有意,而今又造臆及憶。皆新字既增,舊字不廢,此皆因其不得不增而增焉者也。後人或以新增之字爲俗,下筆務寫古字,不知多字皆由一字孳乳,若執此等見解,則凡字之同衍一聲者,皆但存其所取之聲可矣。有是理乎?

　又有本一字而後分爲兩者,此亦與字之孳乳有關。如《説文》本祇猶字,今乃移易偏旁之位置而作猷;明日之昱,經典借翌爲之,亦作翊;翼戴本當作翼,俗亦作翊,而不作翌,亦是此例。又偏旁相同,惟因位置之異而成兩字者,古已有之:如啀訆、棄欂、惆愚、洐洐是也。明字古文從日,祕書説日月爲易,亦與茲例相符。然此係造字時即然,非一字後分爲兩也。《説文》本祇句字,今乃小變其筆畫之形狀而作勾;《説文》旁雱、徯蹊、篹匭、帥帨、拓摭、育毓皆一字,而今皆分爲兩是也。又有一字化爲多字者,如"亯象薦熟,因以爲飪物之稱,故又讀普庚切。亯之義訓薦神,誠意可通於神,故又讀許庚切。其形,薦神作亨,亦作享;飪物作亨,亦作烹"。段氏説。沿其流則多岐,泝其源則是一,實亦分別文之例矣。

　又有字形不變,然後世之義,全與古異者,此不啻舊字已廢,復以新義起而用之,亦與字之孳乳有關者也。如《説文》詭,"責也",而俗以爲詭詐;證,"告也",而俗以爲證據。此不啻訓責之詭,訓告之證已廢,而詭詐之詭、證據之證復生也,亦不啻造字也。此等字究係假借古字以爲用,抑後人造字適與古合,殊難斷言。大約字之通行本廣者,必後人借用古字。其不甚通行者,則後人造字,字形適與古合也。

　　凡俗字,往往古已有之。如《説文》:矔,"目無精直視也",此今之瞠字也。眙,"直視也",此今之瞪字也。眕,"目有所恨而止也",此今眼光釘牢之釘也。眑,"目冥遠視也",此今瞄準之瞄也。𧿮,"足刺𧿮也",今喇叭字當如此作。此等語皆見存,而其字已廢,然別有新字代之,則亦嘗未廢矣。以上兩例,於字雖無所增,而能使之不減。

　　文字孳乳,有一最要之例,時曰反訓。蓋知識日增,言語必隨之而廣。然言語非可憑空創造也,故有一新觀念生,必先以之與舊觀念相比附。其觀念而相類也,則小變其音,以示順承。其觀念而不相類也,則亦小變其音以示違逆。逆順之情雖異,而其語之必有所本則同。此各國文字,語尾所以有變化也。言語公例,爲凡人類所莫能違,吾國豈能獨外?故謂吾國語言語尾本無變化者,誣也。特其造字不純主聲,末由著之於文字耳。夫其發聲既已變化而成兩語,則其造字亦必別異之成兩形,此固自然之理。然造字本屬難事,故古人於聲之相近者,往往即行借用,鄭玄所謂"趣於近之"者是也。夫其義相順承而同用一字者,自後人視之,不過謂古人之觀念,不及後人之明晰耳。若其義實相反,而字亦從同,則自後人視之,有不勝其可異者矣。今試遍稽古訓,則凡義之相近者,無論其爲順承、爲違逆,而其聲必皆相類。其中有已造兩字者,亦有未造兩字者。義相順承而已造兩字者,即所謂分別文;其未造兩字者,則未有分別文以前,統括諸分別文之義之字也。義相違逆而已造兩字者,就衆所共知者言之,如賣買、授受之類皆是。《説文》仂下云:"材十人也。"此十倍之義,而《王制》"祭用數之仂",則什一之義,與賣買、授受之例正同。就古書所用之字觀之,如《易·繫辭傳》:"爻也者,效此者也;象也者,像此者也。"《吕覽·勸學篇》:"凡説者,兌之也,非説之也,今世之説者,多弗能兌而説之。"皆其分用兩字者也。其未造兩字者,求諸古書,實不勝枚舉。姑就記憶所及,舉其一二。如《説文》:"祀,祭無已也。"從已而訓爲無已,可知已含已及無已二義。達下云:"行不相遇也。"而通下云：“達也。”可知達亦含通與不通二義。又如《說文》云：“瞋，恨張目也。”而《通俗文》云：“蹙額曰瞋。”《說文》庚下訓庚曰：“更事也。”而《小雅毛傳》訓庚曰續，亦皆義適相反。就古書所用之字求之，則如《孟子》曰“徹者，徹也”；《禮記・郊特牲》曰“親之也者，親之也”，皆其即作一字者也。郭注《爾雅》，謂“以徂爲存，猶以亂爲治，以曩爲曏，以故爲今，此皆詁訓義有反覆旁通，美惡不嫌同名”，而惡知古人讀之，音皆小異，初無同名之嫌哉？音義異而形仍一，一時偷可用也，久之必不免於混淆。《論衡・案書篇》曰：“讖書云：董仲舒，亂我書。”讀之者或爲煩亂，或以爲理，共一亂字，相去甚遠，自漢人已患其如此矣。此等不便之處，必不容不施補救。補救之道維何？亦曰：將此等應造而未造之字，悉行補造而已。義相順承而補造者，即分別文是，已述於前。義相違逆而補造者，一時雖難徧疏舉，然觀反訓之例，古有今無，即知此等應補造之字，悉已造足。偶有未及補造者，則又以讀破之法代之。讀破之法，由來甚古。《顏氏家訓》云：“江南學士讀《左傳》，口相傳述，自爲凡例。軍自敗曰敗，打破人軍曰敗（補敗反）。”案《公羊》莊二十八年《解詁》云，“伐人者爲客，讀伐長言之”；“見伐者爲主，讀伐短言之”，可知江南學士之凡例，原係漢儒所傳。所謂讀破，實即長言、短言之別耳。長言、短言，即吾國之語尾變化也。自有讀破之法，則語尾變化，亦得著之於文字；不必造字，而已增出無數字矣。字亦有不待讀破，仍不慮其混淆者，則雖造兩字，後亦必亡其一，而其僅有讀破之別者無論也。如《說文》：“壞，敗也。”“敤，毀也。”《爾雅釋文》引《字林》：“壞，自敗也，下怪反。敤，毀也，公壞反。”二字音義皆微別，實與“軍自敗曰敗，打破人軍曰敗”之例同。然今惟行一壞字，而敤字之音，亦無有別其長短者。此緣後世語法改變，壞之之與自壞也，敗人之與敗於人也，自有他法可以立別，不恃聲之短長，故仍洮汰之，以歸簡便也。

　　文字孳乳，又有一最要之例，時曰複音。複音者，對單音言之。單音以一音表一義，複音則以二音或多於二音者表一義也。複音字之區別，略有十二：一、合雙聲之字而成，如夷猶、悁鬱、參差、仿佛等是。二、合疊韻之字而成，如玫瑰、蜉蝣、逍遙、窈窕等是。三、本一字也，因雙聲而化爲兩，仍合爲一，如能耐、做作是。四、一音而析爲兩，如茨爲蒺藜是。五、重言，如桓桓、皇皇是。六、加發語詞，如阿父、句吳是。七、合同類之詞而成，如道路、賓客、剛強、欣悦等是。八、合相類之物而成，如貓犬、木石、楮墨、衣食等是。九、合對待之詞而成，如男女、父子、東西、水火等是。十、合分別之詞而成，如歌謠、筵席等是。十一、兩字相屬成義，如口津、眼淚、深謀、奇勇等是。十二、外國語，如單于、拓跋等是。由一至六，皆聲音之變遷；由七至十一，皆意境之變遷；十二則非我所固有也。

　　複音詞有必兩字連舉，乃成一義，析之則其一字不復成義者，時曰連語。凡外國語皆然，本國語則以動植物之名爲多，他種字亦偶有之。《説文》之例，於上一字舉其名，兼釋其義；下一字即緊承此字，而説解則但舉其名。如玉部瑾、瑜二字相連，瑾下云：“瑾瑜，美玉也。”瑜下云“瑾瑜也”是也。其一字係爲此語特製，餘字不然者，則數字不必相承。於特製之字之下，舉其名並釋其義。餘字之下，即不復及。如珣下云：“醫無閭之珣玗琪。”玗琪二字不承珣，説解亦不及珣玗琪是也。此等複音詞，似析之而其中之一字仍有義者，然“但云蘭非芄蘭，但云葵非鳧葵”，則雖有義而已非此語之義矣，仍不害其爲連語也。此種爲真連語。近人或并第一至第五五種，悉以入之。然第一與第三，實係一事。特其化成兩字較早，吾儕不能見其先有某一音，乃化出某一音者，則歸諸第一種。而其化分較晚，吾儕今日，明見古能耐即一字，又明見先有作而後有做，則歸諸第三種耳。兩字既仍係一字，則但舉一字，實亦足該兩字之義。故夷猶雖可合爲一語，而《莊子》“宋榮子猶然笑之”，意初無異於夷猶。悒鬱雖可合爲一語，而《孟子》“鬱陶思君爾”，意亦無異於悒鬱也。《禮記・內則》：“炮，取豚若將，刲之刳之。”“爲稻粉，糔溲之以爲酏。”《注》：“刲刳，博異語也。”“糔溲，亦博異語也。”《疏》：“云刲刳博異語也者，按《易》云士刲羊，又云：刳木爲舟，意同而語異。”“云糔溲亦博異語也者，亦者，亦上刲刳。”此即因一字已足盡意，而語調非重言不圓，故求之聲同韻異之字。其實與重言無異。特重言則兩字全同,此則下一字變其韻耳,故謂之博異語也。凡文中兩字向係連用,而忽焉拆開者,皆同此理。如《老子》"恍兮忽兮"、"忽兮恍兮"是也。《左》昭廿五:"鸜之鵒之。"《疏》曰:"此鳥以兩字爲名,但謠辭必韻,故分言之。"案文法必衷於理,鸜鵒二字之分言,固以謠辭須韻故,然因協韻即可將複音詞拆開,亦因複音字本屬博異言之類,一字足攝兩字之義也。至於叠韻之字,初非由一語變化而成,然亦古人單呼、累呼之例。單呼、累呼者,如《士冠禮注》:"韇藏策之器,今時藏弓矢者謂之韇丸。"韇即單呼,韇丸即累呼也。凡字皆可分聲韻二部,急讀之但得其聲,緩讀之則兼得其韻。此亦與一音析爲兩者同例。特其析較晚,吾儕猶及知之者,則以入第四種;其析較早,而吾儕不及知者,則以入第二種耳,亦非其一字遂無義也。而重言之本係一字,但重複言之者,不必論矣。故此等皆非真連語也。

　　複音詞之兩字,意義相同,但舉其一,即足見兩字之義者,昔人謂之複語。此實指第七種言,後人或并第八、第九、第十、第十一四種,悉以入之,此又非也。《尚書·無逸》:"自朝至於日中昃,不遑暇食。"《疏》曰:"遑亦暇也,重言之者,古人自有複語,猶曰艱難也。"《左》桓六年,"故奉牲以告曰:博碩肥腯,謂民力之普存也,謂其畜之碩大蕃滋也"。《疏》曰:"碩大、蕃滋,皆複語也。"宣三年曰:"載祀六百。"《疏》曰:"載祀皆年之別名,複言之耳。"成十三年曰:"殄滅我費滑。"《疏》曰:"春秋之時,更無費國,秦惟滅滑不滅費,知費即滑也,國都於費,國邑並舉,以圓文耳。"又曰:"虔劉我邊陲。"《疏》曰:"劉,殺,《釋詁》文。《方言》曰:虔,殺也。重言殺者,亦圓文耳。"《後漢書·南匈奴傳》:梁商言匈奴"種類繁熾,不可單盡"。《注》曰:"單,亦盡也,猶書曰謨謀,孔安國曰:謨亦謀也。即是古書之重語。"此等皆古所謂複語也:非徒辭費,以語法論之,實近不通。然必如此者,言語由單音進爲複音,欲以圓文,不得不然也。俞正燮《複語解》頗辯之,說殊牽强。見《癸巳類稿》。案上舉諸例,皆明白無疑。惟費、滑一爲國名,一爲都城名,謂其重複,似不甚安。然古人於國名及都城名,初不甚別。《左氏》他處言滑,未有冠之以費者,故知此處之言費滑,意實相同也。《複語解》辯"不遑暇食"云:"此句暇食連文,不遑連文,非遑暇連文。"辯"一薰一蕕十年尚猶有臭"云:"尚,且也。猶,如也,言十年且如有蕕氣未歇。十年尚連文,猶有臭連文,非尚猶複。"皆不合中國語法。如所言,"尚猶詢茲黃髮",如何解邪? 複語與文字孳乳,所關極大。今之詞,幾無非複語所成者,《墨子·貴義》:"且主君亦嘗聞湯之説乎?"孫氏詁讓《閒詁》曰:"《戰國策》、《史記》載蘇秦説六國君,齊、楚、魏、韓、燕諸王皆稱秦爲主君。《索隱》云:禮卿大夫稱主,今嘉蘇子合從諸侯,褒而美之,故稱曰主君。案《左》昭二十九年,齊高張唁魯昭公稱主君;杜《注》云:比公於大夫然,此小司馬所本。後《魯問篇》墨子稱魯君亦曰主君。《戰國·秦策》樂羊對魏文侯,《魏策》魯君對梁惠王,亦並稱主君,則戰國時主君之稱,蓋通於上下。小司馬據春秋時制,謂惟大夫稱主,非也。"案此亦單音變爲複音則然耳。名詞如此造成者多,動詞等亦然。蓋正取同義之語連言之。可參看《古書疑義舉例》"兩字一義而誤解"、"語詞複用"兩例。若第八種明係兩物,第九、第十種正取相對、相反爲義,第十一種兩字相屬成義,刪其一字,義即不全,皆非其倫也。

第六種加一發語詞,絕無取義,衹是多此一音耳。蓋人當發語時,有一音已足達意,然非兩音則語調不圓者,乃於有義之音之外,更加一無所取義之音,以諧其聲。《士冠禮記》"毋追,夏后氏之道也",《注》曰:"毋,發聲。"《疏》曰:"在上謂之發聲,在下謂之助句。"則此義也。古多稱虞曰有虞氏。《祭法疏》引熊氏曰:"虞氏云有者,以虞字文單,故以有字配之,無義例也。"《射義》:"又使公罔之裘、序點揚觶而語,公罔之裘揚觶而語"云云。《注》曰:"之,發聲也。"《疏》曰:"按經下云公罔裘,上云之裘,故知之是發聲也。即裘爲名矣。"然則"公罔之裘揚觶而語"句,之字蓋衍。《釋文》曰:"公罔,人姓也。又作罔之裘。裘,名也,之語助。"蓋此處或宜四字,或宜三字,故一加之字,一又去公字也。古人字亦一字,於其上加子若伯仲,下加父。名無此例,乃於其下加一助字,如賜也、參乎之類,蓋亦此例。而單音字皆化爲複音矣。欲求語調之圓者,如此等無義之詞最善。然無義之詞有限,且不能隨處輒加,以用之自有定律故。乃不得已而取及同義之字,是即所謂複音。此其意亦在多取一音,然兩義相同,不能指某一字係取其義,某一字係取其聲,不得不析爲兩例。若其雖取有義之字,實於其義無取,亦是祇取其聲,則反覆推校,不得不謂與加一發語詞者同例矣。此例也,舊時謂之挾句。《周官‧司巫》:"若國大旱,則帥巫而舞雩。"《注》:"鄭司農云:魯僖公欲焚巫尫,以其舞雩不得雨。"《疏》謂"尫不必舞雩。司農兼引尫者,挾句連引之。"方東樹《漢學商兌》引此,謂《易》"潤之以風雨","巽而耳目聰明",皆是此例。其説是也。挾句,亦作夾句,《考工記》:"鮑人之事,望而眂之,欲其荼白也。"《注》曰:"韋革,遠視之當如茅莠之色。"《疏》曰:"此官主革不主韋,鄭云韋革者,夾句而言耳。"又作浹句,《檀弓》:"邾婁復之以矢,蓋自戰於升陘始也。"《注》曰:"時師雖勝,死傷亦甚,無衣可以招魂。"《疏》曰:"招魂惟據死者,而鄭兼言傷者,以浹句耳。"《周官疏》言之最多,蓋時愈晚,用複音詞愈多故。多作浹句,於義皆不甚曉。《螽斯》之詩曰:"宜爾子孫,振振兮!"《疏》曰:"此止説后妃不妒,衆妾得生子衆多,而言孫者?協句。"《僞泰誓》曰:"官人以世。"《僞傳》曰:"官人不以賢才,而以父兄,所以政亂。"《疏》曰:"官人以世,惟當用其子耳,而《傳》兼言兄者,以紂爲惡,或當因兄用弟,故以兄協句耳。"《公羊》隱公九年:"俠卒。"《釋文》:"俠卒音協。"《史記‧十二諸侯年表》:"挾王室之義。"《索隱》曰:"挾音協。"協蓋其本字,他皆借字耳。《詩‧陟岵》:"上慎旃哉!"《疏》曰:"此旃與《采苓》舍旃,旃皆爲足句,故訓爲之。"《左》昭十三年"鄭伯男也",《注》曰:"言鄭國在甸服外,爵列伯子男。"《疏》曰:"鄭伯男也,舊有多説。《周語》云:鄭伯男也,王而卑之,是不尊貴也。王肅注此與彼,皆云鄭伯爵,而連男言之,猶言曰公侯,足句辭也。杜用王説。"惟以字足之,故句調能協,亦即所謂圓文也。此例最足滋疑。《論語‧鄉黨》曰:"沽酒、市脯不食。"《疏》曰:"酒當言飲,而亦云不食者,因脯而并言之耳。經傳之文,此類多矣。《易‧繫辭》云:潤之以風雨。《左傳》曰:馬、牛皆百匹。《玉藻》云:大夫不得造車馬。皆從一而省文也。"案此與"郊,社之禮所以事上帝"同,實非省文,乃挾句也。《史記‧刺客列傳》:豫讓曰:"士爲知己者死,女爲説己者容。今智伯知我,我必爲報讎而死,以報智伯,則吾魂魄不愧矣。"魂知愧,魄不知愧也。此等雖若誤解亦無害於義。然如重黎,《國語》《史記》等或以爲一人,或以爲二人,則滋疑矣。又有不知此例而生曲解者,如《史記‧惠景間侯者年表》:"清都侯駟釣，以齊哀王舅父侯，周陽侯趙兼以淮南屬王舅父侯。《索隱》曰：舅父即舅，猶姨曰姨母也。”此亦單音進爲複音時之變。知此，則知稱舅爲舅氏，亦以此故，正不待多其辭説也。《史記》之文，《漢書》皆但作舅，蓋鈔書者節之。然非知此，於古書或難真解，《曲禮》曰：“前有車騎，則載飛鴻。”《疏》曰：“古人不騎馬，故經但記正典，無言騎者；今言騎者，當是周末時禮。”案謂古人不騎馬非是，然禮言騎者確少，知挾句之例，則無憾矣。《曲禮》又曰：“逮事父母，則諱王父母，不逮事父母，則不諱王父母。”《疏》曰：“庾云：諱王父母之恩正應由父，所以連言母者，婦事舅姑，同事父母，且配夫爲體，諱敬不殊。故幼無父而識母者，則可以諱王父母也。”《坊記》曰：“《書》云：厥辟不辟，忝厥祖。”《注》曰：“爲君不君，與臣子相褻，則辱先祖矣。君父之道宜尊嚴。”《疏》曰：“若爲人父，不自尊嚴，而與卑下相瀆，亦辱累其先祖，故鄭《注》云：君父之道宜尊嚴也。此則因君見夫父耳。”《聘禮》曰：“若有獻，則曰某君之賜也。”《注》曰：“其大夫出，反必獻，忠孝也。”《疏》曰：“事君言忠，事父言孝。此獻君，忠也，而兼言孝者，忠臣出孝子之門，故連言孝也。”此等皆望而知爲曲解，得挾句之例以釋之，則渙然矣。然猶不止此。古書恆以父母並稱，當父權昌熾之世，母之權安得與父並？如文釋之，將使人昧於社會之情狀。知父母並言，亦同挾句，則無此誤矣。故讀古書非明其義例，不能真解也。**并將有誤解以害事者**，如朝無擔人之事，兵亦非可入朝之物，然《孟子》言“若撻之於市朝”，《檀弓》言“遇諸市朝，不反兵而鬭”，不知朝爲挾句連言，則將昧於制度矣，説見《日知録》“市朝”條。又如夫征止取田税，而鄭《注》連言夫家之征，地之所出惟賨，而鄭連言貢賦，則將壞取民之制，見《周官》閭師、載師《疏》。又如宮正但爲官府次舍之版，而鄭世農言爲之版圖，見《周官·宮正疏》。革衣薪之俗者，但能爲棺，而《易·繫辭傳》蓋取節兼言椁，見《禮記·檀弓》有虞氏瓦棺《疏》，亦皆失事實之真。故不可不措意也。蓋言語自單音進爲複音頗難，故如此不盡善之法，亦不得已而用之耳。

　　挾句者不徒變一字爲兩字，即兩字以上，亦有然者。《仲虺之誥疏》曰：“《康誥》、《召誥》之類，一字足以爲文。仲虺誥三字不得成文，以之字足成其句。《畢命》、《冏命》不言之，《微子之命》、《文侯之命》言之與此同。猶《周禮·司服》言大裘而冕，亦足句也。”《蕩》之詩曰：“曾是彊禦，曾是掊克，曾是在位，曾是在服。”《疏》曰：“經之設文，須有足句，四言曾是，其義爲一。”蓋皆以圓文而已。韻文中之多詞，即以此故，讀《經傳釋詞》可知也。又有省文以宛句者。《詩》“禴祠烝嘗，于公先王”，《疏》曰：“經於公上不言先者，以先王在公後，王尚言先，則公爲先可知，故省文以宛句也。”其事與挾句相反，其意實同,亦以求圓文而已。又有連引辭句,無所取義者,如《周官・小祝注》引杜子春説,有"奠以素器,以主人有哀素之心也"句,《疏》謂"子春連引,於經無所當"是,蓋由誦之習熟故如此。此與挾句、宛句等意在求圓文者不同,其有賸義則同也。挾句之例,用之甚廣,可參看《古書疑義舉例》"兩事連類而並稱"、"因此以及彼"、"兩字對文而誤解"三例。即今人亦有用之者,如單言妻字,語調不圓,乃改爲妻子是。然此例惟不得已時可用,得已時實宜以他語代之,以免淆亂,如以妻子二字代一妻字,實不如用妻室二字之善也。

　　第八種合相類之物,第九種合對待之詞,以成一語,意非並舉相類相對之物,而在示相類相對之義。此於文字孳乳,所關亦大。宇宙間物,究極言之,固無不互有關係,然以恆情論之,固有絕無關係者。凡絕無關係之物,決不能連屬而成詞,以其別無新義也。若並舉相類相對之詞則不然。言貓犬者,意非謂有貓有犬,乃謂獸爲人所豢;言木石者,意非謂有木有石,乃示物之無所知。然則言楮墨,猶云作書所須;言衣食,猶云資生所恃;言男女,則示生人形體之殊;言父子,即含嗣續相承之義;言東西,意謂方位之不同;言水火,以見物性之相克:皆非徒舉兩事或兩物審矣。相類、相對之物,皆有形迹可求。物之相類、相對,實惟人心所造,二者固不容并爲一談。知識淺陋之世,徒知有相類、相對之物,未知物有相類、相對之義;自祇有相類、相對之物之名,而無示物相類、相對之義之語。知識日進,知各物之關係日深,則所以表其相類、相對之義之語,自不容無矣。故此兩例,非徒將向所已有之語聯而屬之,實能將向所未達之義表而出之也。字雖猶是,義則新矣。故曰:與文字之孳乳,大有關係也。此例似人人所知,然古語失詁,亦有致誤者,可參看《古書疑義舉例》"兩字以對文而誤解"例。

　　第十種合分別之文以成詞,亦於文字孳乳,所關甚大。天下事異中有同,同中有異。既有專名以別其同中之異,自應有公名以統其異中之同。知識淺陋之世,但知見一事即立一名,而于諸事異中之同,初未見及。夫且不知異中之有同，自不能有統合同異之公名矣。稍進，則知就一切事物，籀其異中之同，立以爲類。于斯時也，則表示其類之通名亟焉。然其造之甚難，乃先以"對文則別、散文則通"之例濟之。如災祥對舉，祥爲善，災爲惡，而獨舉則祥亦爲善惡之通稱；飲食對舉，各有所指，而散言則食亦兼飲是也。《士喪禮》："櫛於簞。"《注》："簞，葦笥。"《疏》："《曲禮注》：圓曰簞，方曰笥，則是簞笥別。此注簞葦笥者舉其類。"此亦對文則別、散文則通之例耳。《周官·屨人注》："複下曰舄，襌下曰屨。古人言屨，以通於複；今世言屨，以通於襌，俗易語反與？"則通名之義亦可有變遷，而仍不失其爲通也。更進，乃能合分別之二文以爲一語，而散文則通之單音語，亦皆變爲複音語矣。

　　複音字之大略如此。除第六、第七兩種外，無不於單字之外，別增新義者，非徒複其音便於口齒而已，其孳乳文字，爲何如哉？吾國古代，單字所增甚多，至後世則甚少。即有所增，大抵古已有之，如前所舉曬、眙等字是。又有暫行即廢者，觀今日字典中字，十有八九，皆不行用是也。譽中國字者，因謂其文法精妙，祇此常用數千字而意無不達；詆中國字者，又謂其陳舊不適於用，皆非也。中國言語，久進爲複音，故其文字所增者亦皆複音，單字如故也，複音字則所增多矣。此等情勢，並非至後世始然。如《説文》："筒，洞簫也。"此乃爲洞簫所作之專字。然王褒《洞簫賦》不單云洞，可知即用筒字，亦不能單作筒，而必兼作洞簫。此如今人爲燈心造芯字，若作字書，自可訓之曰燈心也；若作文字，豈可但書芯字乎？以此推之，則苷字説云"甘草"，用時亦必連書草字，不得但作苷字也。《古書疑義舉例》"二字誤爲一字"例，可以參看。

　　吾因疑古代之字，有不止讀一音者。段氏曰："古文廿仍讀二十兩字。秦碑小篆，則維廿六年，維廿九年，卅有七年，皆讀一字，以合四言。至唐石經，二十皆作廿，三十皆作卅，則仍讀爲二十、三十矣。"予按《説文》："㸬三歲牛"，"牭四歲牛"，"馶馬八歲"，亦未必但讀一音也。何則？筆之於書，則見三、四、八之外又有牛馬旁，可知爲三歲、四歲之牛，八歲之馬。若出之於口，仍止一參字、四字、八字之音，

聞者且不知所指，而焉知其爲牛、馬之齡乎？然則"牥，白牛也"，
"騜，馬之白也"，"虓，虎聲也"，"狺，犬吠聲"，用之語言、文字，亦必
云牥牥之牛，騜騜之馬，虎聲虓虓，犬吠狺狺，而不得但曰牥、曰騜、曰
虓、曰狺審矣。此亦足證許説皆附會字形，非真能得字之本義，參看前論六書非古説
處。説文廿下云："二十并也，古文省多。"卅下云："三十并也，古文
省。"云"省多"，云"省"，明讀之仍有兩音；否則一音造一字，乃理之
常，何云省也？

　一字讀兩音，即是兩形祇寫一字。書寫筆畫，誠可減省，然破一
字一音之例，實覺不便，故後世遂廢不行。近人顧有譏先民造字，既
能合兩形成複形字，何不表雙音成複音詞，謂蜘蛛當作蟵，鴛鴦當作
鸒者。殊不知複音詞增益無窮，而單音字則爲數有限。何也？人所
能發之聲有限也。造字而以單音爲主，使人所能發之聲皆備，則複音
字無論如何增益，皆可取固有之字以表之。欲通文字者，能識此數千
字足矣，此何等簡易？若隨複音詞之增而造字，則字必增至無窮。目
前之識字既難，而閲時稍久之書，其字遂不可識。此何等繁重？夫謂
教不識字之人使識字，拼音之字，便於今日之六書，固也。然人之識
字，非徒識之而已也，將以讀書。讀書者必於字識之既熟，一目十行，
乃覺其可樂，乃能間暇即取書讀之。若必字字拼其音而讀之，則其煩
苦莫甚，非至萬不得已時，又孰肯讀書以自苦哉？識字誠爲難事，言語
國民所固曉。言文縱不一致，若能相近，則文法並不難。然其所難者在熟；識而不
熟，亦與不識相去無幾。謂以字母教人，使其略解拼法，便可用以讀
書，恐終子虛烏有之談也。或謂造複音字雖無益識字，究可減省筆
畫；在今日人事繁迫之時，作字之工夫，亦宜計算也。殊不知文字貴
與語言相合，另造拼音字無論矣。若仍用今日之字，并一爲兩，則所
省之筆畫無幾，而一字一音純一之例先破，豈非得不償失？化學名別
是一例，不能援改養氣爲氧，輕氣爲氫以爲説也。

十一、文字之淘汰

反乎孳乳作用者,是爲淘汰。其最著者,莫如音義皆同字之省。音義皆同字有兩種:一,兩字聲旁相同,義旁亦相類者。此必造字之時,各造其所造;不則既造之後,書寫者改易其偏旁。《説文》中兩部首之義相類者,部中此類字即最多,如口部有呐,言部又有訥;止部有歱,足部又有踵,彳部又有徸是也。文字雖非一人所造,然造者自必遵循衆所共知之例。此其所以各造其所造,而自然相類也。此類兩字之用全同,本可不必有兩,故皆一存而一廢。又其一,則兩字一有偏旁,一無偏旁。此必無偏旁者在前,有偏旁者在後,故王氏《説文釋例》稱爲累增字。夫加偏旁而義異者,《釋例》所謂分別文也。分別文之加偏旁,取其義之異也。若累增字,則既加偏旁,義仍不異,亦何取而增之哉?曰:此由古人作字好尚與今人不同。今人好簡省,多取減畫;古人尚茂密,轉取多畫耳,說見下。後世亦有此等字,然因造字之意不可見而增之,非徒取其多畫也。如"喿,羣鳥鳴也,从品在木上",三口已見羣鳴之意,然俗又加口作噪者,俗人視喿字衹以爲一聲旁,不復見羣鳴之意也。此例古亦有之,如告从牛而牿又加一牛;益从水而溢更加一水是,《釋例》謂之累增之失。凡此等字,亦必一存一廢。有先出者存者,如口部因,手部捆,《説文》皆訓曰"就也",捆實因之累增字,今行因不行捆。亦有後出者存者,如夂部:复,"行故道也",彳部:復,"往來也",二字音義實同,復爲复之累增字,今行復不行复是也。大抵不加偏旁,無由見造字之意,或字體不方正、不便隸書者,如屰逆。皆後起者行,否則多先出者存也。

　　凡音義皆同字，無論其爲累增、非累增，必皆僅存其一。其不然，則因後世之讀音不同，如訕與姍是也。又不然，則因其一爲專名，不可廢，如吕臍之並存，以吕氏、大吕等不可作臍；察詧之並存，以蕭詧不可作察；佗託之並存，以韓佗胄不可作託也。又不然，則因經典所用，不容擅改，如勁勍之並存，以《左氏》一用勍字；僖廿二年。譻㘒之並存，以觸譻不可改作㘒，而《史記》"一府中皆㘒伏"，《項羽本紀》。又不容改作譻也。前所舉禖、媒二字即此例。凡此者，兩字各有其用，實已與分別文無異。更不然，則因俗人作字，相類之義旁恆相亂，如詠咏並行，非俗人知《説文》詠字更有或體从口，乃其下筆，言旁、口旁，本不審諦耳。《説文》之所以有或體，蓋亦或以此矣。

　　音義皆同字，即重文也，而許不言爲重文。王氏《釋例》，輯得四百四十三字。許氏瀚謂不無遺漏。以吾觀之，則所失尚多，非直遺漏而已。王氏謂：同音同義之字，"類聚者有三種：一爲無部可入之字，如云𠄏二字，不入雲部，即無復可隸之部也。一爲偏旁相同之字，如祺之籀文禥，祀之或體禩，仍從示義，不得入他部也。一爲聲意不合之字，如㒫之古文罬，雖从囧从未兩體明白，而不可入此兩部，故附之㒫下也"。此外則皆不然，蓋恐竹帛迻謄，易滋魚豕，有部首定其字之半，即譌亦不過一半，故别隸之。非此之例而類聚者，皆出後人移并。舉嘯之籀文歗，《文選·嘯賦》李《注》謂在欠部，唐初字書，不過《説文》、《字林》爲證，其説似辨矣。然許于此等字明言其相同者，不過與下云"此與予同"，布下云"與豕同"而已，外此則皆不及，欲謂許知之而不得也。然重文之數，如此其多，謂許皆不知之，似又不然。蓋許書本博采而成，所采者以爲重文，即許亦以爲重文；所采者不以爲重文，即許亦不以爲重文也。此亦足爲許書體例不能純一之證。王氏謂"許君目爲重文者，據當時仍合爲一；不目爲重文者，據當時已分爲二"，此説甚通，殊不必更立前所述三例，求之深而反失之也。重文、非重文之説，亦不能畫一。故有許書不以爲重文，而他書以爲重文者，如《説文》柝櫱爲兩字，而《玉篇》則以櫱爲柝之重文，蓋各有所受之也。

單音字如此，複音字亦然。如跱躇二字，《説文》心部作恃箸，足部作躊躇，《毛詩》作踟躕，《廣雅》作躊躇，又作跢跦。今惟存躊躇用之心，踟躕用之足，躊躇取其平仄有異，餘皆廢矣。以此三者具分別文之用，而餘則成音義皆同字也。

音義皆同字，本係重文，存其一廢其一，猶未爲洮汰作用之大者也。洮汰作用之大者，莫如將本有微別之字，亦洮汰之而祇存其一。如《説文》"伍，相參伍也"；"什，相什保也"；"佰，相什佰也"，其義與五字、什字、百字，實有虛實之不同。然今什伍二字，因十人爲什，五人爲伍，及參伍之義而存。佰字惟俗人作之，相什佰之義，則竟作十百矣。又如聿下云："楚謂之聿。"筆下云："秦謂之筆。"則此二字之音，亦必微異；設無《説文》此二語，後人亦必謂聿、筆二字，音義全同矣。然則今所謂音義皆同字，誠爲重文者固多，其實有微別者亦不少。而今皆一廢一存者，古雖有別，至後世察其無用，則亦從而廢之也。豈非洮汰作用之甚大者哉？

有等字，古人之加偏旁，本係有意立別，而後世仍去之，其理亦與此同。如《説文》人部之傁，《管子》之帝俉，皆因其爲人名而加人旁。《説文》女部自娀至姆十八字，以其爲女人字號，皆加女旁，此猶後世書英吉利爲嘆咭唎耳。然旋皆省去者，以其固不必有此別也。其當立別者，則亦相沿不廢，如嗶嘰未嘗省作畢幾是也。嗶嘰之所以不能省者，以音譯之名，宜於無義，而畢幾則嫌於有義也。不當省者即不省，可見所廢皆其當廢者矣。此又見洮汰作用之審。蓋文字遷變之道，陰行而爲人所不知者，其當如此。此亦見文字不容以私意穿鑿，妄爲改變，而今吾欲云云者之無當也。

古人乏統一觀念，遇一事一物，輒爲專立一名。後人則不然，除不容不立專名者外，皆取公名加之專名而成一名。此於文字之洮汰，亦爲用至大。近人論國語進化者，謂《説文》牛、羊、馬諸部，皆以其雌雄、大小、毛色之別，多立之名，今則但曰雄牛、雌牛、大羊、小羊、白馬、黑馬而已。予案古以一植物而多立專名者，莫如荷華：已發曰夫容，未發曰菡萏，實曰蓮，莖曰茄，葉曰荷，本曰蔤，根曰藕，雖有扶渠之總名,不以被之華葉等也。今則以荷爲總名,除蓮藕爲果品仍存其專名外,餘則但曰荷葉、荷花、荷榮,荷梗、荷根,何等簡易邪!要之識字實爲難事,然陰行於文字間之變遷之例,於單字之可省者,皆必盡力省之;其有所增,則皆萬不容已者也。文字自然變遷之例,其妙如此,安用私智穿鑿者之吾欲云云邪?

　　當洮汰之字,終必歸於洮汰而後已,不能以人力強起之也。《陳書・文學傳》:庾持,"善字書。每屬辭,好爲奇字。文士亦以此譏之"。漢賦至後世,所以無人問津,即由於此。以私意造字者亦然,如武則天嘗造新字,至後世,仍爲人所識者,一曌字而已,以此爲專名,不能代以他字,餘則皆不然也。

十二、文字之變遷

孳乳、汰二例,皆能使字增減者也。其有無關增減,而亦起變遷者,則許君所謂改易殊體者矣。

文字改易,亦分聲、義兩途。伎今作妓,儋今作擔,以古之伎主於男,今之伎主於女;古言儋何者,從儋何之人著想,今言儋何者,從儋何之事著想,作事以手爲主。此緣於義者也。前舉適庶之適,古借適而後世借嫡,理與此同;特彼則異其借字,此則改易字形耳。棓今作棒,剞今作剟,以今讀音聲、肙聲,與古不同,此緣於聲者也。《説文》形聲字,正或體所從之聲,有不在一韻部中者,蓋亦由此。然無關聲義,特由形變者亦多。

形變之甚,厥惟隸之於篆。治字學者所謂隸變也。此其條例,極爲繁複,必別爲專篇,乃能詳之,今姑勿論。講字學者多好攻隸變之失,此亦未必盡然。今之講字學者,所見止於篆書。篆書得許氏説解,一若字字皆有其理。而隸書則無之。即有之,其不相合者,人皆謂篆先而隸後,亦必右篆而左隸。其實篆、隸初即一物,古隸字體與篆之異,猶之篆、隸之自異,並無古近之可言。後世篆、隸分爲二物,篆廢而隸獨行。篆體既廢,自然無復變遷,即有譌變亦必甚少。而隸則變遷無已。此等變遷,誠出於篆書之後。其失篆書原意處,亦誠不少。然須知今所謂篆書,其不古實亦已甚,其失古代文字原意處,亦已不知凡幾。他時古代文字,發見更多,據以校今日之篆書,恐其失古文原意處,正不下於隸變。而許書説解,異於後世陋儒,據隸書以索字原者,亦正相去無幾也。開,古文作闢。王氏筠曰:"此字象以𦥑去一,篆書變爲開,斷其一爲兩，直其艸爲卝，原意不可得見，《繹山碑》即如此，段氏遂曲説爲卝聲矣。"

　　形變由來，其實甚早。《釋例》舉篆書偏旁改易原形者，其例有四：一、爲拆開字形，如衣部袞裹二十一字，皆分衣於上下；行部字無論會意、形聲，無不將彳亍拆開；皕部五字，皕皆分居上下。又如皕部之奭，丝部之幽，及歲之從步，稟之從束是也。二、爲變其橫直，如舜部之韋，變舜之左右相背爲上下相背；艸部之斯，變艸之形爲屮是也。三、爲割裂字體，如瓊之或體璿從旋省，水部又有渷，旋從㫃從疋，去方留疋，與施從㫃也聲，而今隸改㫃爲㳄同是也。四、爲兩借，如齋從示齊省聲，二上屬爲齊，下屬爲示；罷從熊省聲，能上屬爲罷，下屬爲熊是也。此等皆無義可説。王氏謂："建首五百四十字，他部從之而變其本形者，大率取匹配整齊，無他意，其在本部亦然。"其説殊允。蓋造字之意，此時已不復存，特取筆畫累積，構成字形，故其變遷如此也。又有所謂體同而音義異者，除前所舉棗棘等以重並爲別外，《三國志‧任峻傳注》引《文士傳》曰：棗祗"本姓棘，先人避難易爲棗"，此非文字變遷之公例，然亦一特例也，亦與字形有關。又有三例：一、如人部伐，戈部戍，同云從人持戈，特以人字位置不同而成異字。二、如本、末、朱皆從木一，天立皆從大一，特以一之位置不同而成異字。三、如尹、丑皆從又從丿，特以丿之長短不同而成異字是也。又有兩字同從一字，而一從其全，一從其省者，如梟從鳥在木上，槗梟之或體。從木鳥聲；葠從侵聲，蔓從侵省聲；縱從從聲，縱從從省聲是也。又有偏旁隨意改易者，則刀力之譌，勱劒、勀剋、劫刦等。日白之異，暉、皜、旳，《説文》皆從日。草竹之淆如苔相承作荅。《説文》竹部：藩，一曰蔽也；艸部：藩，屏也；尸部：屏，蔽也。則藩下一曰之義，即藩字之義，草竹互譌，由來舊矣。皆是。作字必求簡易。故如𤑳𤎻二字，後世無作之者。虫、蚰、蟲同字，而《説文》蟲部祇五字；絲部字少，糸部字多；弼部字重文最多，要皆畫少者行。然亦有畫多轉行者，蓋今人作字求速，古人則但求美觀，而其所謂美觀者，則不取疏而取密，故有時轉尚多畫。中之作𠁩、𢎵，從艸持斤。聿、聿從又持巾，聿從聿一，實一字。梁古文梁。之加畫，𣏗，比之古文。𢆉爻之古文。之加兩畫，王氏筠謂皆但取文飾，別無他意。虁不從難而從薩聲，懼不從睸而從瞿聲，臾爲蕢之本字，更造蕢字，不作莫而從從臾得聲之蕢，理亦同此。此籀文所以較古文爲繁，小篆又頗省大篆歟？或，"邦也，從口、從戈；戈以守一；一，地也"，於義已備。或體域又加以土，已無取矣。猶可曰：或造字之意，已不可見，改爲域，乃改合體象形爲形聲也。乃如韭部虀字，次弟皆聲。甚至如《彰長田君碑》"討虪畔夷"之虪，《漢隸字原》謂即䶣字，則兩體皆屬聲旁矣。兩體皆屬聲旁，猶一音而寫兩聲借字，於義何取？此等皆不衷理者，然不能謂非改易殊體之一途也。

字既以形爲主，形之不便於用者自必改之。然亦有改之不盡者，如日與曰、干與于、戍與戌，終覺易於混淆是也。篆書玉字無點，加點者義爲朽玉，後世玉亦加點，乃移朽玉字之點於上以別之，此則幾無人用之矣。

字之改易殊體，乃事勢之自然，莫之能禦也。然衆心之向背，不能盡同，雖終歸於畫一，而其改易初不能同時，遂有所謂正俗之分焉。《容齋三筆》云："書字有俗體一律，不可復改者，如沖、涼、況、減、決五字，悉以水爲冫，雖士人札翰亦然。《玉篇》正收入於水部，而冫部之末亦存之，而皆注云俗，乃知由來久矣。"即其事也。此等徒改易偏旁者，淆亂尚小。又其甚者，則爲隨意改易字形。此風以六朝爲最甚。凌霞趙撝叔《六朝別字記序》云："六朝碑版，點畫偏旁，隨意增損，怪誕紕繆，觸目皆然。即如造象之中，區匭二字，厥狀甚夥：王妙暉造象作匬，僧資造象作匭，趙阿歡造象作匰，天和四年造象作匦，紀僧諾造象作軀，清位信女楊造象作匬，元寧造象作塸，路文助造象作鏂，曹續生造象作傴，郭于猛造象作摳。聊舉其一，以列其餘，則其變態不窮可知矣。至唐崔懷儉造象，則又作匬。是乃沿波逐流，變之又變者也。"字既祇論其形，此等尚可知爲何字者，似亦尚無大礙。然積之久，終必至棼絲難理而後已。故又有分別正俗，釐正字體之舉，以殺其勢也。

釐正字體之事，亦自古有之。許《序》言吏民上書，或不正，輒舉

劾,即是。《續書·百官志》引《漢官儀》,言丞相辟召,刺史、二千石
察舉,有非其人,書疏不端正,有司奏罪名,并正舉者,亦其事也。石
建爲郎中令,奏事下,建讀之,驚恐曰:書馬者與尾而五,今乃四,不足
一,獲譴死矣。固由其恭敬舉無與比,亦可見當時奏事,書法不容不
正。《魏書·劉仁之傳》:"性好文字,吏書失體,便加鞭撻。"《北史·
樂運傳》:輿櫬詣朝堂陳周宣帝八失,其七曰:"近見有詔:上書字誤
者,即科其罪。"亦必固有此等法,暴君酷吏,乃得因之而加虐也。《魏
書·世祖紀》:始光二年,"初造新字千餘。詔曰:昔在帝軒,創制造
物。乃命倉頡,因鳥獸之跡,以立文字。自茲以降,隨時改作,故篆、
隸、草、楷,並行於世。然經歷久遠,傳習多失其真。故今文體錯謬,
會義不愜,非所以示軌則於來世也。孔子曰:名不正則事不成。此之
謂矣。今制定文字,世所用者,頒下遠近,永爲楷式"。玩詔文,所謂
造新字者,實乃釐正字體耳。《袁式傳》:"式沈靜樂道,周覽書傳,至
於詁訓、《倉》、《雅》,偏所留懷,作《字釋》未就。"《周書·藝術傳》:
黎季明"從祖廣,太武時爲尚書郎,善古學,嘗從吏部尚書清河崔玄伯
受字義,又從司徒崔浩學楷篆。自是家傳其法,季明亦傳習之,頗與
許氏有異"。又趙文深,"太祖以隸書紕繆,命文深與黎季明、沈遐等
依《說文》及《字林》,刊定六體,成一萬餘言,行於世"。此與求撰集
古今文字之江式,皆有意於釐正字體者也。正俗字亦各有其用。唐
顏元孫作《干禄字書》,分字爲俗、通、正三體。其序言:"所謂俗者,
例皆淺近,惟籍帳、文案、券契、藥方,非涉雅言,用亦無爽;所謂通者,
相承久遠,可以施表奏、箋啓、尺牘、判狀,所謂正者,可以施著述、文
章、對策、碑碣。"此種分別,今日尚然。蓋字之初出,不免羣視爲俗。
然其字不能不用,則習用焉而遂進於通,其積古相傳之字,則稱之爲
正。此雖若無謂,然實有節制改易,使其不至過速之用也。

　　林罕《字源偏旁小說序》曰:"篆隸有筆力遒健,字勢研麗。斯乃
意巧之人,臨文改易,或參差之、長短之、屈曲之、扨戾之,務於奇怪,
以媚一時。後習之人,性有利鈍,致與原篆隸不同,蓋病由此起。今

之學者，但能明知八法，洞曉六書，道理既全，體格自寔，亦何必踵歐、虞、褚、柳之惑亂哉？"此等求美觀而改易字形者，今人稱爲帖體，亦文字變遷之一端也。

　　改易字形，有出私意者。《三國・魏志・文帝紀》：黃初元年，十二月，初營洛陽宮，戊午，幸洛陽。《注》引《魏略》曰："詔以漢火行也，火忌水，故洛去水而加隹。魏於行次爲土，土，水之牡也，水得土而乃流，土得水而柔，故除隹加水，變雒爲洛。"《通鑑》：陳宣帝太建十三年二月，周禪位於隋，《注》曰："隋主本襲封隨公，故國號曰隨，以周、齊不遑寧處，故去辵作隋，以辵訓走故也。"此等舉動，可發一噱。然洛陽之作洛者，勢難盡謂爲晉後人所改，而隋、唐人金石文字，亦多隨、隋二字通用，則文字固非法令之力所能改易也。

十三、論文字之改革

　　文字改革之議,由來舊矣。其故有三:中國字非由拼音造成,覩其形不能知其音,一也。筆畫繁多,不便書寫,二也。方言不同,讀音歧異,此本與文字無涉,然中國語文之不統一,實以此端關係最大,_語法全國畫一。稱名雖有異同,不爲泰甚。故論文字改革者,亦以此爲亟務焉,三也。外人來傳教者,或以拉丁字母拼中國土語,教不識字之中國人。其後中國人亦有欲造拼音字母,以註漢字之音者。如王照、勞乃宣是也。民國成立,政府始從事於此。二年,教育部召開讀音統一會,製定註音字母,於七年公佈之。二十二年,以僅用以註音,改稱註音符號。二十四年,擇常用之字六千七百八十八,於其旁皆註音符,製成銅模,時曰註音漢字。然亦有謂國語宜用拉丁字母拼寫者,政府於十二年設委員會爲之,至十五年而成,十七年,由大學院公佈。其拼法仍用四聲,書寫較難。十八年,蘇聯多拉格拉夫教授別擬一拼音法,合中國學者數人,在列寧格勒學士院之東方研究所研究,製定字母二十八。二十年九月,召開會議於海參崴,通過之。中國字拉丁化之説,由茲而起。其拼法不拘四聲,較爲簡易,頗有試用之者。二十七年四月,國民黨中央宣傳部嘗禁之,謂其不以北京音爲標準,破壞統一國語焉。先三年,_{二十四年。}選通行簡畫之字三百,稱之曰"手頭字",製成鉛字,以便印刷。且於小學及民衆學校課本強制用之,云此爲第一期,後當逐漸增加也。然及其明年,即令暫緩推行焉。中華人民共和國於千九百五十二年,設中國文字改革研究委員會。越二年,會名去"研究"兩字。千九百五十五年，一月，發表《漢字簡化方案草案》。國務院設委員會審訂，可其修正方案。十月，開全國文字改革會議，予以通過。凡簡化字五百十九，偏旁五十有四。又通過以北京音爲標準之語爲普通語，亦即漢民族共同語。明年，一月二十八日，《簡化漢字方案》由國務院公佈。推行第一表之字凡二百三十。二月九日，文字改革委員會發表《漢語拼音方案》，用拉丁字母加以補充，所補充者，仍以拉丁字母代用。送請國務院公佈，國務院亦設委員會審訂，今尚在審訂中。

自《簡化漢字方案》公佈以前，人民於文字改革，鮮或措意，以其事實未嘗行也。至《簡化漢字方案》出，各印刷所於其所推行之字，皆以新易舊，人民始覺所見有異，而議論始多。懷反對之見者頗不乏。此非必人民難與慮始，實亦有其當商榷者在焉。

主簡化者，深厭漢字筆畫之繁，故欲力求手寫與印刷兩體之合一，而不知兩者永無合一之時也。蓋手寫之體，本求自喻，或則但以喻極少數人，其爲簡初無底止。舊簡體變爲通行之字，新簡體必又隨之而生，與相追逐，永無已時。簡筆字本不必人人皆識。當推行手頭字時，予即爲文諍之，題曰《反對推行手頭字，提倡制定草書》。刊載《江蘇教育》第四卷第四期中。有云，"擬推行之三百字，予即有不識者"，今之簡字亦然也。故聽其自然，則一人所識簡字較少。定爲通行之字，取舊字而代之，則非識不可，而舊字又不能廢。見下。則所應識之字反多矣。國民政府推行手頭字時，曾云：昔名人亦多用之。舉《昭代名人尺牘》所載黃宗羲手札、國學保存會所影印之江永《音學辨微》手稿、《昭代經師手簡》所影印之孔廣森致王念孫《論古韵書》爲證。不以之代舊字，而手寫時視所示之人而用之，簡體字本昔人所不棄也。然即將一切簡字，羅而致之，仍遠較所欲簡者爲少，通行之字，有迄無簡體者。乃不得不造新字，或強取舊字以爲代。新造之字如阴阳等，甚屬無謂。強取舊字相代，更爲不安。如以吁代籲，即不論文言長吁短嘆，亦白話中所常用，豈能禁其不用邪？若禁使不用，則是強減語彙，乃使文字退化之舉。

或以簡體字爲易識，此亦不然。除識字極少之人，皆知字以偏旁合成，無畫畫而識之者也。

　　其尤不可通者，乃爲將諸同音之字刪併，僅存其一。此乃強將文字孳乳之途截斷，而大擴其同音假借之範圍，殊不知音同而形義異之字之所以多，皆迫於應分別之用而起。若其反古復始，則同衍一聲之字，皆可廢之，而僅存一聲旁矣，有是理乎？漢語單音，北京人所能發者，僅四百十有一。使同音者皆作一形，將較從前文理不通之人所寫全是借音字者，分別更少，尚有何人能解？凡作文字，程度愈高之人，所用借字愈多。如芯、菓二字，通人決無作之者，芙蓉且可作夫容是也。程度低者適相反，以其借字形以分別者多也。今而去之，是非扶翼受教育淺之人而苦難之也。若云：將來用拼音字，僅憑其聲，故以此爲之開路。則此乃拼音字所以難行之故，提倡拼音字者，當善籌補救之法，豈可束手無策，反破壞舊文字之已有補救之法者以就之？凡文字，皆由大衆所造，經長期之試用而後通行，故其創造不能甚速。非徒新作一形者如是，即假借舊字者亦然。北方人常於門上貼紙條，寫隨手代門，人人知代爲帶之假借字，不致誤解，故能各處通行。今迫於減字，大批製造，則如舞會、午會互相淆亂之弊必生矣。曹君伯韓乃謂攝代自有局限。如幹部可作干部，而軀幹、幹練等仍當作幹。見《文字改革》雜誌第一期。此說誠較妥協，然以此爲衡，恐所廢之字，什九將復也。

　　許君論文字之用曰：“前人所以垂後，後人所以識古。”此非一家之私言，乃積久經驗之談。人之知識、技藝，無不以後承前，故後輩必不能不與前輩交接。然前輩則大抵不識簡字者也。即欲學之，時過後學，亦勤苦難成。甚或婚宦迫人，不容更學。今曰：爲識字者計，已識字者不當憚增學之勞，辭非不正，其如無益實際何？且即不論知識、技藝，人與人，如父子、兄弟、夫婦、朋友之間，亦決不能不用文字。識簡字者，亦決不能不曲徇不識者而更學舊字。則新舊並行，而所須識之字反增矣。或曰：如子說，專以增識爲慮，新字將不可行矣。曰：吾非謂新字不可行。新字之增，歷來有之，然無大批涌現者，徐徐而來，衆自不憚增識之勞，而舊字自亦能隨之而廢。一朝更迭數百字，則勢必不行矣。此非可以口舌爭也。語曰："下令於流水之原。"事之能行,亦因乎勢,非徒恃政令之力。如釐正字體,所以能行,亦由衆本苦字體之雜而欲一之也。

　　即能盡以簡字代所欲代之字,於文字改革,亦無大利益,何則?此所省者不過筆畫,然筆畫之繁,非中國字之大患也。中國文辭,字變遷頗緩。此其理當別論,然其益則弘多。其益惟何?曰:使今古文字接近而已。昔爭學校應否教授文言時,曾有人言:"《論語》、《孟子》並無艱深之可言。"或又云:"中國文言白話之差,遠不如西洋古近語言之甚。"其說自爲平允。識數千字,讀數年書,即於先秦至今兩千餘年之普通文字,無不能解,實爲極便宜之事,斷宜保存。而欲保存之,則於文字,斷不宜紊亂其自然之規律,而今之簡字,不免於此有背也。今後若真將改行拼音字,則自先秦古書,以至晚近白話,均爲舊式文字,學之者均不過爲考古之資。兩千年完整之局,何苦於其將變之時,更加破壞?若云舊字實不能廢,則行用之日方長,正宜求其簡易,豈可紊亂其自然之規律,而造出苦難耶?此言乎所損大者,即有減少筆畫之益,亦不足相償也。曷言乎筆畫之繁,本非中國字之大患也?蓋作書之難易有二:一爲筆畫之繁簡,一則筆畫作成之難易。而筆畫作成之難易,與其牽連及斷而後起,關係極大。筆畫互相牽連,則雖繁猶簡。故後一端之關係,尤重於前一端,草書之便於真書,關鍵在此。今日正書之體,導源於草書者甚多。如冠無從刀之理,而今或改寸爲刂,以草書寸字僅作一直一點也;船無從公之理,而今或從公,以草書㕣字似公也。可知草書在昔,甚爲通行,特以人民受教育之時太短,作草難於作真,學成後作草自易,未成時,則草書形狀難於正確,不如真書之可以逐畫摹倣。乃及變其筆畫之形狀而從真,而草書遂成簡字,文字不能多於真草兩種,亦不能少於真草兩種。閱讀利用真,書寫利用草,《文字變遷考》已言之。美術之字,與應用之字,學習途轍,各有不同。美術之字,貴於變化無方,學習之法,亦自難執一。應用之字,則求書寫便易、迅速,寫成之後,整齊清晰,使人易於辨識而已。此其關鍵,全在練習。而練習之要,則因寫字求速,不及用心,故宜將手腕練至極熟,使如機械然,寫某字自成某形,不待用心,而憑空學習甚難。有一範本,用紙影寫,則不覺費力,可以得暇即行練習,而多習亦不覺其勞矣。予嘗以此法教人,受教者字本極劣,在一暑假中,用此法,每日至少寫五百字,逮暑假滿,而其字焕然改觀矣。予乃據此撰爲文字,載諸《知識與趣味》雜誌,稱之爲科學之習字法。惜乎無人措意。然其法自可用。今若能用行草製成一習字範本,使識字者皆據以模寫,可使用力不多,而人人皆能作整齊清晰之草書也。筆畫稍多,何足計較?且草書之筆畫,並不致多於並音字也。

以上皆論簡字。至於拼音,則別爲一事,予昔甚非議拼音字。初撰《字例略説》時,曾録日本人山木憲之《息邪論》而張大之。《息邪論》者,辟彼國廢漢字、節漢字之説,刊於亡清宣統庚戌歲之《近畿評論》,其明歲,山陰杜亞泉譯爲華文,載諸《東方》雜誌者也。予又爲潤色其文辭而重録焉。今仍録其説於下,次乃述予今日之所見。山木氏之論曰:

中國文字之善,爲宇内各種通用文字之冠。世有爲廢漢字節漢字之論者,欲廢漢字而代以羅馬字,或減少漢字之數,是殆狂者之所爲,皆心醉歐風之弊也。此論之生,非關文字,乃國勢消長之關係耳。文字之極則,在於明確、簡潔,傳之千百年,讀者仍易於理會。此數事,求其無憾,惟中國文字,足以當之。他日之遍佈於宇内可斷言也。

歐美文字,有單數 singular 複數 plural 之別。變化其字形或有規則,或無規則。以表之。單數者一,復數者二以上也。名詞 noun、代名詞 pronoun、動詞 verb 皆有之。法德文則冠詞 articles 亦有焉。夫自二以上,皆苞以複數,則三四以至十百千萬,皆不必識別也。乃一二反須別其單複,豈非無謂之甚乎?

男性 masculine、女性 feminine 之別,英語尚不甚嚴,法、德、荷蘭,則絲毫不容鹵莽。夫宇内萬物,生物而外,並無男女之分。乃無生機之物,無形體之事及動詞,一一附以男女性,牽強附會,豈不甚哉?英文於此,格律不嚴,並無障礙,則其有之者,亦無用之長物而已。

　　冠詞之種類及用法，英文不甚詳備，其餘諸國，則辨別殊嚴。因單複、男女性之別，及人稱之序，而爲種種變化，亦無用之長物也。

　　時之大別，不過過去、現在、未來。更細分之，殊傷繁雜。歐、美文字，於此辨別甚嚴，日本文亦有此法，而不如歐、美之繁縟；且即不依其法，亦未嘗不能達意也。漢字則別以一字表之。就一字而言，絕無因時變化者。行文時亦不別立他種方法。讀其文，過去、現在、未來，極爲明瞭，何必設此繁縟不便之法乎？

　　歐、美文字，名詞、代名詞、冠詞、形容詞 adjective、副詞 adverb、動詞，字之首尾或全體，皆有種種變化。或有規則，或無規則，法甚奇詭，不便莫甚焉。

　　數也，number；性也，gender；冠詞也，article；時也，tense。字形之變化也，皆無必須之理，徒以相沿成習，廢之則意有不通耳。欲去其不便，捨廢其文字、改其語法末由。此等自東亞人觀之，悉無用之長物，而爲歐、美人語法之本，於是不得不研究文典。中國及日本，皆不用此贅物也。近來日本語學者，模倣西風，亦編日本文典，不知日本人固無須乎此也。

　　歐美文字，皆依音製，故因古今音訛，而字形屢變，後人遂不可讀。Angloland 訛爲 Anglond，而 Angland 又訛爲 England，安知 England 不更訛爲 Inglond 乎？音之傳訛，如水之就下，不能禦也，而文字乃蒙其禍。夫依音製字，雖似易於通俗，實亦未必盡然。況音訛字變，使人不可復讀乎？日本若採用羅馬字，亦必同蒙此禍。惟中國文字，雖其音屢訛，而其形不變，千百年後，無不可復讀之憂。同文之國，不論語音如何懸異，皆可借文字以達意，較之歐、美文字，孰爲利便，不待智者而知矣。

　　中國文字，筆畫亦有繁密者，然面積相等，一目得認五六七八字，案此爲偏旁在各字中寫法可以改易之利。讀時可十行俱下。歐美文字，細書之往往長至二三寸。其冗長者，筆畫較中國字尤繁。　字上半在上行，下半乃在下行。各字長短錯綜，其字義由反切聯綴，一字尚不能一目瞭然，況六七字乎？鈔錄印刷之時，中國字每葉幾行，每行幾字，易於計算。篇幅若干，可以預定。歐、美文字，於此亦殊不便也。案中國字雖有如此節所述之利，然於排字打字等，殊多不便，似尚不足相償。

中國字一字一音，一呼吸間，可讀數十字，數秒間可讀數十句。歐、美文字冗長，同義之字，同意之説，用之費時必多，今以中國字與英文對列，以中國音比英國音，如父 father、母 mather、夫 husband、妻 wife、子 son、女 daughter、兄 older brother、弟 young brother、山 mountain、川 river、島 island、國 country、都 city、邑 town、村 village、境 boundary、百 hundred、千 thousand、萬 million、口 mouth、鼻 nose、春 spring、夏 summer、秋 autumn、冬 winter 等，孰長孰短，豈醉心歐美者之口舌，所得而爭乎？

然此尚實字中之略簡者，其更繁之實字及虛字、助字等，觸目皆是。如會 assembly、手巾 handkerchief、開明 civilization、區分 distinguishment、直 direction、法制 constitution、歡待 hospitality、造 manufacture、細心 conscientious、記憶 commemoration、交通 communication、光輝 illumination 等是也。英文如是，他國文字，可以類推。人名、地名，冗長尤甚。俄國一軍艦之名，有至九音者，與日本三四軍艦之名相等矣。案中國言語，今已進爲複音，然大校亦不過兩音而止，在三音以上者甚少也，至於文字，與語言相距較遠者，仍能保其單音之舊，故尤有簡潔之美。

以中國文與歐、美文較，孰簡潔？孰冗漫乎？汽車中之揭示，日文大逾英文三倍，而所佔之地，不過英文二之一。是日文與英文之繁簡，爲一與六之比也。日文所以簡，乃參用中國文之效也。若中國文，則更爲簡潔，歐、美文字，殆無從比較矣。抑歐、美文之冗長，不徒文字，亦其語法之不備。常有日本文二三語可了者，歐、美文則必重章叠句，申言之更詳言之，反言之更換言之。不如是，則其意不明也。中國文字，有此弊乎？《論語》、《六經》姑勿論，《孟子》、《孫子》、《左傳》、遷史等文，豈歐、美人所能夢想乎？案言語之簡，中國殆爲天下最。不獨今日與歐、美、日本相較爲然也，在昔較諸印度已然。試觀意譯之經必簡，直譯之經必繁可知也。夫文字之簡，不徒省時也。語愈簡，則涵義愈多，意味自覺深長，此實文章之所由美。今之效歐、美文法者，乃務爲佶屈不可讀之句，作白話文者，亦從筆所之，不事删削，一若惟恐其不蕪者，不亦下喬入幽乎？

　　彼輩謂言文一致，則學問易進；又以歐、美諸國爲言文一致，此皆無稽之談也。歐、美諸國之民，未受教育者，雖無不能語言，亦不解文字。然則言語自言語，文字自文字可知。案杜亞泉曰："國民識字者之少，由於教育之制未備，不能歸咎於文字。否則滿、蒙、藏文皆標音，何以其民識字者亦不多也？"言文一致之實安在？取學者所著政法、哲學、教育諸書，朗誦於俗人之前，能理會乎？苟其不能，言文一致之效安在？且言文不一致，乃文章進步之故，不足憂也。夫文章愈進，則格法愈奇，規律愈整，口舌筆札之間，遂相懸隔，此亦自然之勢。所貴乎文者，爲其能達意，有感人之力耳。口舌之間，無論如何巧妙，而無推敲、點竄之暇，不能如文字之簡練潤飾。又語言必較文字爲冗，徵諸速記録自明。故言語必不能如文字之簡勁。果其言文一致，則其文字之不進步可知。持言文一致之説者，實未知文之義者也。案語言文字之異，有兩大端：一，人之發爲言語及其聽受言語較速，而其作爲文字及閲讀文字較遲。故文中一語，語言中必化爲二三語，或反覆言之，不如是，則聽者不及領受，即言者之心思，亦不及應付也。又語言過而不留，而文字則有跡可按。故發言時，於緊要之語，慮人遺忘者，必反覆提挈，而文字則不然。故無論如何，語言必較文字爲冗。以語言直書於紙，則蕪雜不堪，不徒不能加明，且恐因之而晦矣。二，人當發語時，聲音有高低，形態有張弛，皆所以表示其情。言語之感人，固不徒在其所言之理，而在乎言者之情也。作爲文字，則凡聲音之高低，形態之張弛，皆無有矣。果何恃以感人乎？故善爲文者，其詞句必不能與口中之語言相同。變其所言，所以補聲音及形態等之不足也。準是二理，言文必不能一致。今之白話文，苟欲求工，亦必與語言相去日遠也。

　　今日本幸參用中國字，三四種新聞，朝食之前，可以遍讀。若廢漢字而用假名或羅馬字，則讀一紙新聞，已非容易。報館因記載需時，館員必增，館費必大，且因文字之冗，紙數必增，報館之資財必因而大困。教科書亦然。一切書籍、印刷物、書信等，無不蒙其不便者。廢漢字之論，豈非梗塞文明之途，違世運而逆行者邪？案觀此論，文字之務爲繁冗者，可以知所儆矣。

　　節漢字之説，較廢漢字更妄。廢漢字者，欲以他種字易之，猶可
説也。節漢字者，乃欲減省通用之字。夫文字之數，盈千累萬，何國
不然？ 是皆千百年來，迫於用而漸增者，豈能減而少之？ 視，見也；
觀，察也；喜、悦、歡、欣也；怒、懼、悳、忿也。日人以日語讀之，意若相
似，實則各有一義，不容强同，且如敬慎、恭謹、誠實、忠信等，同爲德
行上之字，其字愈多，則德行之觀察愈明，研究愈細。若强減之，是阻
其研究，淺其觀察也，此導人類於野蠻者之所爲也。

　　排斥中國文字者，以爲難於認識，夫苟教授得其法，事固非難。
如現今中學校之教授，而以識中國字爲難，則亦誣矣。維新前後之青
年，學中國字，未嘗覺其難也。若謂難，羅馬字亦何嘗不然？ 不學不
知，當然之理。童時教以假名之讀本，長而責其不能識中國字，亦非
理之求矣。案覯其形而知其音，中國字誠不如歐美字之便，然此亦僅識字之一端。若論
字字面積相等，且各有其特異之形，則歐美字實不如中國字也。今日學生之語文程度，可
謂江河日下，若以語人，人必痛詆中國文字之艱深，昔時私塾姑勿論，自設立學校以來，教
學語文之法，未嘗大異於今日也，而何以其成績大異？ 此則其咎必有所在，不能以詆罵了
事也。

　　中國文字之便，歐、美文字之不便，尚有其大者焉。英文非解英
語不能讀，德文非解德語不能讀，歐美文字，無不然者。漢字則只須
能辨其形，以英、德、俄、法之音讀之，無不可也。今日本人以日本音
讀之，如松讀マツ，杉讀スギ，花讀ハナ，草讀クサ是也。依此法，英
人可讀日曰 sun，月曰 moon，花曰 flower，木曰 wood，作爲文章，雖不
解英語者，皆可讀以本國之音而明其意。增交通之便，助文明之運，
利莫大焉。今中國南北，發音不同，各操鄉音，將如瘖聾之相對。滿
洲、朝鮮，則言語本異。然無不可以書翰通意者。中國文字，既已統
一語言龐雜之東亞大陸之民，而爲同文之國，更進一步，即爲宇內通
用之文矣。今歐美人不幸未知其便，一旦知之，必以公平之見，主張
採用中國文字，亦勢之不得不然者也。至此，則中國文字，通行宇內
之機至矣。

　　予故曰：廢漢字節漢字之說皆妄也。中國文字，至便至利，歐、美文字，至不便，至不利。中國文字，必通行於宇内。

　　以上皆山木氏之論也。

　　其最動人者，莫如謂操他種語言者亦可使用中國字。果如所言，則統一語言與統一文字，可以析爲兩事矣。有是理乎？《文字改革》第一期載岑君麒祥之言：謂"二十餘年前，有一德人告彼，謂中國之日字，英人可讀爲 sun，德人可讀爲 sonne，法人可讀爲 soleiz。如此，即可將世界文字統一，此說實出德哲學家萊布尼兹（Ieibniz），而萊布尼兹則因見中國文字行於朝鮮、日本、越南而起，其說與山木氏實同。萊布尼兹且曾計劃，將人之意象析爲若干要素，用字母及數字表之。千六百六十六年，清聖祖康熙五年。曾著一文，謂將使全世界民族，通此符號者，皆能互相瞭解。後其計劃未成。而懷此見且作成方案者不乏，然皆束置高閣。實以其無語言爲根據故也"。然如萊布尼兹之說，將人之意象，分成若干要素，而以符號表之，猶可說也。若如山木氏，但就華文立論，如松、杉、花、草等，讀以日本音則便矣，其彼此意象有無同異不侔者，則將若何？故異民族逕用漢文，無能成功者。苟其民族不能全與漢族同化，終必別造字而後已。朝鮮、日本、越南即是也。而用漢字之偏旁以造字者，亦卒不能昌大。如遼、金之大字是已，以漢字之偏旁，亦不能用以表聲也。文字既必代表語言，則分析語言，求其音素，而據以造字，自爲今日必由之途徑。謂中國字終當如此，理亦可通。但中國究與他淺演之國不同，亦難一言斷定。且即謂終當如此，亦歲月甚遥。此目前情勢如此也。中國改用拼音文字之障礙，除舊字難遽廢外，專就拼音字論，首在同音異義之字之太多。不徒單字，即複音詞亦有然者，如洗臉之水，南人稱面湯，與人所食之麵湯同音是。或謂中國文火車、汽車、馬車，皆一望即知其義，英文即不能然。岑麒祥駁之曰：此亦不過作 huǒehe，kiehe，mǎehe 而已。其言似是。然舉數千漢字，悉代以拼音字，欲其一見即知其義，而不與他同音之字相淆，必不可得也。漢字最大之利，實在其複音詞中，單音之義仍在。通於若干單字之義者，即於其他複音之詞，亦無不能解。讀書者自上而下則易，自下而上則難，其故即在於此。以字義之本，皆在古書中也。年齡如不佞輩者，其能自讀書，實在甲午中、日戰後數十年中，正值新名詞涌見之時，然從未聞以不解爲苦。當時學習日本文，亦覺遠較學習歐、美文爲易，以除所謂和文奇字外，其詞皆與中國同，不勞更學故也。此爲最大之一端。此外則現在方言太紛歧，據京音所拼之字，目前不能通行，而據方音所拼之字，亦不能行諸其區域之外。褒漢字者謂其能濟語言不統一之窮，貶漢字者亦無異言，今日情狀未變，補救之具，固不容遽棄也。又漢字與我國之民族性關係太大，亦不能輕爲動搖。此事亦可以日本之於朝鮮，法國之於越南，力破壞其文字爲鑒。

　　山木氏深咎歐、美文字，形隨音變，而未言其補救之方。杜亞泉則深善形聲，謂"最完善之字，不能不一旁以簡單之規則標音，一旁以明晰之部類表義"。陶君坤謂"聽其自然，漢字必不能變爲拼音，漢字之存，即文字發展，不必皆成拼音之證"。《拼音》雜誌第七期。其言亦各有理。予案埃及文字，始於象形，繼以表意，更繼之以表音，正與中國同。六書以形聲爲主，實畫然自成一期，特象形、會意，間或與之并存而已。此實文字發展之正軌，腓尼基之專用聲符，乃其旁支，陶氏之言是也。予舊作《字例略說》論曰："天下事用人力造成者，往往不能盡善，其自然生長者，則看似不便，而實有至理乎其間，以人之智力，實不能高瞻遠矚也。今字內通行較廣之字，其非由人力造成者，惟中國字而已。文字初起，本非用以表聲，而其後則必至於專以表聲而後已，今字內通行較廣之字，其緣起皆少晚；而其出較早者，則或已廢絕，或雖未廢絕，而因國勢之不張，文明程度之不進，未能發揮而盡其用。其緣起甚早，而又相承不絕，且能發揮以盡其用者，實惟中國文字。此今通行較廣之字，所以皆專衍聲，惟中國字則猶存不專衍聲之舊也。"又曰："一民族之進化，未至能造完善文字之境，而已與文明之族相接，則其造字，必不能純出自爲，必藉資於其所遇之文明之族。藉資云者，非徒借吾之字以爲用如日本，借吾之字之偏旁以爲用如遼、金也。即其造字之法，亦必資焉，而此文明之族，當初造字，其法如何，此時不可得見也。所能見者，則此時之用字，專以表聲而已矣。則此族之造字，安得不純用衍聲之法乎？今歐、美文字實出埃及、藏文出於印度，蒙文又出於藏，滿文又出於蒙：皆純用衍聲之法可證也。然則文字聽其自然生長，自能至於一旁標聲、一旁表義最善之域。埃及、巴比倫等國之字，所以未能至此者，以其中道夭閼未遂其長。歐、美及滿、蒙、藏文字，所以未能至此者，則以其創造非出自然，其源頭上未盡善也。夫利害之數，至難言也。匹夫攘臂，而曰吾欲云云，往往見其偏而不能見其全，見其近而不能見其遠，惟歷千百年之試驗，經億萬人之評騭，以定其去取者，無此弊焉。中國字形之變遷，自篆、籀以至行、草，亦幾成兩種文字矣。則知苟變字形，而便於用，國人非有愛也。夫標音文字之法，中國非不之知也，梵書流佈，亦既兩千年矣。果使標音文字，較不純標音者為便，中國人既無愛於字形之變，此兩千年中，豈無人焉，試造標音文字，而公眾遂承而用之者乎？然而卒不然者，則以標音文字，固不如吾國固有者之便也。一時之間，數十百人之智，其不足與兩千年來舉國之人爭審矣。"主張頗嫌其過。然亦足供參考也。今日歐、美之文字，聲勢誠如日中天，然所併吞者，皆淺演之族之文字，其與中國文字遇，亦其在戰爭中所遇之大敵矣。並驅爭先鹿死誰手，未可知也。然即中國文字，終變為拼音，亦非中國文化敗績之證。何則？今日無論何種文字，皆非終極通行之文字。今後之文字，變化孔多，必至各國之語言，匯合成一世界語，而作一種文字以表之，乃其少息之時耳。在此種文字中，語言所存之多少，即其文化所存之多少，此或其文化優劣之一證。然此非徒字形，語法等亦其大端。如山木氏所論，歐、美人語法之劣，中國人文章之簡，亦皆競爭中勝敗所由判也，故中國字確有與歐、美字長期並存，和平競賽之資格，斷不能輕於廢棄。若在目前求隨語言而變化，則循舊法可造形聲字，可用假借字，主新法可雜用拼音字，正不慮其不能應付。電報，打字，排字，檢字，索引等，尤易別行設法，一切使用文字之機器，皆為文字而造，不能因此而搖動文字也。言語有音、義兩端，而文字以形表之，能兼表兩端，固較獨表一端為善耳。

今之言改革文字者，有一大蔽，時曰畏難。彼輩以為中國之文字甚難，一經改革，即可大易，此乃武斷、臆想之談，非事實也。文字使用之便，在於習熟。字字臨時拼而讀之，拼音文字，誠便於舊字矣，若求習熟，一望即知，book 與書有何區別？拼音字與舊字之較如此，況簡字乎？人之學事，有其一定之年齡。某年齡可學某事，非其時甚難，當其時並不難也。社會學有所謂隔離兒童者，生而未育於人，過六歲乃與人接，即不復能學語言矣。六歲以下之兒童何知焉？然學言語不難也。文字亦然。過十歲乃識字，即甚吃力。吾所見時過後學有所成就者，亦有數人，字皆在十歲前已識者也。然尋常兒童之識字，亦並不難也。一國之文明程度愈進，則其文字愈精深。昔有德人問中國留學生曰："德文易學乎？法文易學乎？"此留學生習於酬應，以爲文字易學美事也,率爾而對曰:"德文易學。"德人大不懌,與力辯其不然。事見多年前之《時報》。故文字易學非美事,强使難者易,亦勢所不能。昔金世宗嘗問臣下曰:"契丹文字年遠,觀其所撰詩,義理深微,當時何不立契丹進士科舉?今雖立女直字科,慮女直字創製日近,義理未如漢字深奧,恐爲後人議論。"丞相守道曰:"漢文字恐初亦未必能如此,由歷代聖賢漸加修舉也。聖主天姿明哲,令譯經教天下,行之久,亦可同漢人文章矣。"事見《金史·選舉志》。守道之言雖諛,亦有見地。漢文最精深,契丹次之,女直又次之,區以使用時日之久近,實即斷以民族文化之淺深,非可强爲也。然學之當其時,初不必以難爲戚。而當此年齡,不學文字,騰出功夫,亦未必能學其時所不宜學之事也。以中國字爲難,歐、美文字爲易之成見,受教會教育者,入之最深。此輩於華文,初不措意,後來稍欲學之,則已過其年齡,故於華文,一切莫名其妙,而深以爲難。然其於西文,亦所知甚淺,徒視爲聲音之符號而已。一種文字,必包含一種文化,非所知也,此其於改革文字,所由掉以輕心也。抑今之於文字,必求其學之可以速成,用之又不費時者,豈不曰:處此競爭之世,凡事皆不容緩步乎哉?國防其顯焉者也。然此等競爭之局,乃人類一時風氣之謬誤,不能魯莽滅裂他事以就之。且欲克濟於競爭,必先能善其所事,而事之克善,自有其一定之步驟,欲速不達,亦正不容其魯莽滅裂也。

　　以上論文字也。若論言語,其當求統一,自較文字爲尤亟。以資以交接者愈多,且愈直捷也。今日推廣普通語之法,吾亦不以爲然。蓋語言乃實用之物,重在使用,不重在研究。既以北京語爲標準之普通語,即宜派北京人爲教師,往所欲推廣之處教習。如此,則師資不待造就,而其所教之話,甚爲道地,成績必與前此推廣普通話者大異。文字改革委員會中人所擬辦之事,如調查研究全國方言等,皆迂遠而闊於事情者也。

　　要而言之,吾於文字改革,謂簡化漢字,可以不必。拼音字可以徐行,不宜操之過急。非故遼緩之,事勢只得如此也。文字改革委員會長吳君玉章講演《中國文字改革之道路》云:"拼音方案擬定之後,應先用以爲漢字註音,次則在漢字中夾用。"此與昔日之用註音符號何異? 簡化字推行二百餘,亦何異於昔之手頭字哉? 豈不欲速,事勢限之,不可得也。故曰:文字改革不能速,亦不能過恃政令之力。

(本節脱稿於 1957 年 9 月 29 日)

説文解字文考

序 一

　　《説文解字叙》曰："倉頡之初作書,蓋依類象形,故謂之文。其後形聲相益,即謂之字。文者,物象之本。字者,言孳乳而寖多也。"然則文猶衍聲文字之字母,字猶其字母所構成之字矣。古代文字,於今可見者,獨賴《説文》。然《説文》所載,雖多斯籕之遺,已非皇古之舊。此則觀於埃及、巴比倫、苗、瑶、彝族諸族之文字而易明者也。趙宋之世,金石之學始萌,及近世尤盛。最近二十年間,又有所謂骨甲文者。欲據以考見斯籕以前之文字者亦多矣。然其事不可深信,近人餘杭章氏已極論之。《國故論衡・理惑篇》。其言深有理數。然則欲考皇古之舊文,與騖心於鼎彝,尚不如章氏所説,就《説文》獨體,觀其會通之爲得矣。顧《説文》中所謂獨體字,實已非初造之文,蓋多有合二三名而成者。而初文之可考者,或亦存於合體字中,不必其仍爲獨體也。故欲即《説文》以求初文,必將其字析爲若干體而觀之而後可,不能即其一字,而指之曰孰爲初文,孰非初文也。此理也,昔人亦有見及者,鄭樵起一成文之説是也。近人沈兼士求字最小分子之説,實本於此,見《北京大學月刊》。顧初文乃獨體,非獨畫。謂合體字必以獨體爲本則是,如鄭氏所説衡爲一,從爲丨,邪丨爲丿,反丿爲乀,至乀而窮,乃折一而成ㄅ,展轉以至於囗,則繆矣。思勉年十歲,先母程夫人始授以大徐本《説文解字》,時於故書雅記,十未窺一,讀之不能終卷也。年十七,始識同邑丁桂徵先生。諱同紹。先生之妻,予母之從姊也。先生於學無不窺,而於經小學尤邃。石印小本,手自校勘,丹黃細書,識語徧其上,如是者殆一簏。有質以一字者,古今字書隨檢即得,雖取懷而予者無其捷也。予以文字請益,先生始詔以近世淺薄之文不足效,欲求學問,必多讀書;欲讀古書,必先識字,勖以精研訓詁,植爲學之基。予既受教,乃取《段注説文》讀之一過。自是三四年間,於小學之書,稍稍瀏覽。二十以後,好譚經世之學,考求歷代典章制度,自度終不能爲純儒,於經小學又擱置之矣。方予讀小學書時,信南海康氏新學僞經之説方篤,於許書輒喜加以攻擊。觀其所謂獨體字者,實多合二三名而成;又其字多經轉變,非復依類象形之舊也,則摘而出之,以爲許書所謂古文者不足信之徵。此外致疑許書及漢代古學,暨他有所見,隨手記録者,積之久亦盈篋。既廢斯業,久置不省。民國十二年秋,講學於江蘇省立第一師範學校之專修科,使學生之肄國文者皆讀《段注説文解字》一過,匝歲而畢業,思爲之略講源流條例,乃取舊稿覆閲之,其淺陋可笑武斷不足據者,蓋十五六;而可采者亦十三四,乃就今日所見,加以補正。先論文字原起變遷,成《中國文字變遷考》一卷。六書之説,昔以爲漢代言古學者所僞造,今則以爲當時研究小學者所立條例,其説至粗,然謂非吾國言文字學之先河,不可得也。然粗略之説,後人當加改正,今則舉世奉爲圭臬,莫敢攜貳。即有知其不安者,亦止於彌縫匡救,而不敢改弦更張。此則爲六書爲《周官》保氏成法之説所誤,以爲積古舊説,莫敢置議。予於六書,謂非周代古説,則今昔所見相同也。略申鄙見,論今後立字例之條之所宜,爲《字例略説》一卷。此篇即當時摘録許書中字,譏其不古,而攻古文爲古學家所僞造者。由今思之,殊不其然。天下無徹底可以僞造之事,謂治古學者據古字以造古經,則有之矣;謂其欲造古經,先造古字,則不然也。_詳見《中國文字變遷考》。然謂古學家僞造古字非,而分析許書中字,以求斯籀以前之文象形之迹,則計亦良得矣。故亦寫定爲一卷,名之曰《説文解字文考》。文即"依類象形,故謂之文"之"文",後來孳乳寖多時,用爲形聲以相益者也。少不自立,長無所成,追念昔者受教於慈闈暨丁先生之時,心滋戚矣。民國十四年夏節武進呂思勉自識。

序　二

　　此書成於民國十四年夏，由商務印書館承印，久而未成。今年春，代宜興童君伯章，講小學於上海光華大學，乃出元稿油印之，以付諸生。從前出土之骨甲文，不盡可信，至今日而事益明白矣。骨甲文之出土，事在光緒戊戌己亥間。地在河南安陽縣城之北五里，名小屯。廣數十畝，洹水環其三面。説者謂即《史記・項羽本記》之殷墟，蓋是。骨甲之初出土也，賈人攜至北平，爲福山王文敏公懿榮所得。庚子秋，文敏殉難。所藏悉歸丹徒劉鐵雲鶚。小屯土人，農隙掘地，歲有所得，亦歸焉。光宣間所出，大半歸上虞羅叔言振玉。文敏所藏，凡千餘片。劉氏所藏，三千餘片。羅氏所藏，二三萬片。其餘散在諸家者，亦當以萬計。駐彰德之某國牧師，所藏亦近萬片。見近人自署亢父者所撰《二十年間中國舊學之進步》，載《東方雜志》。據以考索古事及古史者，以羅氏及海寧王靜奄國維爲最勤。此其出土及好古者收藏研究之始末也。疑之者亦有人，有自署老圃者，嘗於時報論其事，十四年四月九日。曰：“前清光緒間，河南安陽掘得古龜甲獸骨，或刻有篆文，而無文者尤累累，好事者購之，百文輒得一大裹。然皆碎塊，塊不過數字，不能詳其文義。其可辨者，以干支字爲多。間有大片，字亦寥寥。其後購求者踵至，而續出者亦愈多，價亦飛騰，或一片索一金矣。無文之骨，亦不知何往；蓋一變而爲有文矣。藏者以多字爲貴，遂有連篇累牘者，誇示於衆，而真僞益不可究詰矣。”最近中央研究院歷史語言研究所重至小屯發掘。先行訪查，則僞刻骨甲文字者，確有其人，且有姓名,見其所刊報告。前此諸家所藏,恐偽物多而真品少矣。財產私有之世,事無不爲稻糧之謀。北平馬虎臣冠標,其族舊以燒瓷爲業。馬君告予:"偽造宋明瓷器者,其形範、繪畫、采色,皆有前此偽器及圖譜爲證。其質非凡陶土所可爲也,則毀近代之善器爲之,其爲之有成有不成。成則獲利可五倍。成不成相覆,獲利猶三倍。其族歲常爲之,猶其造日用之器也。"吾邑之在東南,不逮金陵、蘇、杭之大也。恃偽造昔人印章爲食者,以吾所知,即有二人。蓋古物之難信如此。章氏謂必發之何地,得之何時,起自何役,獲自誰手,事狀皆詳;又爲衆所周見,乃爲可信,誠不誣矣。又謂必"數器相讎,文皆同體",乃爲有據。則其説尚有未盡者。夫造作文字,必有所依者。所依者同,何怪同體。抑人心不同,如其面焉。雖復所依者同,而心手之間,必有小異。又作偽者必使所造小異於故,乃足以杜人之疑。此等小小異同,則又信之者所矜爲創獲,栖其得間者也。且如近歲新鄭等處,所出古物,則誠章氏所謂"萬人貞觀,不容作偽"者矣。然未聞大得古文也。古人之因文字固少也。《史記·龜策列傳》曰:"夏殷欲卜者乃取蓍龜,已則棄去之。以爲龜藏則不靈,蓍久則不神。周室之卜官,嘗寶藏蓍龜。"貨貝寶龜,蓋自周以降。殷墟之多得龜甲,亦固其所。然謂龜甲必有文字,於古無證也。老圃無文變爲有文一語,蓋可深長思矣。文字者,前人所示垂後,後人所以識古。雖考洪荒之世,固非書契末由,今兹簡牘所存,不過籀斯遺迹,安能以此自封,據古器以考古文,誠學者所當有事。然必考之極精,用之極慎,乃爲可信,否則徒騖名高,強生附會,恐難資博證,適以亂真也。前識未悉,故更論之。二十年四月二十四日思勉又識。

序　三

　　《説文解字敘》曰："倉頡之初作書,蓋依類象形,故謂之文。其後形聲相益,即謂之字。文者,物象之本。字者,言孳乳而寖多也。"然則欲考文字之原,必於文焉求之矣。字書之存於今者,以許氏之書爲最古。然其中十九皆秦漢間字,早亦不越西周。欲求皇古之遺文,蓋亦難矣。好古之士,不以此爲已足,乃求諸金石遺器,其所得誠或出於許書以前,然師傳久絶,以意識讀,不能無誤;又其器亦不能無僞,亦未可專恃也。竊謂文字變易雖多,實有遷流而無更制。許書所載,雖鮮皇古之文,然皇古之文亦必有存於其中者,特遷流既久,非復元形。當析其字以求之,而不能執一字以求之耳。少嘗從事於此,經亂遺佚,意外得之,不禁敝帚自珍之感,因復寫爲此篇。凡許書稱爲象形者,雖不足信,亦皆録之,以示矜慎。其許氏所未言,而今可信爲依類象形之舊者,不論其猶爲一名,抑或存於他字之中爲一體,一一搜剔,依次排列,加以疏通證明。其不待説或不可説者闕焉,然不可説者蓋亦寡矣。予於小學,肆力匪深,陳義自淺,尚幸當代通人,教而正之。

一　惟初大極，道立於一。造分天地，化成萬物。

案一之爲用最多，非必指數之始也。在《説文》中，惟白部：㿟，"十十也，從一白"，冓部：再，"一舉而二也，從一冓省"，爲一二之一。此外不部云：不，"鳥飛上翔不下來也。從一，一猶天"；雨部云：雨，"水從雲下也。一象天"。皆明以一爲天。《春秋説題詞》云："天之爲言鎮也，居高理下，爲人經緯。故其立字，一大爲天，以鎮之也。"大象人形，則一亦猶天。二部二下云："此古文上。"下出丄字云："篆文上。"而帝字下別出古文帝云："古文諸上字皆從一，篆文皆從二。"其説自相牴牾。據《周官・保氏疏》，篆文上下二字，實皆從人。竊疑丄乃篆文，丄、二皆古文，至帝、旁諸文，則古文皆作一畫，篆文增爲二畫，本非從上。許君以據形系聯，乃歸之上部耳。所以作一畫者，亦與天同意。正部：正，"是也。從一，一目止"。㐫，古文正，從一足。足亦止也。兀部：兀，"高而上平也。從一，在儿上"。丂部：丂，"氣欲舒出，勹上礙於一也"。亏部：亏，"於也。象氣之舒。亏從丂從一。一者其氣平也"。水部：㴪，"幽溼也。從一，覆也。覆土而有水，故溼也"。匸部：乁，"衺徯有所俠藏也。從乚，上有一覆之"。雖不以爲天，而以爲在上，義亦與天近。而宀部：宀，"覆也。從一下袤"。則又小變其形者也。屮部：屮，"象草木之初生，屯然而難。從屮貫一。一，地也"。才部：才，"草木之初也。丨上貫一。一，地也"。之部：㞢，"出也。象草過中，枝莖漸益大，有所之也。一者，地也"。旦部：旦，"明也。從日見一上。一，地也"。韭部：韭，"象形，在一之上。一，地也"。丘部：丘，"土之高也。從北，從一。一，地也"。至部：至，"鳥飛從高下至地也。從一。一猶地也"。川部：巠，"水脈也。從川，在一下。一，地也"。氐部：氐，"至也。從氐下箸一。一，地也"。戈部：戓，"邦也。從口，戈以守其一。一，地也"。且部：且，"薦也。從几，足有二橫，一其下，地也"。皆明言一爲地。耑部：耑，"物初生之題也。上象生形，下象其根也"。不言一爲地。然韭下云："此與耑同意。"則耑之中畫，實象地也。宀部：宀，"所安也。從宀之下，一之上"。曰部：曰，"重覆也，從冂一"。立部：立，"住也。從大，在一之上"。七部：七，"陽之正也。從一微陰从中袤出也"。雖不言一爲地,而其意係以一爲地,亦可類推。三部:三,"天地人之道也"。王部:王,"董仲舒曰:古之造文者,三畫而連其中,謂之王。三者,天地人也,而參通之者,王也。孔子曰:一貫三爲王"。二部:㐬,"敏疾也。从人,从口,从又,从二。二,天地也"。五部:㐅,"五行也。从二,陰陽在天地間交午也"。皆以上一畫爲天,下一畫爲地。二部:㔚,"常也。从心舟在二之間上下。心以舟施恒也"。案此説甚迁曲。木部桓之古文亙,《韻會》引有"象舟竟兩岸"五字,此字蓋从心互聲也。亘,"求回也。从二从囘。囘古文回,象亘回之形,上下所求物也"。水部:㳡,"回水也。从水,象形。左右岸也。中象水皃"。㳡,"淵或省水"。川部州之古文㳅同意。畕部:畺,"界也。从畕。三,其界畫也"。畫部:畫,"界也。象田四界,聿所目畫之。"皆以一爲界畫。齒部:齒,"口,齗骨也。象口齒之形。止聲"。凵爲口字㕚象齒形,此字似合口及兩㕚而成。然齒不得居口外,則凵以象口,而兩㕚間之一,則用爲界畫,以示齒之有上下耳。十部:十,"數之具也。一爲東西,丨爲南北"。則又小變其意者也。音部:音,"从言含一"。甘部:甘,"从口含一"。此但取口實之意。下文云"一,道也",似鑿,或後人所加。血部:血,"从皿,一象血形"。皀部:皀,"穀之馨香也。象嘉穀在裏中之形。匕所以扱之。或説:皀,一粒也"。亯部:亯,"獻也。从高省。曰象孰物形"。豆部豆之古文㿝,與此同意。勺部:勺,"挹取也。象形,中有實,與包同意"。本部:与,"賜予也,一勺爲与"。竊疑一畫見挹取之意,兩畫倍於一,有餘則可以及人,因見賜予之義非从一从勺也。戊部:戊,"五行土生於戊,盛於戊,从戊含一"。皆以一爲中有實之義。許君於血部承以丿,則丿一初不甚別。即日部:日,"實也,太陽之精不虧。从囗一象形"。囗中著一,亦但見實之意耳。武后因古文㠯中畫屈曲,造爲囝字,誤矣。干部:干,"犯也。从反入,从一"。羊,"撆也。从干。入一爲干,入二爲羊,言稍甚也"。米部:米,"止也。从米盛而一橫止之也"。川部:灾,"害也。从一雝川"。亾部:亾,"止亾詈也。从亾一。一,有所礙也"。皆以一爲阻礙之物。毋部:毋,"止之也。从女一,女有奸之者"。義與相類。夊部:夊,行遲曳夊夊,象人兩脛有所躐也。亦與此同意。毌部:毌,"穿物持之也。从一橫口"。與玉中之丨同意。則以爲貫物之義。夫部:夫,"丈夫也,从大一。一以象先"。義與毋類。木部:本,"木下曰本。从木,一在其下"。朱,"赤心木。从木,一在其中"。末,"木上曰末。从木,一在其上"。則但取記識其處以示意。水部:水,"準也。北方之行。象眾水並流,中有微陽之气也"。丙部:丙,"位南方。萬物成炳然。陰气初起,陽气將虧。从一入门。一者,陽也"。此兩字皆以一象陽,則意與卦畫通矣。

南上部　薄也。从二。闕。方聲。𠙻古文旁。𣃷亦古文旁。

　　小徐本闕字在"方聲"下。案《說文》說解中闕字,有爲許君原文者;亦有書簡缺脫,後人校勘,依許君例書闕字者,辨別殊難。此處闕字在"方聲"上,似許君原文;在"方聲"下,則似後人校識。然要皆指㕔言之也。门部:央,"从大在门之内。大,人也。央旁同意"。則㕔亦门之類,不得云闕。然許書本博采而成,各字說解,不必相顧,央字舊說,指㕔爲门之類,而旁字舊說,謂㕔闕不得其說解,亦理所可有,不能以此遂斷闕字爲後人所補也。

示　天垂象,見吉凶,所以示人也。从二。三垂,日月星也。觀乎天文,以察時變,示神事也。𥘅古文示。

　　案《小徐本》古文作𥘅。中垂直,旁二垂分向左右,與篆文同。

三　天地人之道也。从三數。

　　案二三及古文四,皆積畫而成,然不可說二从兩一,三从三一,四从四一;或三从一从二,四重二;或从一从三。何也?知以一畫象一,則亦知以二畫象二,三畫象三,四畫象四矣。故此等皆當仍爲獨體之文。

王　天下所歸往也。董仲舒曰:古之造文者,三畫而連其中,謂之王。

三者，天地人也，而參通之者王也。孔子曰：一貫三爲王。**币**古文王。

　　案王及玉皆合三橫一直而成，然不可説爲从三从丨者，文字非一人所造，造王字者自取一貫三之義，造玉字者自以三橫象三玉之連，而以丨象其貫也。即造三字、丨字、王字、玉字者爲一人，亦不害其造王字、玉字時，三橫一直，別有取義也。合此及三字下説觀之，可知起一成文等説之非。

　　又案文字之變遷甚多。凡今之作橫若直者，其初未必即作橫與直也。如玉字以三畫象三玉，其初或係畫三玉之形，後乃改爲三畫，亦未可知。如此，則起一成文之説，更不可通矣。

王　石之美，有五德：潤澤以温，仁之方也；鰓理自外，可以知中，義之方也；其聲舒揚，專以遠聞，智之方也；不撓而折，勇之方也；鋭廉而不忮，絜之方也。象三玉之連，丨其貫也。**禹**古文玉。

　　案古文增兩畫，或謂象佩玉之緣，亦不必然。因古人好妆飾，往往隨意增畫也。

弓　雲气也。象形。

　　案**多**下云："張口气悟也。象气从儿上出之形。"與此同意。

丨　上下通也。引而上行讀若囟。引而下行讀若退。

　　案"上下通"者，既非引而上行，亦非引而下行也。本部中下云："从口，丨上下通。"於下云："旌旗杠皃。"以及王下之"一貫三"，玉下之"象三玉之連，丨其貫"，十下之"丨爲南北"，巾下之"丨象系也"，皆是也。中下曰："象丨出形。"才下曰："丨上貫一。"蓋引而上行之意。弓部引下云："開弓也，从弓丨。"蓋引而下行之意，凡引弓者必内向曳其弦也。至京下曰："丨象高形"，則疑誤。見後。

中丨部　和也。从口，丨上下通。**屮**古文中。**車**籀文中。

　　案中字所从之**口**，似口非口，大小徐本皆同。段氏改作音圍之

口，竊謂皆非也。即"丨上下通"之説亦非。許書从卜中，而古文作
屮，患古亦作🔣。患下云："从心上貫𠃑。"然《春秋繁露》云："心止於一中者謂之忠，
持二中者謂之患。"今許書忠亦从中，則从心上貫𠃑之説非。則中字實當作中，以〇
中之小畫，指中點之所在也。或本作十，以形似十字而加口；或本作
〇，以與日字相亂而加丨；或古字鏤空填實不分，由十而變爲中，別有
一體，則於其內又加一小畫，皆未可知，要必非从口與丨矣。

屮　艸木初生也。象丨出形，有枝莖也，古文或以爲艸字。讀若徹。

案艸乃屮之竝文，竝文多與單文同義，屮、艸實一字耳。《論衡》
曰：草初生爲屮，二屮爲艸，三屮爲芔，四屮爲茻。豈音義皆小別邪？

又案象草木之形者，皆與屮類。𡳿𡳿𣎵生半諸字，皆可説爲从
屮，而許不然者，象艸木形即可作屮，不必其從屮也。此可見字有雖
可析爲兩體，然仍當仞爲獨體者。

又案象艸木之上見者作屮，象其下之根者則作帀，或作帀，木字
及耑字之下半是。《周官》"作其鱗之而"。段氏謂"之謂上出，而謂
下垂"是也。

屮爲物上見者之象。𡙕下云："專，小謹也。从幺省。屮財見也。
屮亦聲。"豊下云："陳樂立而上見也。从屮豆。"本部：𡴁"奏進也。
从本，从𠬞，从屮，屮上進之義"本下云："進趣也。从大从十。大十，猶兼十人
也。"説甚迂曲，疑十亦屮之變。許氏皆明言之。然則眉部：𥄕，"視也。从眉
省，从屮"，義亦當同。自部：𪓑，"危高也。从自屮聲"，亦未必專取
其聲矣。冃部：𡧈，"幬帳之象。从冃、屮，其飾也"。厂部：厃，"岸上
見也。从厂从之省"。亦不妨徑説爲從屮也。屮下一畫，隨意加之，以取茂
美，如籀文兵、古文粱之例。

屮既取上見之義，故凡屋宇等高而可見之物，亦皆以是象之。亼
部亼下云"屮象屋"是也。门部：㓱，"从门，从乁之省聲"。至部：臺，
"从至从高省"。其實亦皆從屮耳。

又動物之頭角，亦可以屮象之。隹部𦫳下云："屮象其冠。"𩾌下

云:"似山牛一角。"萬下云:"象頭角四足之形。"内部离下云:"从禽頭。从内从屮。"大徐曰:"从屮義無所取。疑象形。"皆是也。

又女部妻亦从屮。大徐説爲"進也,齊之義也",亦嫌迂曲。疑亦象其首飾也。

　萉屮部　菡光,地萆,叢生田中。从屮,六聲。蕬籀文光,从三光。

案光之下半,與篆文凹字殊不似,恐係獨體象形字。一爲地,儿象其根,與禾岜等字同意。

　萉艸部　艸器也。从艸貴聲。臾古文蕢,象形。

案臾爲古文蕢,又見貝部貴字及自部臾字下。

　萉艸部　刈艸也,象包束艸之形。
　)(　別也。象分別相背之形。

按八之爲義甚多。本部:尒"霉之必然也。从丨八。八象气之分散"。

又只下云:"語已霉也。从口,象气下引之形。"兮下云:"語所稽也。从丂。八象气越亏也。"皆以象气。鬻下云:"象孰飪五味,气上出也。"亦八之少變其形者耳。米下云:"分枲莖皮也。从屮,八象枲之皮莖也。"有分別相背之意。米下云:"草木盛米米然。象形。八聲。"盛亦有分散之意。肉部:胤,"子孫相承續也。从八,象其長也"。案人部像下云:"从采省。采古文孚。"下有界像兩古文。胤與界同意,八直是臼之變。胤乃兩手抱幺,界則兩手抱子耳。此則似八而非八者也。可知字形之變遷多矣。

　釆　辨別也。象獸指爪分別也。屮古文釆。
　番釆部　獸足謂之番。从釆,田象其掌。圅古文番。

案圅爲最古之文。上象五指,中象其掌。略之則成釆,更略之則成屮。而𢆶之變，亦爲田。加田於釆，則成番矣。其實重複也。

半　大牲也。象角頭三封尾之形。

　　案字有宜著紙平看者，如𠬞訓共舉，乃象兩人之手相向，非兩手向上，兩手向下是也。牛羊等字亦然。

　　又案牛之頭角，亦以中爲象，參看前中字下説。

牽牛部　引而前也。从牛。象引牛之縻也。玄聲。

　　案引牛之縻謂∩也。叀部：叀，"礙不行也，从叀引而止之也叀者。如叀馬之鼻，从此與牽同意"。从此，段注補∩字，云："从∩，此與牽同意。"是也。

牢牛部　閑養牛馬圈也。从牛。冬省，取其四周帀也。

　　案戶爲古文冬，又見虫部螽，龜部蝰下。然既云四周帀，則不取冬義。冬省二字，恐系後人改竄。或許書本博采而成，其説不能一律邪？

口　人所以言食也，象形。

　　按嚚部：嚚，"衆口也"。部中嚚、囂、𠱠、嚻皆取人口爲義。而器下云："象器之口，犬所以守之。"又本部：𠙴，"山間陷泥地。从口，从水敗兒"。則又以口象沼澤之地。可知一形之所象者，不止一物矣。

君口部　尊也。从尹發號，故从口。𠇹古文，象君坐形。

　　案又部尹下云："治也。从又丿，握事者也。"説與君字篆文下説解類。后部云：后，"繼體君也。象人之形"。説與君字古文下説解類。而其下又有十八字曰："施令以告四方，故厂之，从一口。發號者，君后也。"則又與君字篆文下説解類。段氏删此十八字，謂淺人所竄是也。君、尹初蓋一字，義近相借，如止、足同字之例。一有口，一無口耳。

此等隨意增減筆墨，古人時有之，不足異也。后葢亦君之形變，作**⺼**作**尸**，均非其朔。其初當如古文，从**⺼**及**▽**。**▽**非口字，乃象人所據之物，即石字所从之**◯**。許説**豆**字云："食肉器。"似以一象葢，◯象器中空之處，**凵**象其校及跗者。然古文作**𠖚**，重**◉**，特取繁複，無他義。則亦可作**𠖚**，以一象地，以**◉**象器也。兼象其實，作**◉**，不兼象其實，自可作**◯**。則**𠖚**亦可作**𠙻**。豆有直立之義。人部：但，"立也。从人，豆聲，讀若樹"。**癶**部：登，"上車也。从**癶**豆，象登車形"。此葢以豆爲履石。更省去一畫，則即以**◯**爲履石矣。君字下體所从之**▽**，葢本當作**◯**，象其坐時所據。其上之**⺼**，則象左右翼衛之形。故許説后字，亦云"象人之形"也。后及古文君下之説，葢舊説，知字形之本。尹及君字篆文下之説，則據既譌變之形耳。此亦可見許書系博采衆説，未加删正也。

　　王氏筠《説文釋例》曰："君之古文**⺼**，《玉篇》不收。葢當依《博古圖》宋夫人鼎葢作**𢒈**。**𠂺**即古尹字。以楷作之則形同，故顧氏不出也。尹之古文作**𢒈**，《玉篇》作帬，似文本作**𢒈**，小篆省之。中分**𠂺**字即成**⺼**，小變**𠂺**即成**⺼**。猶禽兕頭本同，石鼓作凶，中分之而**𢆶**作**⺼**，旁斷之而禽作**禽**也。手有所治，故兩手相交而作**𠂺**。若**⺼**即拱字，有垂拱而治之意，不見爲君難之意。一日二日萬幾，故上**𠂺**下口，猶予手拮据，予口卒瘏也。握之古文**𢹍**汗簡作**𢹍**，此**𠂺**斷爲**⺼**之證。"案王氏論君字上體，當作**𠂺**，而不當作**⺼**，未免於腐。然其論**𠂺**⺼本一字，則甚確也。

　　局口部　促也。从口在尺下，復局之。一曰：博所以行棊，象形。
凵　張口也。象形。
　　案此等減筆之字，許亦説爲象形。後人或以爲會意，悞也。仍以説爲象形爲是，説見《字例略説》。
　　干部**干**下云："不順也。从干下凵。"**凵**下云："象地穿交陷其中也。"竝以凵爲坎窞之義。猶**𠙹**字之口，象山間陷泥地也。

單 吅部　大也。从吅甲，吅亦聲。闕。

案此乃單之本字耳。與史羊等字同意。

止　下基也。象艸木出有址，故以止爲足。

案正下云："从一，一以止。"而古文作圣。又癸象人足，而籀文作𣥠，皆止足同字之證。

彳　小步也。象人脛三屬相連也。

案此文之初，當逕作乀，象人之股脛足也。然但畫一支，不能見小步之義。蓋當作𢓜以爲行字，後乃省行字之半，以爲小步也。更引之即爲長行矣。亍下云："長行也，从彳引之。"

齒　口齗骨也。象口齒之形。止聲。�古文齒字。

案古文齒字，蓋當橫看，象張口見齒形。篆文則以兩从象齒，而又加以口耳。又鼠字許君説爲象形，然其上半實類古文齒字，蓋以其善囓故从齒以見義耳。

牙　牡齒也，象上下相錯之形。㸦古文牙。

案古文下从古文齒，其上殊不象齒形。竊疑直是从互。篆文亦下半象齒形，而上从互省也。蓋牙之象形字本僅作∩，以其不能見牡齒之義，乃加互聲爲形聲字。凡古文，此等筆畫最簡之字，非廢則改爲多畫之字矣。見《字例略説》。

足　人之足也。在下，从止口。

案从口不可解，此乃疋之變耳。

疋　足也，上象腓腸，下从止。《弟子職》曰：問疋何止。古文以爲詩大疋字，亦以爲足字，或曰胥字，一曰疋記也。

　　案此字乃止之異文。《管子・弟子職》云："問所何止。"説解元文當同，今本乃淺人所改耳。部中有𨚅𨙸二文，𨚅下云："門户、疏窻也。"𨙸下云："通也。"乃以囪爻象疏窻形，而从止以見義。疏通之義，實由門户疏窻引申也。云部云："𠫓，不順忽出也，从到子。《易》曰：突如其來如，不孝子突出，不容於内也。𡿮或从到古文子。𬗳，通也，从㐬从疋，疋亦聲。"此説大誤。𠫓乃竈突之突之本字，㐬乃疏之本字。巛以象疏窻形，猶𨚅𨙸之囪爻，从云猶其从疋，疏更益之以疋，則所謂累增字也。古文以爲詩大疋字，與或曰胥字，即係一説，大疋即大胥，此乃胥字之省。疋記之疋亦同，與足也之訓，非一字也。或乃以疋爲雅字，則更繆以千里矣。

🐾品部　多言也。从品相連。《春秋傳》曰：次于喦北。讀與聶同。

　　案此恐是碞字。下从山，上即石字所从之○而三之也。以與聶同音，乃假爲多言之字。後遂以多言爲其本訓，改象石形之○爲口，而以相連説山耳。聶訓附耳私小語，口部：聑，"聑語也"，與聶音義皆同。而得多言義者，多有大之義，所謂反訓也。聶與呫雙聲。《史記・魏其武安侯列傳》："乃效女兒呫囁耳語。"《集解》："韋昭曰：呫囁，附耳小語聲。"與《説文》聶字義同。而《匈奴列傳》："嗟土室之人，顧無多辭，令喋喋而佔佔。"即以多言爲義可證。佔佔即呫囁之呫，裴駰、顏師古皆謂衣裳貌，誤也。

冊　符命也，諸侯進受於王也，象其札一長一短，中有二編之形。𥫗古文冊，从竹。

干　犯也。从反入，从一。

　　案本部僅干丵兩文。干下云："撠也。从干。入一爲干。入二爲丵言稍甚也。"丱下云："不順也。从干下凵，逆之也。"竊疑干之本字當作丫，乃象形，非反入。如此乃可説干爲入一，丵爲入二也。丱乃就羊字曲其一畫，以示不順之意。此等改變筆畫以成兩字之例，《説文》多有之。見《字例略説》。

谷　口上阿也。从口，上象其理。

　　案象口上阿而兼从口，與鼻之初文作自同，説見彼下。

㢄谷部　舌皃，从谷省，象形。㢄古文㢄，讀若"三年導服"之導。一曰竹上皮，讀若沾。一曰讀若誓。彌字从此。

　　案㢄字既云象形，則非必從谷省。口豈可爲象形乎？舌下云："从干从口。"竊疑舌字之上半，未必从干。干形倒之，正與㢄字之入相似。舌㢄兩字，或小異其形，或直是到文，故説㢄曰舌皃也。彌字从㢄非聲，義亦無取。疑彌字从此之{弻}，實非弜部之彌字，其所從者非弜而爲彌部之弜，其字當入彌部，而説之曰：从㢄彌省也。

乁　語已詞也，从口象气下引之形。

　　案説見八字下。

乚　相糾繚也。一曰：瓜瓠結丩起。象形。

　　案此等皆屈曲其畫以見意者，所謂"畫成其物，隨體詰屈"也。

丵　叢生艸也。象丵嶽相並出也。

業丵部　大版也。所以飾縣鐘鼓，捷業如鋸齒，以白畫之，象其鉏鋙相承也。从丵从巾，巾象版。㗊古文業。

　　案象丵嶽相竝出之形指業。

𠬞　竦手也。从屮，从又。𢪒揚雄説𠬞从兩手。

　　王氏筠曰："𢪒蓋拱之古文。"愚案古文共乃此字之疊文耳。王氏又曰："艹字似當作艸。"

艹　引也，从反丮。

艹　同也。从廿艹，𦥑古文共。

王氏曰："共當云從古文之象。"

𦥑　共舉也。从𦥑从艹。

王氏曰："𦥑四手相交，共爲一事之狀。異則兩人共舉一物，四手相向而不交。"又曰："𦥔非叉手，𦥑非拱手，𦥔之臂在後，指在前，𦥑亦然。"

𦥔　叉手也。从𦥑ヨ。

王氏曰："當云從到艹。拱揖者手平心，故艹手高於肘。𦥑則垂拱之象。故肘高於手。"

案ナ爲反又，然不説爲反又者，以左手自有其形也。然則竦手亦自有形可象，不必説爲从ナ从又；艹亦自有其形可象，不必説爲反艹矣。以此推之，以上諸文，皆當説爲象形字。

𦥼曰部　身中也。象人要自𦥑之形，从𦥑，交省聲。𦥣古文要。

案段改篆作𦥣云："各本篆作𦥼，从臼，下有'交省聲'三字，淺人所妄改也。今依《玉篇》、《九經字樣》訂。"然據小徐《祛妄篇》，則許於此字不言象形。以爲象形，乃李陽冰之説也。

𤖅　齊謂之炊爨。𦥑象持甑。冂爲竈口，艹推林内火。𤓶籀文爨省。

此所謂合體象形字。蓋木也、ナ又也、火也，皆固有此字。此字所从之林，祇是兩木，𦥑祇是兩手，不得説爲平土之林，竦手之𦥑也。而一爨字中盡用之必不能謂造爨字者，舉不知有此諸字，而所造者適與之合也。然則造爨字者，祇造𦥑以象持甑，冂以象竈口耳。然亦安知𦥑與冂，必爲造爨字者所特造，而非借固有之字以爲用邪？或謂爨葢𤑔之累增字，又安知冂爲造𤑔字者所特造耶？初造字時筆畫繁至如爨字者恐必無有，然則今《説文》中之字，其去初形也遠矣。冂即鬲下體之變，冂所象亦多。見下。

"齊謂之炊爨"，段氏删"之"字。𦥑象持甑，段氏改𦥑爲𦦔，是也。

革　獸皮治去其毛革，更之，象古文革之形。革古文革，从卅。卅年爲一世而道更也。𦥑聲。

案此爲從古文之象之例，詳見《字例略説》。然此字説解甚可疑。皮部：皮，"剥取獸革者謂之皮。从又，爲省聲"。古文作𥭫，籀文作𡰱。羌之古文𢀖，亦與之似。竊疑古文革係从𦥑从羊省，𦥑象治去其毛。皮，即披字。古文𦍌，亦從羊變。又象剥取其革，籀篆文其形變也。

鬲　鼎屬。實五觳，斗二升曰觳，象腹交文，三足。

案丅無所取義。石部磿字，從鬲得聲，其篆文作鬲，葢是。

𩰲　鬻也。古文亦鬲字。象孰飪五味气上出也。

案弜别是一字。𩰲乃从弜及鬲耳。參看西字下説。

爪　丮也。覆手曰爪，象形。

爲爪部　母猴也。其爲禽好爪，爪母猴象也，下腹爲母猴形。王育曰：爪象形也。𤔔古文爲，象兩母猴相對形。

案爪爲一字，𠂈古文爲之半又爲一字。爪者覆手，𠂈則母猴象，𤔔乃𠂈之反對文，爲則𠂈之累增字也。説字者不知此義，乃以爲字之上體，即从覆手之爪，於是有"其爲禽好爪，下腹爲母猴形"之説。王育葢知之，故説之曰爪象形，謂爲字上體之爪，即系象母猴形也。

𦥑　持也，象手有所瓜據也。

𨰍　兩士相對，兵杖在後，象鬥之形。

段氏云："此非許語也。許之分部次弟，自云據形系聯，𠬞厹在前部，故受之以鬥。然則當云爭也。兩𠬞相對，象形，謂兩人手持相對也。乃云兩士相對，兵杖在後，與前部説自相戾。且文從兩手，非兩士也。此必他家異説，淺人取而竄改許書，雖《孝經音義》引之，未可信也。"案許書本博采而成，故其説解之例，不能畫一。𠬞斤皆象有所持，所持者即兵杖；持之者手，手者士之手也。若謂此但象手而未及人，則又又等文，無一兼象人者，豈得謂非人之手邪？云在後者，後與鬥爲韻。此八字疑從有韻之文中采取，故説字形不能甚切，然要不足疑也。

又　手也，象形。三指者，手之列多，略不過三也。

案叏部：𢎘，"物落上下相付也，从爪从又"。可見又爲叉手，向上形，雖謂又爲倒爪可也。

厷　又部　臂上也。从又，从古文厶。乙古文厷，象形。

案厶乃古文中筆畫最簡之字。凡此類筆畫最簡之字，後多廢絕。一以無以爲別，一以古人作字好茂，尚多畫也。見《字例略説》。

叉　又部　手指相錯也。从又，象叉之形。

案此直是錯字。

叉　又部　手足甲也。从又，象叉形。

案此字與爪同音，恐仍是爪之異文。彼象三指，此象五指也。

父　又部　矩也，家長率教者。从又舉杖。

案此亦小變筆畫之形狀即成兩字者。然從又舉杖，說頗牽強。竊疑此字初形，當與子字類也。

㕦又部　分決也。从又，屮象決形。

小徐曰："彐物也，丨所以決之之器也。"

案夋下云："首筓也。从人，匕象簪形。"疑當作屮象簪形，與屮正一反也。

叚又部　逮也。从又从人。弋古文及，秦刻石"及"如此。弓亦古文及。

案第二古文乃从人與第一古文。然則第二古文乃第一古文之累增字也。篆文之弓疑亦第一古文形變，非从又。亼部：今，"是時也，从亼从弋，弋古文及"。其形與此第一古文相反。冂部：㕚，"買賣所之也。从冂从乁。乁古文及。之省聲"。亦與此第一古文小異。

反又部　覆也，从又，厂反形。彐古文反。

王氏筠云：《荀子·成相篇》"阪爲先聖"，注：阪與反同。反先聖之所爲。則反者阪之古文，古文反从厂，與巨亦相似。蓋許君以从又難解，故但以反覆說之。愚案恐厂爲阪之古文；反覆之反，則从又厂聲耳。

叚又部　借也。闕。叚古文叚。叚譚長說叚如此。

案《袪妄篇》："《說文》從又從彐⺈闕。"則彐⺈竝不能知其所象也。譚長說之叚，當依《玉篇》作叚。

叒又部　同志爲友。从二又相交。羽古文友。習亦古文友。

王氏筠曰：此初誤之形。焦山鼎𦥑字，本形也。誠爲二又相交矣。叒乃二又，何交之云？頃見無名古器二：其一作叒，斷之也。其一作屮,反文也。若據字形而以爲從口,必不可通。故知許君説字,有周章者,乃流變既久,不見本形者也。

ᔦ　ナ手也,象形。
　　王氏云:"不云反又者,左手自有其形也。"

ᖴ　記事者也。从又持中。中,正也。
　　案"中正也"三字,未知爲許原文否? 然要爲妄説。中乃屮之倒文,屮即筆字,乃从又持筆耳。

帇　所以書也。楚謂之聿,吴謂之不律,燕謂之弗。从聿一聲。
　　案此字乃合ㅋ屮二文而成。其初蓋作屮,象筆之形。累增而爲聿,更累增而爲筆。聿與史同爲从又从屮,然史之从又,有所取義;聿之又,則但爲累增耳。

畫　界也。象田四界,聿所以畫之。畫古文畫省。劃亦古文畫。
　　案古文皆無口,可見其爲後加。連之則成口矣。畕下云:"界也,从畕,三其界畫。"亦同意。

臣　牽也,事君也。象屈服之形。
　　案此字須横看ᒫ實畫一人伏形也。卧下云:"伏也。从人。"臣取其伏也。

殳　以杸殊人也。禮,殳以積竹八觚,長丈二尺,建於兵車,旅賁以先驅。从又,几聲。
　　段云:"殳部古文役,殺部籀文殺,殳皆作ᔒ。"則殳或从八,非从几聲,八或象八觚形歟?

𠃟 鳥之短羽，飛𠘧𠘧也。象形。

案本部𠘧下云："新生羽而飛也。从𠘧，从彡。"𠃟爲短羽，則彡象長毛也，參看彡下説。

寸 十分也。人手卻一寸動𧖴，謂之寸口。从又从一。

案尺下云："十寸也。人手卻十分動脈爲寸口，十寸爲尺。尺所以指尺規榘事也。从尸，从乙，乙所識也。"與此从一同。又矢部：躲，从矢从身。篆文躲从寸，"寸，法度也。亦手也"。巢部：𢇛，"傾覆也。从寸，臼覆之。寸，人手也"。見部：尋，"取也。从見寸。寸，度之，亦手也"。皆以寸爲手。

卜 灼剥龜也。象炙龜之形。一曰象龜兆之從衡也。𠁾古文卜。

𠧞卜部 灼龜坼也。从卜，兆象形。𠕄古文兆省。

案八部："𠔁分也。从重八。八，别也，亦聲。《孝經説》曰：故上下有别。"段删"八别也亦聲"五字，曰："《廣韻》兆治小切，引《説文》分也，此可證孫愐以前，𠔁即兆矣。又云：𠧞灼龜坼也，出《文字指歸》。《文字指歸》者，曹憲所作，此可證孫愐以前，卜部無兆𠧞字矣。顧野王《玉篇》八部有𠔁，兵列切，卜部之後出兆部；又云𠧞同兆。此可證顧氏始不謂𠔁即兆字矣。虞翻説《尚書》分北三苗云：北古别字，不知其所本，要與重八之𠔁無涉，豈希馮始牽合而岐誤與？治《説文》者乃於卜部增𠧞爲小篆，兆爲古文；於𠔁下增之云八别也，亦聲，兵列切，以證其非兆字，而《説文》之面目全非矣。"案𠧞，宋本作𠧞，今作𠧞，中畫似又後人增之。

爻 交也。象易六爻頭交也。

案本部之字爲棥，《説解》曰："藩也。从爻林。"此交之義也。然㸚部之爾，《説解》曰：其孔㸚，與爽同意。爽下曰明也。則與㸚之從爻同，而非交義矣。网下云："从冂，下象网交文。"凶下曰："象地穿交陌其中。"五下曰:"陰陽在天地間交午。"古文作ㄨ。皆有交意。

目　人眼。象形,重童子也。◎古文目。

案玄應《一切經音義》引無"重童子也"四字,是也。目之初文當作◎,象形。縱書則成目。變童子形爲兩畫,即成今篆文之目矣。淺人不悟,疑〇中之畫系童子,不應有二,乃妄沾此四字也。古文⊙上加∧象眉,參看眉字。外又加○象面。直从十目,古文作直;省从眉省,古文作省;目即目,又目下古文之變也。

𥄎䀠部　目圍也。从䀠。丿讀若書卷之卷。古文以爲醜字。

王氏筠云:"丿字當作象形二字。"醜,小徐作䤈。

眉　目上毛也。从目,象眉之形,上象頟理也。

案仌象眉,丿則仍是目圍耳。《説解》似以丿爲眉。仌爲頟理,與𥄎下説自相矛盾。本部省:"視也,从眉省,从屮。"然則眉系一字,即古文之目。加仌以象眉形也。

盾　瞂也。所以扞身蔽目。象形。

案本部:厓,"盾握也"。段曰:"人所握處也。"然則厂象盾,十其握也。小徐本有"厂聲"二字,非。

自　鼻也。象鼻形。𦣹古文自。

白　此亦自字也。省自者詞言之气从鼻出,與口相助也。

案厶象鼻形,自字加之以口,古文自更加兩目,與畫𦣹同。白字加之以∪鼻則更加畀聲。所以必加口者,以純鼻不易象,圖畫變爲文字,將與三合之△混故也。加之以口象鼻,故加之以∪象出气。白部六字,其五爲詞,惟百則否。百之言白,今本《説文》:"百十十也,从一白,數十百爲一貫,相章也。"《韻會》:"十百爲一貫"上,多"十十爲一百,百白也"八字,又"相章也"之相亦作貫。其實從白。許氏入之此部者,以古文百從自,其實古文特偶多一畫耳。白系畫口鼻形,將口字之畫引長之,略成人面形則爲自;又加一圍則成面;自又加儿即成兒矣。此等隨意增畫,意義實覺重複,然累增字皆如此。自本訓鼻,其後變爲自稱之詞,乃更造鼻字,此文字孳乳改易之迹也。尸部:眉,"臥息也"。犬部:臭"禽走臭而知其迹者,犬也"。辛部:辠,"犯法也。從辛,從自,言罪人蹙鼻苦辛之憂"。自皆訓鼻。

皛 自部　宀宀不見也。闕。

案宀部:寡,"寡寡不見也。一曰寡寡不見省人"。此二字蓋一字,與宀實亦一字也。ㅆ與宀同,特少一點,篆文作畫皆從中起,筆鋒藏露偶有不同耳。冂疑即重覆也之冂字。此字蓋從自從穴從冂。《說解》云闕者,原文佚奪,校者依許例書之。抑或許書本博采而成,當時說皛字者,自不知其義也。

岗 日部　別事詞也。从山,米聲。粜,古文旅字。

案旅下作𣦻,說云:"古文以爲魯衛之魯。"此字之形難說,當從蓋闕。

羽　鳥長毛也。象形。

案九部:㣎,"新生羽而飛也。从乙从彡"。羽蓋彡之並文。

隹　鳥之短尾總名也。象形。

丫　羊角也。象形。

案此字蓋省羊字之兩畫,以示羊角之意。若但以象角則無須下一直。萑部:萑,"鴟屬。从隹,从丫,有毛角"。首部首"目不正也。从丫从目"。其屮皆無一直。今本或有之,則依部首書之耳。又難之古文𩁹,大徐从从,與養之古文𦍩同,蓋亦屮之變也。木部:枾,"兩刃臿也。从木丫,此一直疑亦後人所加。象形"。則儿相背者皆可以屮象之,不但羊角。

艸丫部　相當也。闕。讀若宀。

案艸宀似即一字。《廣韻》："今人謂賭物相析爲艸。"即此所謂相當。宀取蒙之之意。凡蒙之者,必其物大小相當而後可也。从丫,明其爲兩物;物必有兩,然後可以相當也。

羊　祥也。从丫,象頭角足尾之形。孔子曰："牛羊之字,以形舉也。"

案既云象頭角足尾之形,則不得再云从丫,丫字乃略去羊字之四足耳。小徐作"象四足尾之形",蓋知其不合而改之。

羋羊部　羊鳴也。从羊,象气上出,與牟同意。

案《説文》象气之字甚多,此亦其一例也。篆文段本作羋,云:"各本中筆直,今依《五經文字篆韻譜》正,气出不徑直也。"

羌羊部　西戎牧羊人也。从人从羊,羊亦聲。羌古文羌如此。

案古文羌字从屮無取。羊性好羣,屮疑即羊之略,而又形譌,𦥑則象羊之多耳。參看古文烏下説。

鳥　長尾禽總名也,象形,鳥之足似匕,从匕。

案此爲《説文》明言相似之例。其是否許君原文不可知。然今《説文》中之部首及偏旁,非皆獨體之文,則昔人似早見及之矣。

鳳鳥部　神鳥也。从鳥凡聲。鳳古文鳳,象形。

案多即彡之類。

烏　孝鳥也。象形。烏古文烏,象形。於象古文烏省。

案烏字乃省鳥字之一畫,此亦增減筆畫,別成一字之例也。古文

烏乃鳥之四文。左方之&，即篆文鳥之形。此可見鳥鳥之乀皆後加。右方
之乃，則又去&之一畫。於字之右方，則或省爲一畫，或省爲兩畫矣。
觀形之可作&，則知形之可作&，故知字形之變遷多矣。

烏部　鵲也。象形。　籀篆文舄，从佳昔。
　　案隹下云篆文，則知舄爲古籀矣。

烏部　焉鳥，黃色，出於江、淮，象形。凡字：朋者，羽蟲之長；烏者，
日中之禽；舄者，知太歲之所在；燕者，請子之候，作巢避戊己；所貴
者，故皆象形。焉亦是也。
畢　箕屬，所以推棄之器也。象形。
　　案率部：畢，"捕鳥畢也。象絲罔，上下其竿柄也"。此字上體與
之類，十亦其柄，與數之具之十不同。

畢部　田罔也。从畢，象畢形微也，或曰由聲。
　　案"象畢形微也"，段改爲象形二字。

糞　棄除也。从卄推華，棄采也。官溥說：似米而非米者矢字。
冓　交積材也。象對交之形。
　　案此字當平看之，猶今畫屋者作形也。木部：構，"蓋也。杜林
以爲椽桷字"。則冓正象下覆之形。

幺　小也。象子初生之形。
　　案子字金文有作形者，取其岐者連之，則成幺矣，非作兩○也。
叀部亂下曰："幺子相亂也。"可以參看。

叀　專小謹也。从幺省，屮財見也，屮亦聲。古文叀。亦古
文叀。

案𢔏下云:"礙不行也。从夊,引而止之也。夊者,如夊馬之鼻,從此與牽同意。"王氏筠曰:"今之穿牛及櫜佗鼻者,穿鼻爲孔,以大頭木貫之而繫之以繩。㇄以象木之頭也,㊀乃牛鼻,⌣則繩也。"

玄　幽遠也,黑而有赤色者爲玄。象幽而入覆之也。𤤴古文玄。
　　案"象幽而入覆之也"之入,當作𠆢。幺乃小意,𠆢覆之也。物小而又有覆之者,則難見,遠者固難見也。古文無𠆢,殊不見幽遠之意。豈玄之初義,但謂難見,故但象其小邪? 作兩點乃隨意加之,無取義。則幺玄初實一字矣。

予　推予也。象相予之形。
歺　列骨之殘也。从半冎。𣦼古文歺。
　　案他部偏旁皆作歹,如古文伊作𠈌,校此少一畫。

殄𣦽部　盡也。从歺㐱聲。㔁古文殄如此。
冎　剔人肉置其骨也。象形,頭隆骨也。
　　案冎即甲字,冂即丙字,見後。骨下云:"从冎有肉。"肉部𩨗下云:"骨閒肉肎肎箸也。从肉冎省。一曰骨無肉也。"此爲反訓。竊疑冎爲骨之省,骨未必从冎也。

肉　截肉。象形。
　　案冂爲輪廓,仌則象肉之理也。故且部昔下云:"从殘肉。"且部俎下云:"从半肉。"

胃肉部　穀府也。从肉🄍象形。
　　案口爲輪廓,※則象其有物,與甘字之从一同。

肩肉部　髆也。从肉象形。肩俗肩从戶。

案此象一支之形,若象兩支,即成丙字矣。參看後丙字說。

兪 肉部　或曰臂名。象形。闕。

案此字無所謂象形,《說解》蓋有闕奪。段曰:"象形二字,淺人所增。"是也。《集韻》引《說文》但有"獸名象形"四字。

 肉部　小蟲也。从肉,口聲。一曰空也。

案《說文》另有訓圜之〇字,此蓋从之。大徐謂口音韋。謬也。說見口下。

彡　兵也。象形。

案本部副之籀文,刃部劍之籀文从刀作,上出之筆皆曲。

刀　刀堅也。象刀有刃之形。
刅 刃部　傷也。从刃从一。

案丶蓋象創。

丰　艸蔡也。象艸生之散亂也。

案又部:妭,"掃竹也。从又持丰"。丰蓋丰之竝文。耒下云:"手耕曲木也。从木推丰。"則似象其形,非指艸也。參看豐字。

肉　獸角也。角形,角與刀魚相似。
竹　冬生艸也。象形。下垂者,箁箬也。

案古文从竹之字皆作,本部之箬、筱,冊部之籥皆然。

筡 竹部　可以收繩也。从竹象形,中象人手所推握也。互筡或省。

案"可"當作"所"。中象人手所推握。叮與盾字之、巨字之参看。

箕　簸也。从竹,廿象形。下其丌也。廿古文箕省。𢍇亦古文箕。𠷶亦古文箕。𤳞籀文箕。𠥩籀文箕。

　　案廿爲獨體之文,𢍇字加丌,箕字加竹及丌,𠷶似即𢍇之省而又倒,𤳞亦獨體象形,𠥩爲後加也。匸籀文匚字,凡器物皆可加。

丌　下基也。薦物之丌,象形。
工　巧飾也。象人有規榘也。與巫同意。𢒄古文工,从彡。
巨工部　規巨也。从工,象手持之。𢀓古文巨。
巫　巫祝也。女能事無形,以舞降神者也。象人兩褎舞形。與工同意。𤮷古文巫。
甘　美也。从口含一。一,道也。
　　案从口含一之一當作·,象口實也。後人誤爲一,又加"一道也"。

曰　詞也。从口,乙聲。亦象口气出也。
曶日部　出气詞也。从日,象气出形。《春秋傳》曰:鄭太子曶。𣉻籀文曶。一曰佩也。象形。

　　案曰曶實一字。欠部:欥,"有所吹起。讀若忽"。《甘泉賦》:"翕赫曶霍。"此字葢出气聲。言必出气,因以爲發言之號。"一曰佩也"者,《史記》裴駰《集解》:"鄭曰:曶者,臣見君所秉,書思對命者也。君亦有焉。"蓋假借也。許竹部無笏。《説文》象气之字甚多,云从乙聲,非,許時不得有此誤,或出後人沾注。

𠄎　曳詞之難也。象气之出難也。𠄐古文乃。𠄒籀文乃。
丂　气欲舒出,丂上礙於一也。丂古文以爲亏字,又以爲巧字。
兮　語所稽也。从丂,八象气越亏也。
号兮部　語之餘也。从兮,象聲上越揚之形也。

丂 於也。象气之舒，丂从丂从一。一者，其气平之也。

案一非一二之一，已見前。"其气平之"之字衍，《集韻》、《韻會》引皆無。以上七字皆曲直其畫以象气。

豆 古食肉器也。从口，象形。♨古文豆。

案一象其蓋，口以盛肉，作⊙則象其中有肉也，一爲鐙校之形。《祭統》："夫人薦豆執校，執醴授之執鐙。"注："校豆中央直者也，鐙豆下跗也。"古文鍇本作♨，亦象其鐙校，《玉篇》亦作昱。

豐 行禮之器也。从豆，象形。

豐 豆之豐滿者也。从豆象形。豐古文豐。

案《大射儀注》："豐，其爲字从豆，曲聲。"則豐爲曲之累增字也。丰下云："艸盛丰丰也。"與豐音義皆同。蓋古文所从丰爲其竝文。則豐又增屮，已爲累增字矣。

虍 虎文也。象形。

案此與虎爲一字。故豖部豦下云："豖虎之門不相舍。"虎又加几耳。

虡 虍部 鐘鼓之柎也，飾爲猛獸。从虍，異象其下足。虡篆文虡省。

案象其下足，但指丌言。段改"異象其下足"五字爲"象形，丌下足"。謂篆中體象猛獸，然飾爲猛獸，似祇爲从虍張本也。

虎 山獸之君。从虍，虎足象人足，象形。虎古文虎。虎亦古文虎。

案虍虎及虎之二古文，皆不見象形之意，蓋字形之變遷多矣。

皿 飯食之用器也。象形。與豆同意。

凵　凵盧飯器。以柳爲之。象形。

案甾下云：“從凵，乚器也。”則亦指凡器。

盅　祭所薦牲血也。從皿，一象血形。

案此一象血形，則知甘字所含，亦必口實，而“一道也”之説爲
繆矣。

丶　有所絕止，丶而識之也。

案丶之爲用亦甚多。主下云：“鐙中火主。”丹下云：“丶象丹形。”
丼下云：“丶象。”金下云：“左右注，象金在土中形。”㐬下云：“象嘉穀
在裹中之形。”皆以丶象一物。勺下云：“象形，中有實。”此但以丶象
物，而所象之物則不定。富與豆之古文盦蓋此意。甘下云：“從口含
一。”盅下云：“一象血形。”雖變丶爲一，然許以丶承血下，則丶一之意
亦相通也。即寸字亦此意，但象有物錯其間耳。其作多丶以象物者，如米字及
雨字是。𣎆等皆米之類，霂則雨之類也。用字及患字所從之中實
作串，見中字下。乃作丶以定其所在，與永末朱㞢者諸文，意亦相通，皆
見本字下。

主丶部　鐙中火主也。從䇂，象形。從丶，丶亦聲。

案象形即指䇂言之，從䇂二字當刪。

丹　巴越之赤石也。象采丹井。丶象丹形。　彤古文丹。𠁁亦古
文丹。

案此字與井太相似，將無以爲別，疑丹但象受丹飾之物，非象井
也。席之古文作圅，正是此意。説字者覩古文彤左旁作井，因以象采
丹井説之。然彤字恐系從井從彡，與丹字之造法不同也。或竟是彤字之
異體。青承丹下説曰：“從生從丹。”青而從丹，殊不可解。乃又説之
曰：“木生火。”實屬牽強。豈丹但象受飾之物，中一畫象其采，故丹青

皆从之,而青字則加生以爲別邪?

青　東方色也,木生火,从生丹,丹青之信,言必然。苇古文青。
　　案此字中之‧當與丹字中之▲同意,而其餘不可説,豈木字之變形邪?

井　八家一井,象構韓形。‧甕之象也。
皀　穀之馨香也。象嘉穀在裹中之形,匕所以扱之,或説皀一粒也。
　　案以〇爲裹,與⟨⟩音包相似。

鬯　以秬釀鬱艸,芬芳攸服,以降神也。从凵。凵,器也。中象米,匕所以扱之。
　　案凵與乚盧之乚相似。象米不須作X,此直是米字耳。參看彼説。

爵邑部　禮器也。象爵之形。中有鬯酒,又持之也。所以飲器象爵者,取其鳴節,節足足也。蕭古文爵,象形。

亼　三合也。从入一,象三合之形。
　　大徐曰:"此疑只象形,非从入一也。"案《説文》非字而言從者甚多。謂非字不出於説解,必不可通。此本當作从入一,後人誤寫入爲入,因并將一橫亦誤爲字耳。云象三合形,本不須再言从入一,然《説文》説解如此者亦多,因其書系博采而成,體例不能畫一也。

舍亼部　市居曰舍。从亼。中,象屋也。口象築也。
　　案此字所从之亼,非取三合之義,乃是畫屋頂耳。既以中象屋,而又加亼者,所謂累增也。口象築,與倉下云"口象倉形"同,皆象其四周之牆也。參看宀字卜説。

倉　穀藏也。倉黄取而藏之，故謂之倉。从食省。〇象倉形。　全
奇字倉。

入　内也。象从上俱下也。

　　案木部：*，"茮肏也。从木，入象形"。意與此類。

全人部　完也。从入，从工。全篆文全从玉。純玉曰全。*古文全。

　　段氏云："下體未寀其所從。《汗簡》作*，《古文四聲韵》載《王
庶子碑》亦作*，疑近是。"案段説是也。*之形，他處皆未見。全之
義爲純玉，此象奉持玉耳。

缶　瓦器，所以盛酒漿。秦人鼓之以節謌。象形。
*缶部　瓦器也。从缶，包省聲。案史篇讀與缶同。

　　案史篇讀與缶同，則此爲*之或字，段云：許書言案者二條，疑後人所羼
入。然亦必見史篇者之語也。非今陶器之陶也。許書陶爲再成丘。穴部有窯字。
説云：燒瓦竈也。既非陶字，則非從包省聲，〇豈象窯之形歟？

矢　弓弩矢也。从入，象鏑栝羽之形。

　　案此乃象弓箭之形耳。其初蓋當作*。下岐爲兩筆畫之變，抑
取與午相避也。午下云："五月陰气午逆，陽冒地而出，此與矢同意。"
可證。云从入，非。

*矢部　春饗所射矦也。从人从厂，象張布，矢在其下。*古文矦。
高　崇也。象臺觀高之形。从冂口，與倉舍同意。

　　案冖之形，有取其覆之意者。*下云："象幽而入覆之。"*下云
"象覆二人之形"是也。凡覆下者必高。高及京字所從，皆取其高
之義。

冂　邑外謂之郊，郊外謂之野，野外謂之林，林外謂之冂。象遠界也。

冋古文冋，从口。象國邑。

　　案部中夰字下云："从大在冂之内。大，人也。夬旁同意。"巾部
帚下云："从又持巾埽冂内。"受部奿下云："幺子相亂，受治之也。"其
廾皆但爲界畫之意，不指遠界。又本部崔下云："高至也。从隹，上欲
出冂。"則其所謂遠者，又上下之遠，而非彼此相距之遠也。

　　凡作三畫或作畫圍三面者，其義有三。△取其三合。冂从一下垂。
取其覆下，牢字所從之冖 說見牢下。及冃冂諸文同之；即交覆深屋之
宀，義亦與之近。廾則取爲三面之界，纍字所从之冂，冤字所从之冂，
義與之近。至牽軍等字所從冂，則形似而意不同。舍下云："〇象
築。"而所象之大小亦不定。舍、倉、高、亭、京等字皆僅象室，回寧等
字則象城郭。或下曰："邦也。从口，从戈以守一。一，地也。"邕从水
从邑，而籀文作邕，籀文好重複，去其複即成邕。亦此類。

寧　度也。民所度居也。从回，象城寧之重，兩亭相對也。或但
从口。

　　段云：或上當出寧篆。

　　案寧字所從之回象城郭之重，而亩下云："从回，象屋形，中有戶
牖。"則其意又異。兩亭相對指倉，則亼即亭字。亭乃累增字也。亯
下云："象屋下刻木之形。"亦以亼爲屋。高、亯諸文蓋同之。

京　人所爲絶高丘也。从高省，丨象高形。
　　案入爲高義，非但以丨象高也。說見高下。

亯　獻也。从高省。曰象進孰物形。亯篆文亯。
畐　滿也。从高省。象高厚之形。
　　案亩部啚下云："嗇也，从口亩。亩，受也。"古文作㐭。畐啚聲
近。義亦相通。或即一字，則⊕⊞或皆充滿之義也。

㐭　穀所振入也。宗廟粢盛,倉黃㐭而取之,故謂之㐭。从入。回,
象屋形。中有戶牖。

　　案从入亦當作从亼。

來　周所受瑞麥來麰也。一來二縫,象其芒束之形。天所來也,故爲
行來之來。《詩》曰:詒我來麰。

　　案一來二縫,《思文正義》作"一麥二夆",段改爲"二麥一夆"。
此字蓋以"行來"爲本義。凡賚人以物者,必使人來,故引伸爲錫賚之
賚。《說解》"天所來也"之"來",乃賚之假借字,以此爲本義,顧以行
來之來爲引伸義,失之。"詒我來麰",《漢書·劉向傳》作"飴我釐
麰",《文選典引注》引《韓詩》作"貽我嘉麰",即《毛傳》亦曰:"牟,麥
也",不曰"來牟麥"也,則來安得爲麥名?《廣雅》:䴥,小麥。麰,大麥。來
牟二字,亦安得合爲麥名?"天所來也"十六字與"一來二縫"十字,
蓋兩說,而許並存之。後說初不以來爲麥也。來之本字,蓋从朩从
𠆢,朩即高所从之𠆢。京所从之朩蓋亦象屋宇,𠆢象兩人也。若云來
爲麥義,則本部从之者,何以惟一麰字,絕無麥義邪?至於麥字,則其
上體本不从來。篆書嗇字,从來从㐭,而古文作𣂇。牆字籀文二:一
从二禾,一从二來,則來者禾之變。秝下云:"从木,从氺省。氺象其
穗。"則不省者當作㮰。㮰省兩𠆢,即成麥之上體矣。从夊不可解。
或麥實來之累增字,訓芒穀者當作麰邪?

夊　行遲曳夊夊。象人兩脛有所躧也。

　　案夊夂久三文相類。夊字之夕,象物之兩足,乀從後推之;夂則
一推一曳;久則從後灸之也。《曲禮》:"行不舉足,車輪曳踵。"注:
"車輪謂行不絕也。"疏:"起前曳後,使踵如車輪曳地而行。"凡人之
行遲者恒如此,故曳物之詞引伸爲人行遲之詞,而許遂以夊爲象人兩
脛,其實不然也。《玉篇》引《詩》"雄狐夊夊",今詩作綏,從妥聲。妥
拖音同,夊即今之拖字爾。古字一形固可以多所取象。物之足與人

之足,今亦同謂之足。故以夊爲象兩脛,説亦非不可通,特非其朔耳。本部夓下云:"夊其手足。"夒下云:"如龍一足。"夊爲兩足,而此云一足者,但取足義。爲動物之足。夒下云:"中國之人也,从夊从頁,从臼。臼兩手,夊兩足也。"几部,処下云:"止也,从夊,得几而止。"則以爲人足矣。舛下云:"對臥也,从夊牛相背。"此亦人足。《王制》"雕題交趾"注所謂"臥則舛"也。口部:各,"異辤也,从口夊,夊者有行而止之不相聽也"。人部:咎,"災也,从人各,各者,相違也"。其義皆从舛來。土部坻之或體汦,从水从夊,則似夊之譌,謂可推而致之也。

夊部　嶝蓋也。象皮包覆嶝,下有兩臂,而夊在下。

夊　从後至也。象人兩脛,後有致之者。

夂　从後灸之也。象人兩脛,後有距也。《周禮》曰:夂諸牆以觀其橑。

　　案《考工記》:廬人:"灸諸牆以眂其橑之均也。"注:"灸猶柱也。"

木　冒也,冒地而生,東方之行。从中,下象其根。
　　案此亦全體象形,不必云从中,觀下㳥字可知。

本　木部　木下曰本,从木,一在其下。楍古文。

朱　木部　赤心木,松柏屬。从木,一在其中。

末　木部　木上曰末,从木,一在其上。
　　案此三字舊説多謂之指事,然實非也。見《字例略説》。
　　此三字蓋後來之變,觀古文本下象根株之形可知。朱末二字其初亦未必但以一畫爲識矣。

果　木部　木實也。从木,象果形,在木之上。
　　案此所謂合體象形也。見《字例略説》。

朵 木部　樹木垂朵朵也。从木，象形。此與采同意。

杲 木部　朵禸也。从木，入象形，明聲。

朵 木部　兩刃禸也。从木，丫象形。

　　案此兩字亦可説爲从入从丫，而許不然，可見其書體例不能畫一也。

樂 木部　五聲八音總名。象鼓鞞木虞也。

櫱 木部　伐木餘也。从木，獻聲。杸古文櫱。

　　案杸等後人以爲會意，非也。此當爲象形之變。亦可爲獨體之文，見《字例略説》。

才　艸木之初也。从丨上貫一，將生枝葉。一地也。

　　小徐曰：“上一初生岐枝也，下一地也。”

叒　日初出東方湯谷所登榑桑，叒木也。象形。　叒籒文。

　　王氏筠曰：“石鼓文有𦵏字。蓋叒本作屮。……若字蓋亦作屮，即屮之重文。加口者，如商字之象根形。是以《説文》之叒木，它書作若木，並非同音假借也。……蓋漢人猶多作屮。是以八分桑字作桒。……《集韻類篇》桑古作桒，並足徵也。……《説文》收若於艸部，从艸右聲，亦似誤。”

屮　出也。象艸過中，枝莖益大，有所之。一者地也。

艸　進也。象艸木益滋，上出達也。

　　案屮象凡艸形。之字下加一畫以象地，則得有所之義。此更旁加兩畫，則得益滋之義。兹下曰：“艸木多溢也。”

米　艸木盛米米然。象形，八聲。

生　進也。象艸木生出土上。

丰　艸盛丰丰也。从生，上下達也。

案以上諸文，皆不言从屮，可見木下言从屮者非矣。

乇　艸葉也。从𠂹采，上毌一，下有根，象形字。

𠂹　艸木　葉𠂹。象形。𠌶古文。

禾　木之曲頭，止不能上也。

案此三字皆曲直其畫以象形。𠂹之初形蓋作乚，勿及㐺皆後加也。

巢　鳥在木上曰巢，在穴曰窠。从木。象形。

案巛為鳥形，臼巢形也，可與於字參看。此等略形，後多變成點畫，説字者多不得其解矣。

桼　木汁，可以髹物。象形，桼如水滴而下也。

案此字之構造與雨相類。

囗　回也。象回帀之形。

案此為方形，然古別有○字，讀如圓，即圓字也。日下云“从○”，此必非方形。員下云：“从貝口聲。”肉部肙下曰：“从肉口聲。”亦必不能讀為韋。員者，○之累增字也。

回囗部　轉也，从囗，中象回轉之形。囘古文。

案必如古文，乃可云象回轉之形。篆文則與亯亩所从之回同矣。此字以許例説之，當云象古文之形，不得云从囗也。又部𠬸，“入水有所取也。从又，在回下”。囘，“古文回。回，淵水也”。則造回字時，取象於水之回轉。

壼囗部　宮中道，从囗，象宮垣道上之形。

案□象宮垣，屮象道，屮示高義，口即□，亦所謂累增字也。

貝　海介蟲也。居陸名猋，在水名蜬，象形。

　　案員之籀文作鼎，云："籀文从鼎。"鼎下云："籀文以鼎爲貞字。"竊疑貞乃貝字之譌。鼎鼎皆象貝形，實即貝字，説爲員與鼎者誤也。

日　實也，太陽之精不虧。从○一，象形。　　○古文象形。
　　案此但示實之意耳。段云："蓋象中有烏。"非。又案晶从三日。曐从晶生聲。一曰象形。从○，古○復注中，故與日同。其古文作曐。然則日初亦作○，以有實義，故加注也。

㫃　旌旗之游，㫃蹇之皃。从屮曲而下垂㫃相出入也。讀若偃。古人名㫃，字子游。㫃古文㫃字。象形，及象旌旗之游。
　　案"象形及象旌旗之游"，語不可通。小徐本作"象旌旗之游及㫃之形"，是也。王氏筠曰："篆蓋本作㫃㫃下云从旦㫃聲，去旦即㫃矣。旗杠曲，故曲其屮。字形則與屯下云尾曲同。今篆蓋傳寫者以隸改之。""石鼓文有㫃㫃二形，蓋是也。"案筆畫增減，古人初不甚拘。篆體蓋亦有作㫃者，增一畫以取茂美耳。

月　闕也。太陰之精。象形。
　　案月無實義，而亦注中者，從日而變也。

囧　窗牖麗廔闓明也。象形。
夕　莫也。从月半見。
　　案此亦屮㞋之例。

毌　穿物持之也。从一橫貫，象寶貨之形。
丮　嘑也，艸木之華未發函然。象形。

舌 ⻢部　舌也。象形，舌體⻢⻢，从⻢，⻢亦聲。

⻐　艸木實垂⻐⻐然。象形。

⻖　禾麥吐穗上平也。象形。

⺣　木芒也。象形。

⽚　判木也，从半木。
　　案此亦⻏⺣之例。

鼎　三足兩耳，和五味之寶器也。《易卦》巽木於下者爲鼎，象析木以
炊也。古文以貞爲鼎，籀文以鼎爲貞。
　　王氏筠曰：“《韵會》引此文，其古文之上有‘鍇曰’二字，則二句
出於小徐。”案此字似象貝形，説見貝下。

⻔　肩也。象屋下刻木之形。⻔古文克。桑亦古文克。

⻖　刻木彔彔也。象形。
　　案《詩·雲漢》“后稷不克”。《箋》：“克當作刻。刻，識也。”刀
部：剝下云：“裂也。从刀从彔。彔刻割也。彔亦聲”。似克、刻一字，
彔、剝亦一字。屋下刻木，蓋如魯莊公刻桓宮桷之類。⻔象屋，ᐢ、ᐧ
並象刻文也。桑、彔二字極相似。桑之上體ᐧ，疑⻌之譌。ᐧ者，舍
之下體，⻔之上體，亦象屋也。丨蓋象椽桷之類，旁四畫其刻文。彔
字之⻌，與桑字之⺌同。⻔蓋反尸而多一畫。尸，象屋也。

禾　嘉穀也。二月始生，八月而孰，得時之中，故謂之禾。禾木也，木
王而生，金王而死。从木，从⻖省，⻖象其穗。

米　粟實也。象禾實之形。
　　案四點象米，與臼字同。十蓋用爲界畫，猶齒之作※也。⻐、⻖
等字，蓋皆从米。

臼　舂也。古者掘地爲臼，其後穿木石。象形，中米也。

凶　惡也，象地穿交陷其中也。

　　案凵凶所从之凵，皆與張口之凵形同而義異。乂所象亦甚多，見乂下。

米　分枲莖皮也。从中，八象枲之皮莖也。

　　案此非八字，然亦有分之意。

未　豆也。象尗豆生之形也。

　　段曰：“豆之生也，所種之豆必爲兩瓣而戴於莖之頂，故以一象地，下象其根，上象其戴生之形。”

丰　物初生之題也。上象生形，下象其根也。

韭　韭菜也。一種而久生者也，故謂之韭。象形，在一之上。一地也。此與耑同意。

瓜　蓏也。象形。

宀　交覆深屋也。象形。

　　案寅下云：“正月陽氣動，去黄泉，欲上出，陰尚彊，象宀不達髕寅於下也。”意與此近。

呂　脊骨也。象形。

疒　倚也。人有疾病，象倚箸之形。

　　案卜卜蓋兩人字，厂則所倚也。

冖　覆也。从一下𠤕。

　　説見冂下。

冃　重覆也。从冂一。

　　案重覆則當作冃，帽、冕二字或从此。

冃 小兒及蠻夷頭衣也。从冂,二其飾也。

冉 再也。从冂闕。

案段據入部"从二人也,网从此"之文,改闕字爲"从ハ"。又補"从丨"二字。案从下之"网从此",未必非後人所沾注。网仍是冂下兩人,而以一直爲之界耳。

网 庖犧氏所結繩以漁也。从冂,下象网交文。

冂 覆也。从冂,上下覆之。

案凵爲倒冂,冂蓋象交覆之形,所謂上下覆之也。此字構造之意,與冓頗近。上加一畫,蓋亦覆下之意。

巾 佩巾也。从冂,丨象系也。

案此丨之意,與玉字之丨相近。

席 巾部 藉也。从巾,庶省聲。圅古文席,从石省。

段曰:"下象形,上从石省聲。"

幣 巾部 金幣所藏也。从巾,奴聲。

王氏筠曰:"巾非字,直象鳥尾形而已。《小雅》:'樂爾妻帑。'《左》襄二十八年《傳》:'以害鳥帑。'孔《疏》:'帑者,細弱之名。於人則妻子爲帑,於鳥則鳥尾爲帑。妻子爲人之後,鳥尾亦鳥之後,故俱以帑爲言也。'筠案《疏》說字義,未說字形。當是下形上聲。由鳥而起,言人已是借用,再用爲帑藏,又細弱之名之引伸,俗謂細輭是也。其巾當作巾,三直正齊。漢童謠:城上鳥,尾畢逋。逋蓋舖也。巾則其尾平舖之狀也。……業下云:從巾,巾象版。巾非佩巾,祇是象形,與帑同也。然《五經文字》曰:《說文》乃胡反,《字林》以爲帑藏之帑。知今本以《字林》改《說文》。惜張氏不引《說文》義。"案王氏之説甚精。然又謂別無它字從巾象鳥者,則尚未免千慮一失。參看不、至二字下説。

巿　韠也。上古衣蔽前而已,巿以象之。从巾,象連帶之形。

白　西方色也,侌用事,物色白,从入合二,二侌數。𦥒古文白。

　　案〇蓋布帛之象,上加一畫或兩畫者,蓋象其受采。丹及青之古文,皆以丶爲色。冃下云:"从冂,二其飾。"亦其例也。

敝　敗衣也。从巾,象衣敗之形。

　　案八八蓋象衣之穿破處。《左氏》"篳路藍縷",服《注》言其"縷破藍藍然"。丨八丶,象縷破之狀也。

人　天地之性最貴者也。此籀文,象臂脛之形。

　　案"此籀文"三字,對下古文奇字人而言。

比　相與比叙也,从反人,匕亦所以用比取飯,一名柶。

　　案"匕亦所以用比取飯",玄應引作"所以取飯也",知"用比"二字衍也。王氏筠曰:"匕字蓋兩形各義,許君誤合之也。比叙之匕從反人,其篆當作匕。部中皀、邲、印、卓、艮從之。一名柶之匕,蓋本作𠤎,象柶形。與勺篆作𠃨相似,其物本相似也。勺之柄在下,𠤎之柄在上耳。部中匙、歧、頃從之。原《注》:此據歧頃也匕頭頃也而言,其實頃字仍當屬人。它部之從之者,此用此叙義。艮下云匕合也,亦同意。旨、皀、𠨂皆柶義。至於鳥字,則許君牽合之……由此觀之,其爲兩義,較然明白。……乃許君合爲一者,流傳既久,字形同也。即如篆文𢍰𢍰判然兩形,今合之爲辛矣。……苟非《説文》尚存,何由知其異哉?由篆變隸,其蔽如此,則由古文遞變而爲小篆,豈能無一混淆者乎?"案王氏此説,深得字形變遷之理。貿然據今之字形而説造字之初意,其誤必多也。

比部　頭髖也。从匕。匕，相比箸也。巛象髮，囟象腦形。
　　案此字乃从人。作八者，古形反正不別耳。攲、頃、印三字亦然。

比部　高也。早匕爲皁，匕卩爲印皆同義。古文卓。
　　案篆文直是古文形變耳。此字構造之意，與京字同。

土之高也，非人所爲也。从北从一。一，地也，人居在丘南，故从北。中邦之居，在昆侖東南。一曰：四方高中央下爲丘，象形。
　　案如後説，則丘非從北從一，是也。丘虚雙聲。本部：虚，大丘也，昆侖丘即昆侖虚。《易》“升虚邑”，馬云：“虚，丘也。”四方高中央下，正虚義。蓋古祇稱尼丘爲丘，後乃引伸爲凡丘之稱，而特稱四方高中央下者爲尼丘耳。本部之岊，正其後起字也。嶽之古文，隸書作岳，則丘本作，正象四方高中央下之形。

善也。从人士。士，事也，一曰：“象物出地挺生也。”
　　案重字從此。重童同，故物初生曰童，後義是也。

躳也，象人之身。从人，厂聲。
　　桉“厂聲”《韵會》作“冐省聲”。此字似系全體象形。象一手二足，則特畫其胷腹，今所謂胴也。

依也，上曰衣，下曰裳。象覆二人之形。
衣部　艸雨衣，秦謂之萆。象形。古文衰。
　　案衰从衣而古文作，蓋从衣省也。然則古文衣當作矣。所以象屋室，見前。竊疑衣及衰，初皆非以被體，故造字如此耳。

皮衣也。从衣求聲。一曰象形，與衰同意。古文裘。

耂老部　老人行才相逮，从老省，易省行象。

案此謂𠂉爲行象，蓋畫兩人，狀其行才相逮邪？

毛　眉髮之屬及獸毛也。象形。

尸　陳也。象臥之形。

案本部屋从尸，説云：“尸，所主也。一曰尸象屋形。”羴部屋、雨部屚下，亦皆云：“尸者屋也。”此別爲一義。尾下云：“从到毛，在尸後。古人或飾系尾，西南夷皆然。”此猶從人從到毛。尸字之形，本人字横書之也。

尺　十寸也，人手卻十分動脈爲寸口，十寸爲尺，尺所以指尺規榘事也。从尸从乙，乙所識也。

案此與寸字等之一同，不與甲乙之乙同，説見寸字下。

履　足所依也，从尸，服履者也。从彳夂，从舟，象履形。一曰尸聲。

案舟亦足所依，故舟與履古形不別，可見古字之簡也。

舟　船也，象形。

方　併船也。象兩舟省，總頭形。

儿　仁人也，古文奇字人也。象形。孔子曰：“在人下，故詰屈。”

案古文人蓋象兩股。人之所以異於禽獸者，以其兩足直立也。在人下，段依《玉篇》改爲“儿在下”蓋是。此六字釋字形也。本部文六。自兄以下十二部，亦皆从儿，無不在下者。又“仁人也”三字，段删。

又案儿不必指人，如兀下云：“高而上平也，从一，在儿上。”此但以一象高平耳。意與丌近。

兒儿部　孺子也。从儿，象小兒頭囟未合。

ꁢ　首笄也。从儿，匕象形。
　　　説見夊下。

ꁢ　頌儀也。从儿，白象人面形。
　　　案此字蓋初畫人面，而後省作白。

ꁢ兒部　冕也。周曰兑，殷曰吁，夏曰收。从兒，象形。ꁢ或兑字。ꁢ
籀文兑，从ꁢ，上象形。
ꁢ　廱蔽也，从儿，象左右皆蔽形。
　　　案本部ꁢ下云：“兜鍪，首鎧也。从兆，从兒省。兒，象人頭形
也。”則ꁢ似在面之兩旁，豈所謂黈纊塞聰者邪？觀兑兜諸字，可想古
人飾首之狀也。

ꁢ　張口气悟也。象气从人上出之形。
ꁢ欠部　不前不精也。从欠二聲。ꁢ古文次。
　　　段云：“蓋象相次形。”案此字與冂字意近。

ꁢ　頭也。象形。
　　　案ꁢ下云：“頭也。从百从儿。古文䳩首如此。”蓋ꁢ爲初文，其
後更加以儿，亦累增字也。

ꁢ　顏前也。从百，象人面形。
　　　按此二字與自凶字參看，説見彼下。

ꁢ　不見也。象雝蔽之形。
ꁢ　百同，古文百也，巛象髮，謂之鬊，鬊即巛也。
　　　案“百同”，《玉篇》引作“與百同”。“古文百也”四字，蓋後人注
語混入。“謂之鬊”三字，亦系後人注語。而“鬊即巛也”四字，則又

"謂之髳"三字已混作正文之後，後人更以此四字注之者也。

彡　毛飾畫文也。象形。

案謂毛飾及畫文，皆以彡爲象也。屬於毛飾者：如勿，州里所建旗。象其柄有三游。利之古文杨，我之古文珠皆兵器。是也。須髟等字从彡，象人之髮，即眥、而、쏘等亦其類也。易、羽、昜、易諸文，則動物之毛也。屬於畫文者，如쭈、肜等字是也。

弱彡部　橈也。上象橈曲，彡象毛氂，橈弱也。弱物并，故从二丂。

案丂似弓而不可説爲弓。

乂　錯畫也。象交文。

案乂象交文，上加入者，蓋象屋，與克录二字參看。

后　繼體君也，象人之形，施令以告四方，故厂之，从一口，發號者，君后也。

案説見君下。

后　圜器也，一名槶，所以節飲食。象人，卩在其下也。《易》曰：君子節飲食。

案象人指厂，説與后字同。可見后字下"厂之从一"之誤。

卩　瑞信也。象相合之形。

案小徐云："象半分之形。"可與許説相備。象相合之形者，謂其可與他物相合耳。然如此説終屬迂曲。竊疑卩卯實一字。卯今讀去京切，乃依卿字之音讀之。其實卯卩爲一字，卯卿非一字也。卯下説云："事之制也。"亦卩義，非卿義。

勹 裹也。象人曲形,有所包裹。

案此字不說爲象包形,而説爲象人曲形者,從包言之也。勹包蓋實一字。

㠯 象人裹妊,巳在中,象子未成形也。元气起於子。子,人所生也。男左行三十,女右行二十,俱立於巳,爲夫婦。裹妊于巳,巳爲子。十月而生。男起巳至寅,女起巳至申。故男年始寅,女年始申也。

案㠯乃象小兒在胎中形耳,牽合十二支説之,繁而無當。許書説解,詳略不倫,亦可見其由博采而成,不加删削也。

鬼 人所歸爲鬼。从儿,象鬼頭。鬼陰气賊害,故从厶。

甶 鬼頭也。象形。

案此與兒之籀文所从之⊗極相似,則是鬼頭與人頭無別也。竊疑甶⊗等皆非象人面目,乃象冕弁等物。甶象鬼頭,亦象爲尸者之飾耳。

厶 姦衺也。韓非曰:“倉頡作字,自營爲厶。”

案今《韓非》營作環,二字古相通假。自營,正説字形也。

屵 宣也,宣气,散生萬物,有石而高。象形。

案石下云:“在厂之下,象形。”此云有石而高,蓋本作屵,下從⬭,上三直象高形也。

嶽 山部 東岱,南霍,西華,北恒,中大室,王者之所以,巡狩所至。从山,獄聲。㠜古文,象高形。

説見丘下。王者之所以句絶;以,用也,言其所用事也。

广 因广爲屋。象對刺高屋之形。

案"因广"之广,段改爲厂,是。上一直象屋也。

厂　山石之厓巖,人可居。象形。
　　案此與又部之反、人部之侯及𠂆字,意皆相通,説見彼下。即尸之作屋義解者亦然。

石　山石也。在厂之下,口象形。
　　案但畫○形,則將與員之本字混。蓋初畫石必象石,後漸失畫意,乃加厂以爲別也。又本部碞、山部嵒即一字,所從乃三石字,非品字也,説見𡶇下。

磬　石部　樂石也。从石,殸象縣虡之形,殳擊之也。𣪠籀文省。𥑗古文从巠。
　　案籀文爲純象形,篆乃其累增字耳。

㫃　州里所建旗。象其柄有三游。雜帛,幅半異,所以趣民,故遽稱勿勿。𣄺或从㫃。

毟　毛丰丰也。象形。
　　案此字可與衰字參看。

而　頰毛也。象毛之形。《周禮》曰:"作其鱗之而。"
　　案作其鱗之而,乃下出之意,非謂頰毛也。説見之下。

豸　獸也。竭其尾,故謂之豸。象毛足而後有尾。𧱸古文。
　　段云:"毛當作頭四二字,轉寫之誤。馬篆下曰:象馬頭髦尾四足之形。象篆下曰:象耳牙四足之形。羊篆下曰:从丷,象四足尾之形。豕首畫象其頭,次象其四足,末象其尾。"又曰:"古文與亥同字……下當有象髦足三字,猶彑下云象髦足也,丿象髦,卪象爪字也。"

彖　脩豪獸。一曰:"河內名豕也。"从彑,下象毛足。巂籀文。彑
古文。

　　段氏曰:"彑者,象其髦也。""巾象足。"案籀文又加宀,蓋取脩豪
之意。篆文从彑,古文从巾,巾亦可爲禽獸之象也。説見巾下。

彑　豕之頭。象其銳而上見也。
　　案糸部彝:"宗廟常器也。从糸,糸綦也,廾持之,米器中實也,彑
聲此與爵相似。"段氏依《韵會》改彑聲爲从彑象形,云:"彑者豕之
頭,銳而上見也。爵从鬯又,而象雀之形;彝从糸米廾,而象畫鳥獸之
形,其意一也。故云與爵相似。"

彘彑部　豕也,後蹏廢,謂之彘。从彑,矢聲,从二匕,彘足與鹿足同。
彖彑部　豕也。从彑,下象其足。讀若瑕。
　　案小徐本,此爲彖之古文。

豸　獸長脊,行豸豸然,欲有所司殺形。
象　如野牛而青象形,與禽离頭同。禼古文从儿。
　　案此字目録作象,蓋是。象乃轉寫形譌也。"與禽离頭同"句,禽
下亦見之。凶意亦與頭會幽蓋之凶意近。

易　蜥易,蝘蜓,守宮也。象形。《祕書》説曰:"日月爲易。"象陰陽
也。一曰:"从勿。"
象　長鼻牙,南越大獸,三年一乳。象耳牙四足之形。
馬　怒也,武也。象馬頭髦尾四足之形。影古文。影籀文,馬與影
同,有髦。
　　案古文與彖同意,加彡示毛意耳。篆形古籀無別,段據《玉篇》改
籀爲影。

馬部　馬一歲也。从馬,一絆其足。讀若弦。一曰若環。

馬部　馬後左足白也。从馬,二其足,讀若注。

馬部　絆馬也。从馬〇其足。《春秋傳》曰:"韓厥執馽前。"

解廌,獸也,似山牛,一角,古者決訟,令觸不直。象形,从豸省。

獸也。象頭角四足之形,鳥鹿足相似,从比。

獸也,似兔青色而大。象形,頭與兔同,足與鹿同。篆籀文。

獸名。象踞,後其尾形,兔頭與㲋頭同。

狗之有縣蹏者也。象形,孔子曰:視犬之字,如畫狗也。
案此字橫寫之成形,即如畫矣。

犬部　犬走皃。从犬而之。曳其足則剌友也。

穴蟲之總名也。象形。
小徐曰:"上象齒,下象腹爪尾,鼠好齧傷物,故象齒。"

燬也,南方之行,炎而上。象形。

在牆曰牖,在屋曰囱。象形。

天大地大,人亦大,故大象人形。古文大也。
案"古文大也",小徐作"古文人也",是。此象人正面形,人字象
側面形也。眀部奭,"目衺也。从眀,从大。大,人也"。屮部奔:"人
相違也。从大,屮聲。"皆以大爲人。大字上加一畫則爲天;天者,人
之顛也。上加以屈畫象頭,而下去其一畫則爲子,以大字下象人足,
而小兒足未能分立也。

人之臂亦也。从大象兩亦之形。
案此字之構造,與寸相似。

亦部　盜竊懷物也。从亦有所持。俗謂蔽人俾夾是也。弘農陜字

从此。

案本部𡬜:"奏進也,从𠦡,从中,中上進之意。"其古文作𡬝,作𡬞,从亦象物,與此同。

𡗞　傾頭也。从大,象形。

𡗜　屈也。从大,象形。

𡗡　交脛也。从大,象交形。

𡗚　𡯂,曲脛也。从大,象偏曲之形。

案以上四字,皆從大而小變其形。

壺　昆吾圜器也。象形,从大,象其蓋也。

案"大象蓋"之大,非象人之大。蓋、盍二字古相通。盍之上體,蓋亦象其蓋。

亢　人頸也。从大省,象頸脈形。

說見乙字下。

𠓜　籀文大。改古文,亦象人形。

夫　丈夫也。从𠓜一,一以象先。

囟　頭會𡠹蓋也。象形。𦠄或从肉宰。𡴧古文囟字。

段曰:"《內則正義》引此云:囟,其字象小兒腦不合也。按人部兒下亦云:从儿,上象小兒頭腦未合也。《九經字樣》曰:《說文》作囟,隸變作𡂈,鬤腦等字从之,細思等字亦从之。攷夢英書偏傍石刻作囟,宋刻書本皆作囟。今人楷字謁𡈽,又改篆體作囟,所謂小兒腦不合者,不可見矣。"

𡩟囟部　毛𩑳也。象髮在囟上,及毛髮𩑳𩑳之形也。此與籀文子字同。

案據子部，則籒當作古。

心　人心，土藏，在身之中。象形。博士説以爲火藏。

水　準也，北方之行。象衆水竝流，中有微陽之气也。

案此字亦當横看，水成水紋。皿部益、頻部頻，水皆横書。

淵水部　回水也。从水，象形，左右岸也，中象水皃。𣶒或省水。囦古文从口水。

案或體爲本字，淵則累增字也。

𡿨　水小流也。《周禮》匠人爲溝洫。梠廣五寸。二梠爲耦。一耦之伐。廣尺深尺謂之𡿨，倍𡿨謂之遂，倍遂曰溝，倍溝曰洫，倍洫曰巜。甽古文𡿨。从田川，田之川也。畎篆文𡿨。从田，犬聲，六畎爲一畮。

段曰："古文疑當作籒文，葢𡿨、巜皆古文也。"

巜　水流澮澮也。方百里爲巜，廣二尋，深二仞。

川　毌穿通流水也。《虞書》曰：濬𡿨巜距川，言深𡿨巜之水，會爲川也。

州川部　水中可居者曰州，周繞其旁。从重川。𡿧古文州。

案此以中央之空處爲象，非重川也。古文左右亦爲岸，與淵字同。

泉　水原也。象水流出成川形。

永　水長也。象水巠理之長。永也。《詩》曰：江之永矣。

案此亦曳長其畫，别成一字者。

谷　泉出通川爲谷。从水半見，出於口。

案此與㕣皆水之殘文，亦凵朩之例也。

仌 凍也，象水凝之形。

段曰："象水初凝之文理也。"案水部："泰，滑也。夳古文泰如此。"蓋从大在仌上。滑之意也。

雨 水從雲下也。一象天，冂象雲，水霝其間也。𠕲古文。

案《玉篇》古文作𠕲，蓋𠕲省爲𠕲，後又加一。

靁雨部 陰陽薄動，靁雨生物者也。从雨，畾象回轉形。𩃬古文靁。𩃨古文靁。𩆩籀文靁。閒有回；回，靁聲也。

案回正所以象回轉形。乃《説解》謂畾象回轉形，轉説回爲雷聲，可疑也。

雹雨部 雨仌也。从雨包聲。𩂣古文雹。

案古文蓋象雹形。

霝雨部 雨零也。从雨，㗊象零形。《詩》曰：霝雨其濛。

案㗊不可象零形，蓋古字鏤空填實不分，㗊本作三點，後乃鏤空書之也。

雲 山川气也。从雨，云象雲回轉之形。云古文省雨。𠑹亦古文雲。

案云乃𠑹之倒變，雲則累增字也。

魚 水蟲也。象形。魚尾與燕尾相似。

案本部漁之籀文作𩺰，字體小異。

燕 玄鳥也。籋口布翄枝尾，象形。

龍 鱗蟲之長，能幽能明，能細能巨，能短能長，春分而登天，秋分而潛淵。从肉飛之形，童省聲。

　　案此字之右半爲象形。⺄象其體，三畫示飛之意也。

飛　鳥翥也。象形。

非　違也。从飛下翄，取其相背也。

⺄　疾飛也。从飛而羽不見。

　　案非卂皆取飛字之半，亦乚⺀之類也。合此三文觀之，則知飛字
以⺄象鳥身、非象翄矣。

乙　元鳥也。齊魯謂之乙，取其鳴自呼。象形。

　　案此可與西字參看。更略之，即成古文於矣。

丕　鳥飛上翔不下來也。从一；一，猶天也，象形。

至　鳥飛從高下至地也。从一；一，猶地也，象形。不上去而至下來
也。坒古文至。

　　案㞢爲鳥倒之形，倒書之即成㞢。古文成㞢，上畫象首，旁畫象
翄，後象其身及尾，篆文略去首畫也。不字之丕，亦象鳥形。

㢴　鳥在巢上也。象形。日在西方而鳥西，故因以爲東西之西。㡿
古文㢴，卤籀文㢴。

　　案㡿象巢，弓象鳥，與乙頗近。古籀文之卜蓋形譌，當如古文於。

鹵　西方鹹地。从西省，象鹽形。

　　段云："省字衍。此承上文西部，从㢴之籀文也。"案此字恐非從
西，直象鹹地形耳。

戶　護也。半門曰戶，象形。

門　聞也。从二戶，象形。

案古文字正反不別。从二户者,謂从户形者二,非謂从二訓護之户字也。故仍可説曰象形。若謂从二户字,則語不可通矣。此亦《説解》中必出非字之例。

開門部　張也。从門,从幵。闆古文。

"从幵",小徐作"幵聲",段氏從之。然段説古文云:"一者象門閉;从閂者,象手開門。"

此與闢之古文作闢同意,則幵似閂之形變也。一所以橫距門,閉字之才,則立木以距門。

閂門部　闔門也。从門十所以距門也。

厄　主聽也。象形。

"主聽也",段補"者"字,作"主聽者也"。

聉耳部　耳垂也。从耳下垂,象形。《春秋傳》曰:秦公子取者,其耳垂也,故以爲名。

厄　頤也。象形。篹篆文臣。籀文从首。

案此字之初,蓋畫人側面形。

屮　拳也。象形。屮古文手。

屮　背呂也。象脅肋形。

段云:"丨象背脊,居中而直。一象人要,𢍏則象背左右脅肋之形也。"

咎　婦人也。象形。王育説。

案此字亦與"大"近。母字加兩點,則象乳也。又案姻从女从因,籀文姻从閞,而其形作𡜏,則籀文女作屮也。奴从女从又。古文奴从人,似民字減一畫。

妻 女部　婦與夫齊者也。从女，从中，从又。又，持事，妻職也。𡜍古文妻，从肖女，肖古文貴字。

　　案𡳿即中，說見中下。

妻 女部　牧也。从女，象裹子形。一曰：“象乳子也。”

妥 止之也。从女，有奸之者。

民 眾萌也。从古文之象。𡴋古文民。

乁 右戾也。象左引之形。

　　案部中凡三文：乁，“左戾也。从反乀，讀與弗同”。弗，“矯也。从丿从乀。从韋省”。乂，“芟艸也。从丿乀相交。”乀與弗似一字，而乂音亦相近，疑三字仍系一字。

丿 抴也，明也。象抴引之形。

　　案此與抴似一字，猶丿弗一字也。爭字蓋从受从厂。

𣎴 厂部　橜也。象折木衺銳著形，从厂，象物挂之也。

乁 乀部　女陰也。从乀，象形，乀亦聲。也秦刻石也字。

　　案“秦刻石也字”，今存《琅邪碑》如此。《顏氏家訓》載秦權亦然。

氒 巴蜀名山，岸脅之𠂤旁箸欲落墢者曰氒，氒崩聲聞數百里。象形。

　　案𠃌即橫山，象形指乚，此字亦當橫看。

戈 平頭㦸也。从弋，一橫之，象形。

　　案此與刄類，其本形疑當作朮。

我　施身自謂也。或説我，頃頓也。从戈才；才，古文垂也。一曰：
"古文殺字。"𢦠古文我。
　　案才即訓艸葉之𠂹也。古文我葢與古文利同意。

亅　鉤逆者謂之亅。象形。
珡　禁也，神農所作。洞越，練朱五弦，周加二弦。象形。𤨼古文珡，
从金。
乚　匿也。象迟曲隱蔽形。
𠃜亡部　奇字无，通於元者。王育説：天屈西北爲无。
匚　受物之器。象形，讀若方。𠥓籀文匚。
　　案此葢方圓之方之正字。

𠥓　象器曲受物之形，或説曲蠶薄也。𠄌古文曲。
　　案此即籀文匚字仰之耳。

甾　東楚名缶曰甾。象形。𠙹古文。
　　案此字之造法，亦與缶類。

瓦　土器已燒之總名。象形。
弓　以近窮遠。象形。
彈弓部　行丸也。从弓，單聲。弹彈或从弓持丸。
　　案或體《汗簡》引作弓，段據改。

糸　細絲也。象束絲之形。𢇍古文糸。
絕糸部　斷絲也。从糸从刀，从卩。𢇍古文絕，象不連體絕二絲。
畢　捕鳥畢也。象絲罔，上下其竿柄也。
虫　一名蝮，博三寸，首大如擘指，象其卧形。物之微細，或行，或毛，
或羸，或介，或鱗，以虫爲象。

案"或行"下《尔雅釋文》有"或飛"二字,是也。今本蓋奪。

虫部　毒蟲也。象形。

虫部　葵中蠶也。从虫,上**目**象蜀頭形,中象其身蜎蜎。

虫部　馬蠲也。从虫目,益聲,〻象形。

蟲部　蟲食艸根者。从蟲象其形。吏抵冒取民則生。

桂氏馥曰:"當云矛聲,本从古文矛,傳寫譌繆,後人不識,遂改諧聲爲象形。"王氏筠曰:"象其形,《韻會》引作**丯**象形。"案**丯**蓋古蠭字。

風　八風也。東方曰明庶風,東南曰清明風,南方曰景風,西南曰涼風,西方曰閶闔風,西北曰不周風,北方曰廣莫風,東北曰融風。風動蟲生,故蟲八日而化。从虫,凡聲。**凬**古文風。

案此説解殊屬牽强,古文風亦未知其意。

它　虫也。从虫而長,象冤曲垂尾形。

龜　舊也,外骨内肉者也。从它;龜頭與它頭同;天地之性,廣肩無雄,龜鼈之類,以它爲雄。**𪚥**象足甲尾之形。**𠃼**古文龜。

黽　鼃黽也。从它象形,黽頭與它頭同。**𪓑**籀文黽。

卵　凡物無乳者卵生。象形。

二　地之數也。从偶。**弍**古文。

案"从偶",小徐作"从偶一"。二之所象亦多,見一下。

土　地之吐生萬物者也。**二**象地之下,地之中,丨物出形也。

土部　塊也。从土,一屈象形。

案"从土,一屈象形",小徐作"从土𠃊,𠃊屈象形"。

田　陳也,樹穀曰田。象四口十,阡陌之制也。

案"象四口十",段注依《韵會》引作"象形"。段注又以從口從十非許意,改爲"口十,千百制也"。

畕田部　耕治之田也。从田,畕象耕田溝詰屈也。畕疇或省。

案口部畕下云:"畕古文疇。"疇者累增字。

ヮ　筋也,象人筋之形。

金　五色金也,黄爲之長,久薶不生衣,百鍊不輕,從革不違,西方之行。生於土。从土。左右注,象金在土中形。今聲。金古文金。

鎯金部　酒器也。从金,鎯象器形。鎯鎯或省金。

案鎯亦累增字。

ヮ　挹取也。象形。中有實,與包同意。

几　踞几也。象形。

且　薦也。从几,足有二横,一其下地也。几古文以爲且,又以爲几字。

案古文几當同篆文,下加一畫,則同且矣。此可見隨意增畫之例,由來已久,後人説之,則爲形借矣。

斤　斫木也。象形。

斗　十升也。象形。有柄。

斝斗部　玉爵也。夏曰醆,殷曰斝,周曰爵。从斗,冂象形,與爵同意。

斞斗部　十斞也。从斗,亦象形。

矛　酋矛也,建于兵車,長二丈。象形。矛古文矛,从戈。

案古文矛爲累增字。

車　輿輪之總名也。象形。車籀文車。

案戴爲車之累增字,籀文好繁複,又重之也。

軎車部　車軸耑也。从車，象形。杜林説。

𠂤　小𨸏也。象形。

　　案本部𨸏，"吏事君也。从宀𠂤，𠂤猶衆也，此與師同意"。師下云："𠂤衆意也。"𠂤無衆意，官乃古宫字耳。

𨸏　大陸，山無石者。象形。𨸏古文。

　　案°°°乃石象，既云無石，不應有此。陳之古文作𨸏，陸之籀文作𨸏，則古籀皆無°°°也。抑°°°即累坡、土之𠂤𠂤，象其無石而有土邪？

𠂤𠂤　絫坡土爲牆壁。象形。

四　陰數也。象四分之形。𠃉古文四如此。三籀文四。

　　案四不可云四分。孫氏詒讓《名原》謂惟邵鐘作四，乃合。許君四分之説，於形義並未切。案四分非指四字中間之空白，乃指其筆畫耳。𠃉即三之形變，四又𠃉之形變。𠃉之⌒雖内向，而八有相背之意，與八字同。其初⌒亦或作兩畫外向，則改三之横畫爲分背之形，所謂四分也。至𠃉之形與六相似，竊疑六初本作𠔼，乃三字縱書之，加一爲五，再加丨爲六耳。又或六之𠃉即𠂇之變，而上加一、爲六也，此與羅馬記數之法相近。

宁　辨積物也。象形。

　　案本部㠔，"幬也。巾部幬載米齰也。所以載盛米。从宁，从甾。甾，缶也"。似宁之累增字。

丯　綴聯也。象形。

　　案本部僅一綴字，亦丯之累增字也。

亞　醜也。象人局背之形。賈侍中説以爲次弟也。

　　案此象兩人相對形。上有一,即《詩》謂天蓋高不敢不局之意,下一畫則配上畫,取整齊耳。

Ⅹ　五行也。从二,陰陽在天地間交午也。Ⅹ古文五如此。

ⓐ　易之數,陰變於六,正於八。从入从八。

　　説見四下。

ㅎ　陽之正也。从一,微陰从中衺出也。

　　案此字之意,與屯字近。

ㄅ　陽之變也。象其屈曲究盡之形。

仇　獸足蹂地也。象形,九聲。

禽内部　走獸總名。从厹,象形,今聲。禽离兕頭相似。

萬内部　山神獸也。从禽頭,从厹,从屮。歐陽喬説:"离,猛獸也。"

　　大徐曰:"从屮義無所取,疑象形。"案説見屮下。

蟲厹部　蟲也。从厹,象形。

禹厹部　蟲也。从厹,象形。斋古文禹。

　　按《漢書・藝文志》:"大侖三十七篇,傳言禹所作。"顏注:"侖古禹字。"

禼厹部　周成王時,州靡國獻禼。人身反踵,自笑。笑即上脣掩其目。食人,北方謂之土螻。《尔疋》云:"禼禼如人,被髮,一名梟陽。"从厹象形。

禼厹部　蟲也。从厹,象形。讀與偰同。斋古文禼。

署　犛也。象耳頭足厹地之形。古文署下从厹。

　　案此篆脱説存也,當有聶篆。

　　東方之孟，陽气萌動。从木戴孚甲之象。大一經曰："人頭空爲甲。"古文。甲，始於一，見於十，歲成於木之象。

　　案干支二十二名，義最紛歧，而其説實最古。然以十干爲人身之象，説確近古，即凸之上體，象頭空，丁則乙之變，象頸。乃覆下之象，説見玄下。冕弁之類，與人體無關。去古文之及丁即成，與子字之上體同矣。日部：，"晨也，从日在甲上"。戈部：，"兵也，从戈甲"。皆以甲爲頭。木部，之古文，則甲之倒文也。

　　象春艸木冤曲而出，陰气尚彊，其出乙乙也，與丨同意。乙承甲，象人頸也。

　　案乙即字中之丁。實當但作，作即已包甲乙二字矣。又案兀下云："人頸也，从大省，象頸脈形。"其説殊誤。兀乃之變，變丁爲，即成兀字矣。葢乙象人頸，初本作，合丁二字，當作也。

　　位南方，萬物成炳然，陰气初起，陽气將虧。从一入。一者，陽也，丙承乙，象人肩也。

　　案即甲乙二字之合。之變。亦可證乙本當作。象肩衹謂耳。合甲、乙、丙三字書之，當作也。

　　夏時萬物皆丁實。象形。丁承丙，象人心。

　　案此爲丙丁二字之合。即丙之。丨，金文或作●，亦作，象心也。

　　中宫也。象六甲五龍相拘絞也。戊承丁，象人脅。

　　案此字轉變而失原形已久。以意度之，合丙丁戊三字當作，爲丙丁之合，今變爲，川則戊字所謂象人脅也。

己　中宮也。象萬物辟藏詘形也，己承戊，象人腹。㐀古文己。

案此象人腸耳。詘上疑脫詰字。

巳　蟲也。或曰："食象它。"象形。

庚　位西方，象秋時萬物庚庚有實也。庚承己，象人齎。

辛　秋時萬物成而熟，金剛味辛，辛痛即泣出。从一从䇂。䇂，辠也。辛承庚，象人股。

案庚辛二文，譌變而失原形亦久。然仍有可推者。庚，《積古齋》商庚觶作㶊；金刻或作㶊，半者𡗗之變；𡗗則甲、乙、丙、丁四字之合。上‧象頭空，即甲字之𠆢，一即丙，丨則乙及丁也，特其下端不當岐而二之耳。○象齎，∩象兩股，變㶊之古爲丅，∩爲∪，即成辛字。金文辛有如此者，即《說文》亦云从辛从一，明一爲後加也。

壬　位北方也。侌極昜生，故《易》曰："龍戰于野。"戰者，接也。象人褢妊之形。承亥壬以子生之叙也。壬與巫同意。壬承辛，象人脛；脛，任體也。

案此字金文或作王，當橫觀之，實象男子勢也；壬男雙聲。謂象人脛者誤。許書說解，多采舊文，曰"陰極陽生"，曰"龍戰"，曰"褢妊"，皆指陰陽交媾之事，其指男女具，意亦隱約可見。妊壬一字，褢妊固由交接而起也。

癸　冬時水土平，可揆度也。象水從四方流入地中之形。癸承壬，象人足。𦐧籀文癸，从癶从矢。

案"从矢"小徐作"矢聲"，則癸字本當作癶，象人兩足也。然癸字當更古於癶。何者？此乃兼象手足之形，故四之。然則以彐又等象手，以足止等象足，乃後來之別。其初則象手足之字無別矣。故古文手之意與𠬞通，說見手下。

子　十一月陽气動，萬物滋，人以爲偁。象形。{古文子}古文子，从《《，象髮也。{籀文子}籀文子，囟有髮，臂脛在几上也。

案子乃象小兒之形，説見大下。

了　尥也。从子無臂，象形。

孑　了部　無右臂也。从了，乚象形。

孓　了部　無左臂也。从了，丿象形。

案此部三字，皆凵朮之例。

𠬛　不順忽出也。从到子。《易》曰："突如其來如，不孝子突出，不容於内也。"𠬛即《易》突字也。

案此乃竈突之突之本字，説見𥨒下。

丑　紐也。十二月萬物動，用事。象手之形。時加丑，亦舉手時也。

案丑手形類。又本部肚："食肉也。从丑肉，丑亦聲。"羞："進獻也，从羊，羊所進也。从丑，丑亦聲。"皆以丑爲手也。

寅　髕也。正月陽气動。去黃泉，欲上出。陰尚彊，象宀不達，髕寅于下也。{古文寅}古文寅。

卯　冒也。二月萬物冒地而出，象開門之形，故二月爲天門。{古文卯}古文卯。

案此兩户相背之形，參看門字。

辰　震也。三月陽气動，雷電振，民農時也。物皆生，从乙；匕象芒達。厂聲也。辰房星天時也。从二。二，古文上字。{古文辰}古文辰。

巳　巳也。四月陽气巳出，陰气巳藏，萬物見，成文章，故巳爲蛇。象形。

己　用也。从反巳。賈侍中説："己意，巳實也，象形。"

午　啎也。五月陰气午逆，陽冒地而出。此與矢同意。

　　王氏筠曰：午葢古文之杵字，象形字也。故舂字从之。

未　味也。六月滋味也。五行木老於未，象木重枝葉也。

　　案此乃木加凵，故曰重枝葉也。

申　神也。七月陰气成，體自申束，从臼自持也。吏以餔時聽事，申
旦政也。　古文申。　籀文申。

　　段改古文作　，云：“虹陳篆下如此。”然電从雨申聲，古文作　。
又部　下亦曰：　古文申。段氏於“神也”云“神不可通”。又引“或
曰神當作身，下云陰气成體。《釋名》、《晉書·樂志》、《玉篇》、《廣
韵》皆云申身也。許説身字从申省聲，皆其證。此説近是。然恐尚非
許意”。案本部　：“束縛捽抴爲臾曳。从申从乙。”當作反厂之乀。　：
“臾曳也，从申丿聲。”大部：奄，“覆也，大有餘也，又欠也，从大申，申
展也”。竝申爲身之證。

酉　就也。八月黍成，可爲酎酒。象古文酉之形也。　古文酉，从
　，卯爲春門，萬物已出；　爲秋門，萬物已入，从一　，閉門象也。

　　案一　爲閉門象，故開之古文作　也。

亥　荄也。十月微陽起，接盛会。从二。二，古文上字也，一人男，一
人女也。从乙，象裹子咳咳之形也。《春秋傳》曰：亥有二首六身。　
古文亥，亥爲豕，與豕同。

　　案亥即豕之古字，咳字從之得聲。